政府会计具体准则理论与实践研究

叶　青　王国生◎著

ZHENGFU KUAIJI
JUTI ZHUNZE
LILUN YU SHIJIAN YANJIU

首都经济贸易大学出版社
Capital University of Economics and Business Press
·北　京·

图书在版编目（CIP）数据

政府会计具体准则理论与实践研究/叶青，王国生著.
--北京：首都经济贸易大学出版社，2021.10
ISBN 978-7-5638-3288-0

Ⅰ.①政… Ⅱ.①叶…②王… Ⅲ.①预算会计-会计准则-研究-中国 Ⅳ.①F812.3

中国版本图书馆 CIP 数据核字（2021）第 218143 号

政府会计具体准则理论与实践研究
叶 青 王国生 著

责任编辑 田玉春
封面设计 砚祥志远·激光照排 TEL：010-65976003
出版发行 首都经济贸易大学出版社
地 址 北京市朝阳区红庙（邮编 100026）
电 话 （010）65976483 65065761 65071505（传真）
网 址 http://www.sjmcb.com
E-mail publish@cueb.edu.cn
经 销 全国新华书店
照 排 北京砚祥志远激光照排技术有限公司
印 刷 北京建宏印刷有限公司
成品尺寸 170 毫米×240 毫米 1/16
字 数 356 千字
印 张 20.5
版 次 2021 年 10 月第 1 版 2021 年 10 月第 1 次印刷
书 号 ISBN 978-7-5638-3288-0
定 价 55.00 元

前言 Preface

党的十八届三中全会通过《中共中央关于全面深化改革若干重大问题的决定》（简称《决定》），要求建立权责发生制的政府综合财务报告制度。国务院批转财政部的《权责发生制政府综合财务报告制度改革方案》指出，权责发生制政府综合财务报告制度改革是基于政府会计规则的重大改革，其前提和基础任务是建立健全政府会计核算体系，包括制定政府会计基本准则和具体准则及应用指南。该方案明确要求，2015年要制定政府会计基本准则，2016年起要制定发布政府会计具体准则及应用指南，力争在2020年前建立具有中国特色的政府会计准则体系。

2015年10月，财政部公布《政府会计准则——基本准则》（简称《基本准则》），明确从2017年1月1日起正式实施，这是我国政府会计标准建设中具有里程碑意义的大事。《基本准则》明确了政府会计的基本原则和方法，构建了政府会计语言框架体系，统御政府会计具体准则和制度的制定。

政府会计具体准则是政府会计准则体系的主要构成部分，它根据《基本准则》的要求，就会计核算的基本业务和特殊行业的会计核算做出具体规定；它规范政府会计主体发生经济业务或事项的会计处理原则，详细规定经济业务或事项引起的会计要素变动如何进行确认、计量、记录和报告，为政府会计主体处理会计实务问题提供具体而统一的标准，发挥会计准则规范会计行为的作用。

截至2020年12月，财政部已陆续颁布了10项政府会计具体准则，包括会计要素类7项，分别是存货准则、投资准则、固定资产准则、无形资产准则、公共基础设施准则、政府储备物资准则、负债准则；特殊经济业务类2项，包括会计调整准则、政府和社会资本合作准则；披露制度类1项，即财务报表编制和列报准则。制定政府会计具体准则，把基本准则所规定的各项原则落到实处，是建立我国政府会计准则体系必不可少的环节。

鉴于政府会计具体准则的重要性、独特性、创新性，本书从理论上系统地介绍了政府会计具体准则的框架结构和理论背景，着重阐述了具体准则在政府会计理论体系中的地位作用和核心理念，分析了我国政府会计具体准则理论发展及现状，并结合实务论述了已颁布的10项具体准则的应用要求。

本书集理论研究、政策研究、实践研究为一体，结合国际上政府会计研究的相关理论和规则，着眼于我国本土化的政府会计具体准则，体现研究的专业性与通俗性，是相关领域深入理解政府会计具体准则的专业书籍，也是行政事业单位财务人员深入领会政府会计的重要参考资料，期待它能为我国政府会计改革实践贡献绵薄之力。

本书由叶青负责第一章至第五章的编写，王国生负责导论以及第六章至第十章的编写。

由于作者学识和水平有限，书中难免存在不足与疏漏，恳请各界读者批评指正。

叶　青　王国生

目 录

contents / 01

contents / 02

第三章

第四章

contents / 04

第七章

会计调整准则 / 171

第八章

负债准则 / 193

第九章

第十章

导 论

一、政府会计的基础作用

党的十八大以来，党中央、国务院对建立现代财政制度做出了一系列重要部署和安排，对于完善政府预算体系、推进预算公开、加强预算执行，以及规范地方政府债务管理等提出了一系列要求。党的十九大报告从全局和战略高度，再次强调要加快建立现代财政制度。政府会计准则制度是财政管理的重要基础，是现代财政制度的重要组成内容。

一个良好的政府，首先是一个有效的政府，而政府的有效性很大程度上取决于政府职能配置的有效性。财政承担履行政府职能、合理配置公共资源的任务，它在履行公共资源配置职能中，能否掌握各类充分的、有用的、相关的信息，已成为职能配置有效的前提。获取与政府职能配置相关的信息是政府能否有效配置职能并发挥其作用的基础和关键。信息是多方面的，提供的渠道也不是唯一的，与统计信息、价格信息等相比，会计信息以其可比、综合等天然优势在政府职能配置中发挥着独特的作用。

政府会计是一门用于确认、计量、记录政府受托管理国家公共事务和国家资源、国有资产，报告政府公共财务资源管理的业绩及履行受托责任情况的会计学分支①。在我国，政府会计一般包括财政总预算会计和政府单位会计（政府单位主要是指行政单位和事业单位）。

长期以来，我国政府领域的会计活动主要是以预算会计制度形式规范的。基本形成于1997年前后的政府会计标准体系，涵盖财政总预算会计、行政单位会计与事业单位会计，包括《财政总预算会计制度》，《行政单位会计制度》，《事业单位会计准则》，《事业单位会计制度》，医院、基层医疗卫生机构、高等学校、中小学校、科学事业单位、彩票机构等行业事业单位会计制

① 李建发：《政府会计论》，厦门大学出版社，1999年3月。

度，以及《国有建设单位会计制度》和有关基金会计制度等。这种以收付实现制为核算基础的预算会计体系主要反映政府预算执行情况，对准确反映预算收支情况、加强预算管理和监督发挥了重要作用。但随着我国财政预算改革的深入推进、行政事业单位体制改革的不断深化，以及对政府权责发生制财务信息需求的日益凸显，原有以制度形式提供的预算会计信息局限性日益显著：一是无法完整反映政府资产情况，导致一些政府资产管理基础信息缺失；二是负债信息不完整，难以有效防范财政风险；三是政府运行成本不透明，不利于有效监控。党的十八届三中全会《决定》提出了“建立权责发生制的政府综合财务报告制度”的重要部署，为我国政府会计改革明确了方向。纵观世界各国政府会计改革的基本经验，无一不是在会计核算中逐步引入权责发生制的核算原则，并广泛采用准则形式规范政府会计行为。“会计的历史，实际上是一部企图使会计工作准则化的历史。无论是制定会计规程的机构所颁官方文告，还是会计理论的早期文献，都曾明显地为创建和维护准则做过努力”。① 2015 年 10 月 23 日，财政部公布《基本准则》，明确自 2017 年 1 月 1 日起正式施行，拉开了我国政府会计准则全面建设的序幕，随后财政部又陆续颁布了政府会计具体准则及应用指南。

二、政府会计准则的内涵

政府会计准则是政府会计实务在理论上的概括，它是政府会计工作所应遵循的规则或指南，是判别会计工作优劣的准绳。“技术规范性”是会计准则的显著特征，政府会计准则源于政府会计实务，它是政府会计确认、计量、记录、报告等环节技术性（独特的技术方法）的反映。会计技术的背后存在着理论基础②，政府会计准则就是对会计技术方法经过一定的理论提纯，指导会计方法的选择和运用，用以规范政府会计核算活动，提高政府会计信息质量。制定高质量的会计准则有助于编制以权责发生制为基础的政府综合财务报告，反映政府整体财务状况、运行情况和财政中长期可持续性，为开展政府信用评级、加强资产负债管理、改进政府绩效监督考核、防范财政风险等提供支持，促进政府财务管理水平的提高和财政经济的可持续发展。

---

① 井尻雄士：《三式记账法的结构和原理》，立信会计图书用品社，1989 年版，第 6 页。

② 汪祥耀：《会计准则的发展：透视、比较与展望》，厦门大学出版社，2001 年 7 月版，第 44 页。

会计是不断发展的管理学科，随着经济的发展和科技的进步，会计相关概念的内涵也在不断深化、拓展。2006 年我国财政部副部长王军在《关于中国企业会计准则体系建设与实施的若干问题》一文中高屋建瓴地对会计准则做了全面、透彻和清楚地诠释，指出应从三个方面总体把握“会计准则”的内涵：①会计准则是反映经济活动、确认产权关系、规范收益分配的会计技术标准，是生成和提供会计信息的重要依据；②会计准则是资本市场的一种重要游戏规则，是实现社会资源优化配置的重要依据；③会计准则是国家社会规范乃至强制性规范的重要组成部分，是政府干预经济活动、规范经济秩序和从事国际经济交往等的重要手段。

三、政府会计准则体系

现代财务会计最具代表性的特征之一是会计准则体系。[①] 企业会计发展和政府会计发展都是如此。20 世纪 80 年代末，我国研究企业会计准则时，探讨为什么搞中国会计准则，对中国会计准则的体系问题进行了研究。最后，财政部采用上下两个层次的提法，一是基本准则，二是具体准则。完整的政府会计准则体系由基本准则、具体准则和应用指南组成。

基本准则规范会计核算的基本原则和一般要求，是政府会计准则体系的概念基础，是具体准则、应用指南和解释等的制定依据。

具体准则是对会计核算的具体要求，规范政府主体发生的具体交易或事项的会计处理，主要按会计事项分别制定会计准则。按这些事项的性质进行分类，具体会计准则大体分为共性经济业务、特殊经济业务和披露制度三类具体准则。

会计准则应用指南是以政府会计基本准则和具体准则为基础，对主要业务账务处理、财务报告具体格式、重大问题解释和示例等提供具体指南。

政府会计准则体系各层级的关系是：基本准则是纲，具体准则是目，应用指南是补充。

我国政府会计准则体系如图 0－1 所示：

① 汪建熙：《对会计准则的再认识》，《会计研究》，1990 年 6 月 30 日。

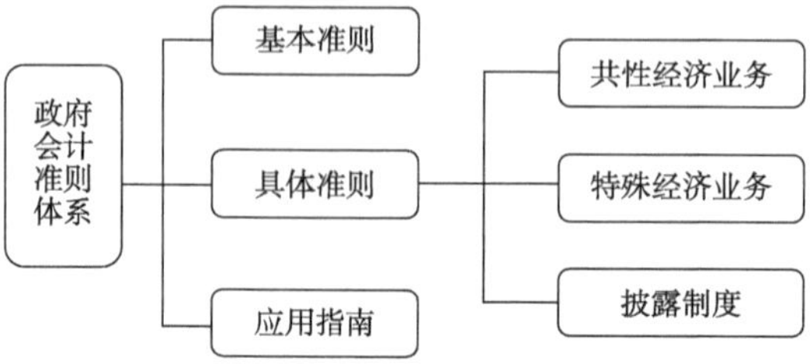

图0-1　我国的政府会计准则体系

在我国政府会计准则体系中，基本准则属于部门规章，是财政部以部长令的形式签署公布的；具体准则、应用指南和解释属于规范性文件，财政部以财会字文件印发。会计准则作为法规体系，具有强制性，要求政府会计主体必须执行，否则就属于违规行为。

四、政府会计基本准则

在会计准则体系中，基本准则是“顶层设计”，重点在于明确基本原则和方法，构建会计语言的框架体系①。我国政府基本准则类似于国际会计准则理事会的《编报财务报表的框架》、国际公共部门会计准则的概念框架和美国财务会计准则委员会的《财务会计概念公告》，在政府会计准则体系建设中扮演着同样的角色，它在整个政府会计准则体系中起着统驭作用。

在我国，会计准则属于法规体系的组成部分。根据《立法法》的规定，我国的法规体系通常由四个部分构成，一是法律；二是行政法规；三是部门规章；四是规范性文件。其中，法律是由全国人民代表大会常务委员会通过，由国家主席签发；行政法规由国务院常务委员会通过，由国务院总理签发；部门规章由国务院主管部门部长以部长令签发。如果说会计法、预算法是整个会计规范体系中的基本法，那么基本准则是整个政府会计准则体系中的基本法，它通过假设、目标、要素、确认、计量、披露等基本概念和一般原则，用于指导会计准则的制订、评估已制订的会计准则，并对在没有具体准则的领域中所发生的一些交易和事项，据以进行恰当的会计处理。所以，我国的政府会计基本准则既是理论，又是准则。从立法程序上看，基本准则属于部门规章，但从政府会计准则体系看，它起着统御和引领作用，基本准

① 戴柏华：“认真学习贯彻《政府会计准则——基本准则》加快推进政府会计改革”，财政部会计司网站。

则规范了包括财务报告目标，会计基本假设，会计信息质量要求，会计要素的定义及其确认、计量原则，财务报告等在内的基本问题，是制定具体会计准则的基础。

政府会计基本准则是进行会计核算工作必须遵守的基本要求，它体现了政府会计核算的基本规律。基本准则用于规范政府会计目标、政府会计主体、政府会计信息质量要求、政府会计核算基础，以及政府会计要素定义、确认和计量原则、列报要求等原则事项，是对会计核算一般要求所作出的原则性规定，具有覆盖面广、概括性强的特点。基本准则指导具体准则的制定，并为政府会计实务问题提供处理原则，其作用主要表现在以下几个方面。

（一）基本准则是具体准则制定的依据

基本准则规范了包括财务报告目标，会计基本假设，会计信息质量要求，会计要素的定义及其确认、计量原则，财务报告等在内的基本问题，是制定具体准则的基础，对各项具体准则的制定起着统驭作用，可以确保各具体准则的内在一致性。《政府会计准则——基本准则》第四条明确规定，“政府会计具体准则及其应用指南、政府会计制度等，应当由财政部遵循本准则制定”。在政府会计准则体系建设中，各项具体准则也都明确规定按照基本准则的要求进行制定和完善。

（二）为会计实务中出现的、具体准则尚未规范的新问题提供会计处理依据

在会计实务中，由于政府运行中的经济交易或事项不断发展，一些新的交易或事项在具体准则中尚未规范但又急需处理，这时，政府会计规范不仅应当对这些新的交易或事项及时进行会计处理，而且在处理时应当严格遵循基本准则的要求，尤其是基本准则关于会计要素的定义及其确认与计量等方面的规定。因此，基本准则不仅扮演着具体准则制定依据的角色，也为会计实务中出现的、具体准则尚未做出规范的新问题提供了会计处理依据，从而确保政府会计准则体系对所有会计实务问题的规范作用。

一部法律，在形式上可以分为法律的外部结构和法律的内部结构。研究法律的外部结构，主要是研究法律条文的安排和布局问题。法律的内部结构，是指法律规范内部各个组成部分的搭配和排列方式①，研究政府会计准则框架问题也是如此。

---

① 孙佑海：《循环经济法的基本框架和主要制度论纲》，《法商研究》，2007 年第 3 期。

政府会计基本准则结构是指组成政府会计基本准则整体的各部分的搭配和安排。该准则具有严谨的系统性，并且也是一个有机整体。科学设定政府会计准则的外部结构和内部结构，可以使准则更加准确地反映社会关系的要求，更易于社会各界理解、掌握和运用该法律。《政府会计准则——基本准则》（以下简称《基本准则》）框架结构如图 0 -2 所示：

在会计准则体系中，基本准则是“顶层设计”，重点在于明确基本原则和方法，构建会计语言的框架体系。《基本准则》共六章 62 条。

第一章，总则。作为该准则的总纲或基本规定，是对会计准则的重要原则问题、各章节核心内容，以及不宜在其他各章节中规定的问题等做出规定。总则的规定对本准则各章节具有统驭作用。第一章“总则”规定了立法目的和制定依据、适用范围、政府会计体系与核算基础、基本准则定位、报告目标和使用者、会计基本假设和记账方法等。其中：

- 立法目的和制定依据。立法目的条款是在法律文本中专门用来表述整个法律文本目的的特定法条形式，一般是指通过立法及法规实施所要达到的意图和目的，如《基本准则》第 1 条“为了规范政府的会计核算，保证会计信息质量”即是立法目的。制定依据是指《基本准则》产生的依托或根据，如《中华人民共和国会计法》《中华人民共和国预算法》等。

- 适用范围。法律的适应范围（即其效力范围）一般包括三个方面的内容，即法律在空间上、时间上的效力范围以及法律对人的效力范围。《基本准则》第 2 条指出：本准则适用于各级政府、各部门、各单位（以下统称政府会计主体）。可见，准则主要对其在空间上的效力范围作出了明确的规定。

- 政府会计体系。我国政府会计体系改革是从预算会计体系逐步演化为政府会计体系，政府会计的顶层设计即政府会计体系的构筑至关重要。我国在制定政府会计准则的过程中，立足国情，充分研究国外政府会计的形成过程、体系结构、主要内容、实施范围等，并在此基础上构建了由财务会计和预算会计共同构成的科学的政府会计体系。

- 政府会计基础。诸如现金制、应计制是政府会计的一个基本问题，也是政府会计改革的核心，关系到政府会计体系的建设与发展①。会计核算基础有收

① 荆新等：《政府会计基础模式：比较与选择》，《财务与会计》，2003 年第 9 期。

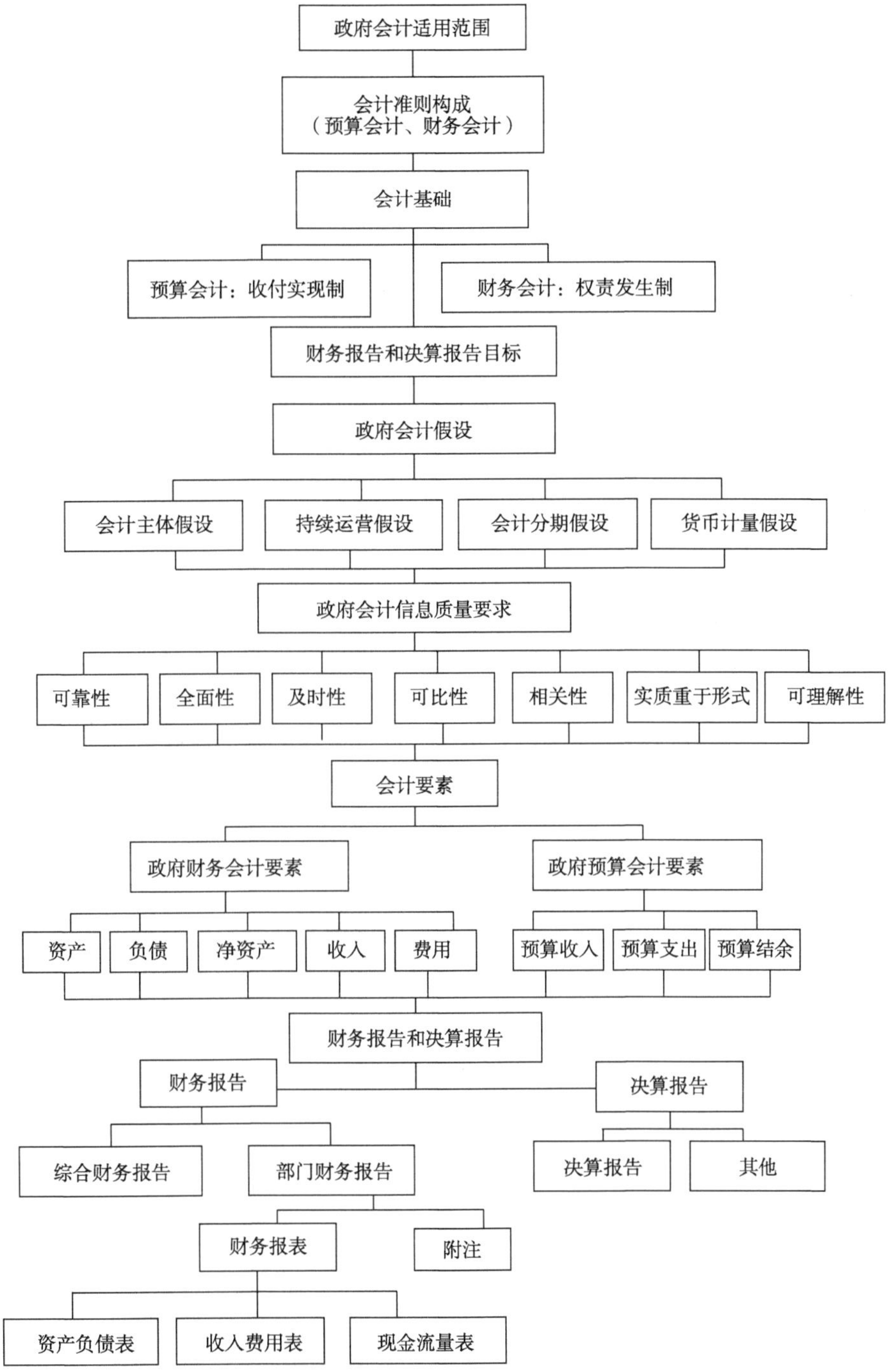

图0－2 《政府会计准则——基本准则》的框架结构

付实现制和权责发生制。财务会计应当采用权责发生制，预算会计一般采用收付实现制，实行权责发生制的特定事项应当符合国务院的规定。

- 政府会计准则体系。政府会计准则是一个完整体系，包括基本准则、具体准则及应用指南。基本准则是政府会计准则体系的概念基础，其作用是指导具体准则的制定和为尚未有具体准则规范的会计实务问题提供处理原则；具体准则用于规范政府发生的经济业务或事项的会计处理，详细规定经济业务或事项引起的会计要素变动的确认、计量、记录和报告；应用指南包括会计科目设置及使用说明、财务报表格式及编制说明等。

- 政府会计目标。政府会计目标是政府会计理论最基础的部分。从事任何学科的研究工作，都必须首先明确学科的研究范围和目标，政府会计这门学科也不例外。本准则分别就预算会计、财务会计目标做出明确的规定，同时也具体提出了政府会计信息使用者。

- 政府会计前提（假设）。在政府领域，会计前提是对某些未被认识的会计现象，根据客观的正常情况或趋势所做的合乎情理的判断和估计，从而形成会计信息系统赖以存在的、构成会计思想基础的公理或假定。依据这些前提条件，会计核算的范围、内容与期间能得以界定，会计人员也能确定收集加工会计信息的程序和方法。目前，公认的四大会计基本前提（假设）即会计主体、持续经营、会计分期、货币计量。

此外，本准则还对记账方法等内容做出了规定。

第二章，政府会计信息质量要求。政府会计为实现其目标，需要提供满足使用者需求的政府会计信息，如果提供的信息不具备一定的质量要求或特征，就无法满足使用者的需求，政府会计自然也就未能完成其目标。第二章明确了政府会计信息应当满足的 7 个方面的质量要求，即可靠性、全面性、相关性、及时性、可比性、可理解性和实质重于形式。

第三章，政府预算会计要素。现代会计学家认为，会计要素是最基本的会计概念，是对会计对象所做的基本分类。会计要素的重要性并不低于会计假设和会计原则，它是会计理论研究的核心内容，是连接会计实践（会计要素及其加工生成的信息传递给使用者）的桥梁和纽带，会计要素的划分科学与否，对完善政府会计准则、实现会计目标以及为信息使用者提供有用的会计信息具有重要意义，同时也关系到会计确认、计量、记录与报告的准确性。因此，无论营利组织会计准则还是政府会计准则，都将会计要素作为其规范核心内容。

前已述及，政府会计主要是由财务会计和预算会计组成。虽然两者均寓于政府会计体系之中，但两者目标不尽相同，确认、计量和报告的内容也存在差异。第三章规定了政府预算会计要素，明确了预算收入、预算支出和预算结余 3 个预算会计要素的定义、确认和计量标准，以及列示要求。

第四章，政府财务会计要素。本章规定了资产、负债、净资产、收入和费用 5 个财务会计要素的定义、确认标准、计量属性和列示要求。

第五章，政府决算报告和财务报告。政府决算报告和财务报告分别反映了预算会计、财务会计一定时期确认、计量和报告政府会计主体运营活动的结果，也是政府会计主体预算收支执行结果、财务状况和运行情况、现金流量等增减变动情况的综合反映。第五章规定了决算报告、财务报告和财务报表的定义、主要内容和构成。

第六章，附则。根据《现代汉语词典》的解释，附则是附在法规、条约、规则、章程等后面的补充性条文，一般是关于生效日期、修改程序等的规定。基本准则的附则也是如此。此外，为了理解基本准则中重要概念，使人们对此有一个统一、正确的认识，基本准则附则还规定了相关基本概念的定义。

五、政府会计具体准则

政府会计具体准则，简称“具体准则”，是政府会计准则体系的主要构成部分，它以基本准则的内容要求为依据，是针对各种经济业务做出的具体规定。对政府会计要素的确认计量、特殊业务及事项的处理、政府财务报告编制和信息披露、基金会计核算等进行具体规范。

具体准则根据基本准则的要求，就会计核算的基本业务和特殊行业的会计核算做出规定①。具体准则依据基本准则制定，用于规范政府发生的各项经济业务或事项的会计处理，详细规定经济业务或事项引起的会计要素变动的确认、计量、记录和报告②。制定具体会计准则，把基本准则所规定的各项原则落到实处，是建立中国会计准则体系的重要一步。它主要规范政府会计主体发生的具体

① 财政部会计事务管理司：《企业会计准则讲解》，中国财政经济出版社 1993 年版。

② 国务院关于批转财政部权责发生制政府综合财务报告制度改革方案的通知（国发〔2014〕63 号）。

交易或者事项的会计处理，为政府会计主体处理会计实务问题提供具体而统一的标准，有助于解决政府经济改革和发展中出现的新的会计问题。制定具体准则，完善了我国的政府会计准则体系，发挥会计准则规范政府会计行为、有效配置经济资源并有效地实现政府既定目标的作用。截至 2020 年 12 月 31 日，财政部颁布的政府会计 10 个具体准则见表 0－1。

表 0－1　已发布的政府会计具体准则

准则名称	发布时间	实施时间
政府会计准则第 1 号——存货	2016－07－06	2017－01－01
政府会计准则第 2 号——投资	2016－07－06	
政府会计准则第 3 号——固定资产	2016－07－06	
政府会计准则第 4 号——无形资产	2016－07－06	
政府会计准则第 5 号——公共基础设施	2017－04－25	2018－01－01
政府会计准则第 6 号——政府储备物资	2017－08－03	
政府会计准则第 7 号——会计调整	2018－11－01	2019－01－01
政府会计准则第 8 号——负债	2018－11－15	
政府会计准则第 9 号——财务报表编制和列报	2018－12－29	
政府会计准则第 10 号——政府和社会资本合作项目合同	2019－12－17	2021－01－01

具体会计准则作为对外报告会计信息的一种规范，其主要功能是向外界提供规范化的会计信息。政府会计主体的资产、负债、净资产、收入、费用和结余是政府财务会计所确认、计量和披露的主要内容，也是具体准则所规范的具体内容和对象。

（一）政府会计具体准则的意义

1. 制定具体准则完善了我国的政府会计准则体系。我国政府会计改革的目标是要建立一套高质量的，既借鉴国际惯例又符合我国国情特点的政府会计准则体系。财政部《权责发生制政府综合财务报告制度改革方案》中明确提出“制定政府会计基本准则和具体准则及应用指南”。基本准则、具体准则及应用指南构成我国政府会计准则体系的三个有机组成部分。制定具体会计准则可以完善我国的政府会计准则体系，发挥会计准则规范政府会计行为、有效配置经济资源、有效地实现政府既定目标的作用。

2. 制定具体准则有助于解决政府经济改革和发展中出现的新的会计问题。"一国会计准则的制定与发展从根本上讲是由其会计环境所决定的，而会计环境在很大程度上又取决于经济环境"[①]。经济在不断发展，改革就不会停止，这两方面因素使政府会计环境日趋复杂多变。具体会计准则也是一个不断完善、不断创新的过程，没有止境，只要有经济活动，就要继续制定会计准则。

3. 制定具体准则进一步使我国政府会计与国际会计惯例相协调。制定政府会计准则是否需要与国际惯例趋同？这是一个值得探讨的问题。众所周知，我国企业会计准则的国际化经历了协调、接轨、趋同、等效认可等阶段，已经取得一定成效。但与企业会计相比，政府会计信息没有企业会计信息影响的范围那么广泛、那么深入。究其原因，一是政府会计经济交易或事项通常是在政府管辖的事务范围内进行，二是任何一个国家都有其与别国不同的政治环境、政府职责、经济环境。

（二）政府会计具体准则分类

我国的政府会计具体准则是政府会计准则体系的主要构成部分，借鉴国际上不同政府会计准则以及我国企业会计准则的经验，可以将具体准则分为财务报告类准则、会计要素类准则和特殊业务类准则三类[②]。有研究表明，中国政府会计具体准则规范的内容应包括共性业务、特殊业务和财务报告三个方面。

1. 财务报告类准则。财务报告类准则规定了政府财务报告的目标、模式、核算基础、内容和附注等。

2. 会计要素类准则。会计要素准则是在确认和计量各个具体会计要素所反映经济业务的客观状况时所应遵循的基本标准[③]，它位于会计准则体系的中间层次，既受普遍性准则的指导，又影响具体业务准则。会计要素类准则具有两个方面的内涵：一是核算和反映会计主体财务状况和运行情况的具体对象应由哪些要素组成，以及每一要素具有什么内涵并如何给予精确的定义；二是此类要素在会计上应按什么标准予以确认、计量和报告。会计要素类准则要对资产类、负债

① 陈毓圭：《中国会计准则国际协调》，中国财政经济出版社 2009 年版，第 77 页。
② 戚艳霞，张娟，赵建勇：《我国政府会计准则体系的构建》，《会计研究》，2010 年 8 月。
③ 吴艳鹏：《试论建立我国的会计规范体系》，《财经研究》，1989 年 5 月 31 日。

类、净资产类、收入类、费用类这些主要会计要素的确认、计量、披露做出具体规定，在此基础上，根据公共财政管理的需要，还要进一步细化，如制定固定资产、无形资产、存货等具体准则。

3. 特殊业务类准则。特殊业务类准则主要是对政府某些特殊业务的确认、计量与报告做出规定，包括政府与社会资本项目合作、风险与债务减值准备、政府融资租赁等准则。另外，政府会计还需要特别关注的是预算信息和基金信息的提供。

（三）政府会计具体准则的内容结构

无论是财务报告类准则、会计要素类准则，还是特殊业务类准则，每项具体会计准则的内部结构一般包括以下几个方面：

1. 总则。总则是每一项具体准则最前面的概括性的条文，一般包括每项准则制定的目的、适用范围、术语定义、本准则与其他准则之间的关系等。总则具有较强的概括性。总则中涉及的术语定义通过揭示术语的内涵，指出会计术语所反映的本质内容，明确术语的逻辑方法，以便于会计的确认、计量和报告等。

2. 基本内容。具体准则的基本内容是对每项具体会计准则所要规范的具体内容的界定，以及具体事项确认、计量、记录、可供选择的方法与程序。如存货具体准则首先应界定存货的范围、确认标准、计量模式和方法的选择等。这是每项具体准则的实质核心，对范围、确认标准要力求制定同一尺度，便于最终汇总，而对于计量模式与计价方法的选择应适度宽松，给予会计主体一定的选择权，体现行政单位和事业单位不同会计主体的特点。

3. 披露。"披露"与"列报"是在会计文献中出现较为频繁的概念。列报，是指交易和事项在报表中的列示和在附注中的披露。在财务报表的列报中，"列示"通常反映资产负债表、收入费用表、现金流量表、净资产变动表等报表中的信息，"披露"通常反映附注中的信息，是对会计已确认、计量、记录的交易或事项在财务报表中的说明和解释。

会计确认、计量、记录的最终目的是向与会计主体有预算关系和利益关系者披露相关财务信息，是会计行为的终结。应否披露、披露什么、披露多少应结合具体会计目标及其实际内容加以规定，使整体结构与内部结构协调一致。

4. 附则。附则是具体准则的附属部分，主要对实施日期、有关专门术语，以及与过去相关准则的关系等内容做出规定，一般不对实质性内容做出规定，是具体会计准则的制定机构对已公布和实施的具体会计准则保留的解释权、说明权。所有的法律、法规不论是否设立了附则一章，都有实施时间的规定，并且只要设有附则一章，其实施时间一般都放在附则中规定。目前，我国已颁布的10项具体准则“附则”部分仅包括该准则实施的日期。

六、政府会计准则应用指南

（一）应用指南的性质

“应用指南”是具体会计准则应用指南的简称，是“应用”与“指南”的有机组合。按照《现代汉语词典》解释，“应用”是指“使用”“直接用于生活或生产”。应用是能将学习材料用于新的具体情境，包括原则、方法、技巧、规律的拓展，代表较高水平的学习成果，应用建立在对知识点掌握的基础之上。“指南”是辨别方向的依据，为人们提供指导性资料或情况。可见，“会计准则应用指南”是指导会计人员将具体会计准则直接用于会计实践活动的依据。认识会计准则应用指南的性质，应注意以下关系：

1. 应用指南与基本准则的关系。基本准则是应用指南的最终依据，应用指南是依据基本准则，对运用具体准则时所涉及的会计科目、账务处理、会计报表格式及其编制做出进一步说明，是指导政府会计人员进行会计处理的直接依据。

应用指南是由财政部颁布的部门规章，是对会计准则进一步解释和具体说明，具有与《基本准则》、具体准则同等的法律效力。它是我国会计法规体系有机组成部分，是根据基本准则和具体准则制定的用于指导会计实务操作的细则。它是针对准则难点和关键点所做的操作性规定，主要包括具体准则解释和会计科目、主要账务处理等，为政府会计主体执行会计准则提供操作性规范。

2. 应用指南与具体准则的关系。一项具体会计准则不论制定得多么详细，在执行过程中总会遇到一些难以解决或不明确的问题，这就需要指南或解释。指南或解释要有权威性，它同准则具有同等效力①。

与具体准则相同，两者均为政府会计准则体系的组成部分，有助于会计人员

① 葛家澍：《关于会计准则与会计制度的关系等问题》，《会计研究》，1995年01期。

完整、准确地理解和掌握新准则，确保新准则的贯彻实施。应用指南包括两部分内容：一是准则解释部分，主要对各项具体准则的重点、难点和关键点进行具体解释和说明；二是会计科目和财务报表部分，主要说明根据具体准则应当设置的会计科目及主要账务处理、报表格式及编制要求等。应用指南的两个部分从不同的角度对具体准则进行了细化，以解决实务操作问题。

（二）应用指南的结构

应用指南是对准则正文的进一步解释和说明，指导会计处理的规范性。一般而言，应用指南包括三个方面的内容：一是准则解释，主要对各项准则的重点、难点和关键点进行具体解释和说明；二是会计科目，主要说明根据政府会计准则规定应当设置的会计科目及主要账务处理等；三是财务报表，主要根据准则规定以及主要账务处理结果，对报表格式及编制提出的若干要求等。通过制定应用指南，对会计准则进行了细化，以解决实务操作问题。

在政府会计体系中，我国目前实际实行的是“准则 + 制度”的规范方式，因而政府会计制度成为会计主体更具可操作性的处理规范，应用指南的数量相对较少，仅有《政府会计准则第 3 号——固定资产》应用指南、《政府会计准则第 10 号——政府和社会资本合作项目合同》应用指南。其中“固定资产应用指南”主要明确固定资产折旧年限，“政府和社会资本合作项目合同应用指南”主要明确 PPP 项目适用范围的判断、PPP 项目的会计科目设置及主要账务处理、PPP 项目在财务报表中的列示要求等。这对于全面贯彻执行政府会计基本准则和相关的具体准则具有重要的指导作用，对于为报告使用者提供更加有价值的信息具有全面的保障作用，对于建设与国际趋同的政府会计规范具有广泛意义。

第一章
存货准则

尽管政府会计主体持有存货的主要目的不像企业那样是通过出售来获取利润，但对于政府会计主体而言，存货也是其运营过程中必不可少的资产项目。不可否认，政府会计主体持有某些存货的目的是为了出售（如非独立核算经营单位持有的库存物品），但多数政府会计主体持有存货的目的是为了未来运营消耗之用，可以讲，存货是保证政府会计主体正常运行的重要物质基础。因此，存货核算质量如何，对于恰当地反映政府会计主体的财务状况、运行情况等具有重要的意义。

存货会计中的主要问题是确定被确认为资产、直到相关的收入确认时所结转的成本金额①。鉴于存货在资产中的重要性，2016 年 7 月 6 日，财政部发布了《政府会计准则第 1 号——存货》，其目标是对存货的确认、计量和披露做出规定，为存货成本的确定及其随后确认为费用提供了指南。它以《基本准则》为依据，充分考虑了政府会计的特点，并吸收和借鉴企业会计存货准则的相关规定，与现行行政事业单位国有资产管理办法、财务规则、制度等相关规章制度相互协调。

《政府会计准则第 1 号——存货》（以下简称《存货准则》），共六章 20 条，自 2017 年 1 月 1 日起施行。内容包括：

第一章总则，明确《存货准则》制定的目的（规范存货的确认、计量和相关信息的披露）、依据以及本准则规范的范围三方面的问题。其中，本准则规范范围包括：一是对存货的定义进行界定；二是对于与存货相关但其业务性质特殊的资产（如政府储备物资、收储土地等资产等），明确了它们适用的准则范围。

第二章存货的确认。根据会计确认的基本内涵，某一项目能否作为存货在资产负债表中确认，首先该项目要符合存货的定义，同时还必须满足一定的确认条件。对于存货的确认条件，《存货准则》规定了确认标准，即存货在同时满足以下两个条件时，才能加以确认：①与该存货相关的服务潜力很可能实现或者经济利益很可能流入政府会计主体；②该存货的成本或者价值能够可靠地计量。

第三章存货的初始计量。存货计量是《存货准则》的核心，它分为初始计量和后续计量两类。第三章对存货初始计量的基本原则、存货的不同取得方式（购入、自行加工、委托加工、接受捐赠、无偿调入和盘盈等）的计量方法进行了规范。

① 《国际公共部门会计准则第 12 号——存货》。

第四章存货的后续计量，主要是对存货经初始计量后的价值变动予以计量的行为，包括确定发出存货的计价方法、存货发出各种方式计入费用或资产的具体规定，以及存货毁损的处理方法。

第五章存货的披露，对资产负债表的“存货”项目本身无法或难以充分表达的内容和项目所做的补充说明和详细解释。

第六章附则。我国法律性文件的附则部分，主要规定文件的生效时间、解释权、修改权的归属等问题。但我国具体准则的附则一般是规定该准则的生效时间。

《存货准则》的框架结构如图 1－1 所示：

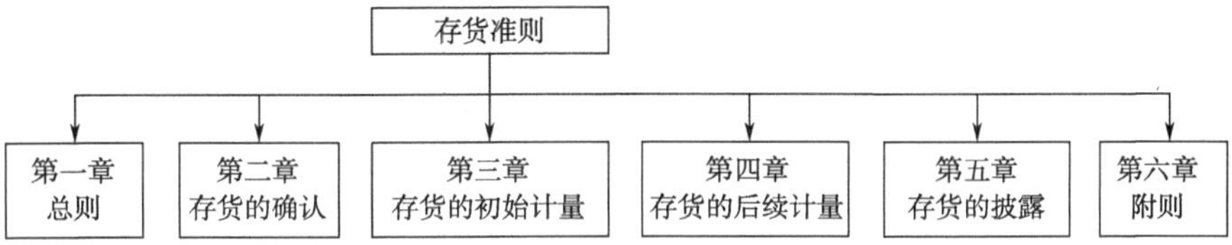

图 1－1　存货准则框架

第一节　存货的确认问题研究

一、关于存货概念的认识

无论是企业会计还是政府会计，“存货”可能是所有会计概念中字数最少、内容最丰富的一个专业词汇。

在企业会计领域，“存货和生产环节，或许是最普遍、最重要和最困难的课题，不仅在会计和审计方面如此，而且在企业管理方面一般也是如此”①。因为，在技术进步、产品革新和日益激烈的全球性竞争背景下，存货引起了管理层的更多关注。即使广泛地采用了确定和保持最低的存货水平、降低各种存货存储成本等管理措施，公司在存货上的投资仍然是巨大的。平均而言，存货在各种实体商店中占总资产的 54%，珠宝批发商的存货占 47%，在运动器材制造商中存货占

① 菲利普·L. 迪弗利斯，肯尼斯·P. 约翰逊，罗德里克·K. 麦克劳：《会计循环和审计实务》，立信会计图书出版社 1988 年版，第 171 页。

到33%[①]。概括地讲，存货信息是外部财务报表使用者关注的焦点，对于债权人来说，存货是主要的担保物；对于投资者来说，存货是未来经营现金流量的主要来源。

对于政府会计来说，虽然没有像企业会计领域那样存货显得如此重要，但政府会计主体持有存货也有类似于企业的目的，政府会计主体开展“准企业”模式的活动取得收入并补充运营资金，如公立大学开设的书店，公立博物馆经营的纪念品、书店等。虽说存货出售不是政府会计主体的主要目的，但也存在大量为出售而取得的存货，如为销售而持有存货的书店、餐厅的服务、医院的药房以及技术开发类科研产品的销售等。

与企业会计处理存货问题一样，政府会计主体在确定其存货会计问题时也必须考虑四个基本问题：①应当在什么时点将项目计入存货，即存货的确认；②确定存货中包含的项目；③确定需要分配给存货项目的所有成本，即报告期末存货的价值；④选择在已出售的存货和库存存货中分配成本的流转假设。

为了解决好上述四个基本问题，首先应把握存货的概念，然后了解存货概念的外延，即存货的特征。

《存货准则》第二条指出：本准则所称存货，是指政府会计主体在开展业务活动及其他活动中为耗用或出售而储存的资产，如材料、产品、包装物和低值易耗品等，以及未达到固定资产标准的用具、装具、动植物等。

根据存货的概念，可将存货的特征归纳为以下四个方面：

第一，政府会计主体业务活动及其他活动性质不同，持有存货的目的也不同。行政单位持有存货的目的是自用或消耗。事业单位持有存货的目的，一部分是为了销售取得价值补偿，如科研机构中间试验的产品等；另一部分是为了耗用，即在各类事业活动中消耗掉。可见，政府会计主体持有存货主要目的不是为了出售增值，也非长期持有。

第二，存货属于流动资产，具有较快的变现能力和明显的流动性。但存货的流动性不及现金和应收款项，而且其时效性强，发生潜在损失的可能性也比后者大。

第三，存货是有形资产，有别于专利权、商标权等无形资产。

---

① E. 理查德·布朗利二世，肯尼斯·R. 费里斯，马克·E. 哈斯金斯：《公司财务报告》（第4版），机械工业出版社2005年版，第167页。

第四，存货与固定资产同为有形资产，但其价值转移方式与固定资产不同。在正常的业务活动中，存货不断地处于耗用和重置之中，在一年内能够有规律地转换为货币资金或其他资产。而固定资产使用周期长，其价值分期转移。

政府会计主体持有存货的具体内容并不完全相同，如公立医院的存货主要有药品、卫生材料、低值易耗品和其他材料等；公立高等学校的存货主要包括材料、燃料、包装物、低值易耗品以及达不到固定资产标准的用具、装具、动植物等；科学事业单位的存货主要包括库存材料、科技产品等。为此，《存货准则》将政府会计主体存货分为材料、燃料、包装物、低值易耗品。

我国广义政府部门中，存货持有和变化趋势见表1－1和图1－2：

表1－1 广义政府部门资产——存货（2007—2019年）① 单位：亿元

2007	2008	2009	2010	2011	2012	2013	2014	2015	2016	2017	2018	2019
765	898	1 376	1 566	2 191	2 611	3 709	5 182	6 383	6 005	6 373	8 004	9 335

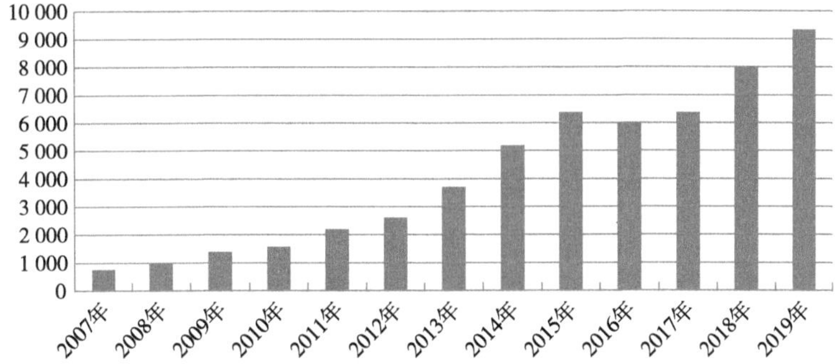

图1－2 广义政府部门资产——存货（单位：亿元）

二、存货的用途和《存货准则》的适用范围

《存货准则》规范的对象或内容是存货的确认、计量和相关信息的披露。对政府会计主体而言，存货会计没有像营利组织那样是一个重要的会计领域，但其内容要比营利组织丰富。从用途看，存货包括两个方面：一是用于业务活动及其他活动；二是用于耗用和出售。

① 李扬，张晓晶：《中国国家资产负债表2020》，中国社会科学出版社2020年版。

（一）业务活动及其他活动

1. 业务活动，是指按照国家赋予的职能、职责所开展的相关业务工作，如行政单位管理公共事务、提供公共服务、维护和实现社会公共利益等。对于事业单位来说，业务活动即专业业务活动，又称主营业务，是事业单位根据本单位专业特点所从事或开展的主要业务活动，如文化机构的演出活动、教育机构的教学活动、科学机构的科研活动、医疗机构的医疗保健活动等。

2. 其他活动，是指与业务活动相关、直接为业务活动服务而开展的行政管理、后勤服务及其他有关活动。

（二）存货的耗用和出售

存货的耗用和出售是政府会计主体业务活动及其他活动的重要组成部分。任何运行中的政府既是一种体制，又是一个过程。[①] “过程”是指政府会计主体的实际运作活动，也就是实现其职能的过程。世界银行在 1997 年的世界发展报告中将每一个政府的核心使命概括为五项最基本的责任，大体上反映了现代政府所行使的职能：①确定法律基础；②保持一个未被破坏的政策环境，包括保持宏观经济的稳定；③投资于基本的社会服务和社会基础设施；④保护弱势群体；⑤保护环境。

为了有效地履行政府职能，政府必须设置若干政府部门、机构和组织，开展各种业务活动。我国政府部门（单位）数量较多，职能各异。从部门的层面上看，大多数部门承担各类公共管理职能，也有一些部门履行国有资产经营职能。从单位层面上看，有的是承担纯公共事务的组织，有的兼营市场业务，有的基本按市场化原则运作。同时，政府会计主体在履行社会管理、公共服务职责或开展业务活动的过程中，必然要领用和消耗各种存货，甚至有些单位将其产品对外出售。

1. 存货的耗用。政府会计主体不同，其存货耗用目的也不同。行政单位耗用存货的目的是为了保证行政单位履行行使国家权力和管理国家事务。事业单位耗用存货，如教育部门消耗的教学器材、医疗服务部门消耗的药品、科研部门消

① 朱光磊：《政府过程的学说与方法及其在中国的适用问题》，《南开学报》，1994 年 7 月 20 日。

耗的科研材料等，是确保其开展教学及科研、医疗服务、科学研究、技术开发以及其他各种服务活动，满足保证正常运转、完成日常工作任务需要以及为完成特定工作任务和事业发展目标的需要。

2. 存货的出售。科研、教育、文化、医疗、体育等事业单位为充分发挥自己的人才优势和设备资源优势，开展了各种形式的非独立核算经营活动，并形成了一定规模和数量的存货资产。如文化事业单位艺术演出器材、音像制品、图书馆设备用品的制作和自销业务，以及文物复制、工艺美术、广告、装潢、服装道具的设计和加工等类项目；医疗机构销售自行研发的药品；科学事业单位将其科技成果引入商品交换的市场，科研成果的转让与科技和生产的发展直接挂钩；体育事业单位销售健身器材等；广播电视事业非独立核算单位出售的广播电视网络安全设备器材、播出设备器材、传输与接入设备器材、监测监管设备器材、专用电源等；教育事业单位校办非独立核算单位销售经营的产品或材料等。

同时，这些事业单位基于方便运营，还开设小卖部、冷热饮食部、招待所、餐厅，在运营过程中也会发生存货的销售活动。

三、存货与政府储备物资、收储土地

（一）存货与政府储备物资

政府储备物资是政府资产的重要组成部分，包括战略及能源物资、抢险抗灾救灾物资、农产品、医药物资和其他重要商品物资。虽然从物质形态看，政府会计主体控制的政府储备物资与其占有、使用的存货具有一定相似性，但政府储备物资在功能作用、管理方式、资金来源、业务流程等方面与存货存在显著差异，需要单独制定相应的会计准则加以规范。

1. 从功能作用来看，政府储备物资是政府会计主体为满足实施国家安全与发展战略、进行抗灾救灾、应对公共突发事件、实施宏观调控等特定公共需求而储备的物资。其主要目的是进行“储备”，以应对可能发生的特定事件或情况，其规模和种类反映了政府应对各类突发事件、维护社会经济稳定、维持国家安全和部署发展战略等的能力。由此可见，政府储备物资的功能作用与政府会计主体在开展日常性活动中为耗用或出售而储存的存货具有本质区别。

2. 从管理方式来看，对于存货，政府会计主体一般采取自身直接储存的方式进行管理。而我国政府储备物资主要采取委托存储的管理模式，基层代储单位按照行政管理部门的要求进行实际储存和日常管理，行政管理和存储执行相分离。基层代储单位性质也呈现多样化，涉及政府会计主体和企业主体。此外，有些储备物资品种还涉及政府会计主体的多级管理。

3. 从资金来源看，存货采购资金来源于部门预算资金，而政府储备物资的收储资金来源更为复杂。在实际运行中，政府储备物资的收储资金有的来源于部门预算资金，有的来源于银行专项贷款等。

4. 从日常业务流程来看，政府储备物资具有区别于存货的独特业务内容和环节，如政府储备物资需要根据特定文件的规定进行采购、存储、保管、轮换、发出，发出物资收回往往具有经常性和不确定性。

（二）收储土地

土地是人类得以生存与发展的物质载体，是“一切生产和一切存在的源泉”。然而，作为一种自然资源，土地具有稀缺性。

收储土地即土地储备，是指地方政府为调控土地市场、促进土地资源合理利用，依法取得土地，进行前期开发、储存以备供应土地的行为。土地储备的目的是对通过收回、收购、征用或其他方式取得土地使用权的土地进行储存或前期开发整理，并向社会提供各类建设用地。

土地储备工作的重点为土地取得与收储。土地储备由纳入国土资源部名录管理的土地储备机构，即地方政府部门下属的土地供应中心或土地储备中心等政府事业单位负责。这些单位在土地收储前通过对土地的整理，将生地转为熟地。土地储备中心收购土地之后，一方面需要进行土地的储备，以对土地资源和社会经济进行宏观调控；另一方面，需对其储备的土地进行使用权的有偿出让，以实现土地资源的价值。

基于收储土地的特殊性质，《存货准则》规定这些待有偿出让或转让的土地使用权不作为存货，其确认、计量和披露应遵循其他相关规定，不执行存货准则。

四、存货的确认条件

根据前述存货的内涵，某一项目能否作为存货在资产负债表中确认，首先该项目要符合存货定义，同时还必须满足一定的确认条件。《国际公共部门会计准则第 12 号——存货》（以下简称《国际公共部门存货准则》，IPSAS12）没有规定存货的具体确认条件。借鉴我国企业会计准则的宗旨，《存货准则》规定了两项确认标准：①与该存货相关的服务潜力很可能实现或者经济利益很可能流入政府会计主体；②该存货的成本或者价值能够可靠地计量。这里所指的“经济利益”是指现金或者最终能转化为现金的非现金资产；“服务潜力”是指从事宗旨或章程所规定的活动，向公众、会员或其他受益人、委托人提供所需产品或服务的能力。

如何理解这两个确认条件呢？关于第一个确认条件，我们认为，资产最重要的特征是具有一定的服务潜力或经济利益。如果某一项目不具有服务潜力或者经济利益，且不可能流入政府会计主体，则不能作为政府会计主体的资产确认。存货作为一项重要的流动资产，也应当符合资产的这一重要特征。在存货预期能够产生服务潜力或经济利益的情况下，该经济利益能否进入政府会计主体，决定了存货能否在政府会计资产负债表中进行确认。

关于第二个确认条件，我们认为，成本能够可靠计量是资产确认的一项基本条件，如果某项资产的数量金额不能可靠地计量，则不能也无法将其在资产负债表中反映为一项资产。有时，有些存货的历史成本信息无法取得，或为了反映与受托责任和提供决策所需相关的信息，政府会计主体可能使用公允价值、名义价值等计量属性，但其价值仍必须能够可靠计量。如果存货的成本或者价值不能可靠地计量，也就不能确认为政府会计主体的存货。

第二节　存货的计量问题研究

按照会计计量一般理论，所谓存货的初始计量，就是确定存货的入账价值，回答的是哪些支出应计入存货成本的问题，存货入账价值的确定是存货会计的一项重要内容。

一、存货计量的目的和原则

（一）存货计量的目的

在企业会计领域，“存货计量最普遍的目的，是为了在传统会计机制中计算企业的净收益，应将成本与有关的营业收入进行配比”①。此外，亨德里克森还进一步阐述了存货计量对正确预计企业销售商品的现金流入和购进商品的现金流出提供预计信息。企业最终目的是营利，会计计量就是围绕会计主体的盈利状况及如何加以改进而展开的，但由于利润的确定离不开对资产的计量，所以，无论会计实践是如何的扑朔迷离、纷繁复杂，归根结底会计的两个最基本的中心问题就是对会计主体的资产计价和利润的确定，究其实质，仍可归结为资产的计量和利润的计量这两大主题。

虽然政府会计主体存货计量的目的并不是着重关注净利润和现金流量，但以下两点是确定的：

第一，通过存货的计量，可以提供政府会计主体持续运营所需要的存货信息。

第二，通过存货的计量，有助于确定政府会计主体运行过程中发生的各种耗费，正确确定当期收益，如实反映其运营成果和财务状况，提高绩效考核结果的可靠性。

（二）存货的初始计量原则

关于存货初始计量原则，《存货准则》从存货在资产负债表列报的角度出发，开宗明义地指出：存货在取得时应当按照成本进行初始计量。

存货会计处理的基础是成本，即为取得一项资产所支付的价款或代价。它意味着使一项物品达到目前状态和场所直接或间接发生的费用和支出的金额。存货的入账价值实质上是以历史成本为计量基础的。历史成本是基于过去的交易或事项获得的，用历史成本计量存货可以反映政府会计主体为取得存货而实际耗费的成本，具有客观可靠性，便于验证。采用历史成本的计量原则，规定存货应当以其成本入账，而且从符合阅读习惯的角度考虑，区分了初始计量和期末计量，明确了初始计量的原则是历史成本。

二、外购存货

政府会计主体的存货绝大部分是外购形成的。外购存货成本是存货会计中的

① 埃尔登 · S. 亨德里克森：《会计理论》，立信会计出版社 1987 年版，第 242 页。

一个重要问题，存货计价是否正确，既影响资产负债表中资产的正确列报，又对收入费用表中的收益产生直接影响。

政府会计主体购入的存货，其成本包括购买价款、相关税费、运输费、装卸费、保险费，以及使得存货达到目前场所和状态所发生的归属于存货成本的其他支出。

（1）购买价款。

（2）相关税费，包括计入存货的进口关税、消费税、资源税、不能抵扣的增值税进项税额等。

（3）运输费。对于增值税一般纳税人购进存货支付的运输费，按取得的运输增值税专用发票上注明的运输费金额计入存货成本，按其运输费与增值税税率计算的进项税额不计入存货成本；对于不得抵扣的运输费增值税，则计入存货成本。

（4）其他可归属于存货采购成本的费用，包括入库前的仓储费用、包装费、运输途中的合理损耗、入库前的挑选整理费用等。

三、自行加工存货

加工物品是指单位自制或委托外单位加工的各种物资，以及未完成的测绘、地质勘察、设计成果等。加工物品按其加工单位的不同，可分为自制物品和委托加工物品。其中：自制物品是指单位组织内部人力、物资和设备自行加工的物品，委托加工物品是指单位将库存物品作为原材料委托其他单位加工的物品。

在日常运营过程中，单位有时需要对库存物品进行必要的加工改制或自行生产，以满足各类活动的需要。通过必要的加工活动，可以弥补市场供应物品的不足，有利于提高科研水平、促进各类事业的发展，取得良好的社会与经济效益。自行加工物品必然要发生一定的耗费，为加工存货而发生的耗费构成了物品加工成本。

（一）自制物品成本的构成及其分类

1. 直接费用。按照费用的发生与加工物品的关系来区分，加工费用可分为直接费用和间接费用。其中，直接费用是指加工物品时能够直接计入物品成本的费用。加工物品中领用材料或物资、加工工人薪酬等都属于直接费用。直接费用可以根据原始凭证直接计入某种物品的成本。

2. 间接费用。间接费用是指加工物品时，不能直接计入物品成本的费用。间接费用需要选择适当分配标准，在不同物品之间进行合理分摊，再计入物品成本。间接费用一般可以按生产工人工资、生产工人工时、机器工时、耗用材料的数量或成本、直接费用（直接材料和直接人工）或产品产量等进行分配。间接费用可根据具体情况自行选择分配方法。分配方法一经确定，不得随意变更。

（二）委托加工物品

事业单位从外部购入物品的性能不一定完全能满足运营活动的需要。因此，有时需要将物品送往外部，委托其他单位进行加工，制成另一种材料（如纸张加工成商标纸、木材加工成木箱、钢材加工成专用工具等），以满足活动的需要。委托外部加工物品发出后，虽然其保管地点发生了转移，但仍属于单位加工物品的范畴。物品经过加工，不仅实物形态、性能发生变化，使用价值也随之变化，而且在其加工过程中要消耗材料，还要发生各种费用支出等，从而使委托加工物品的价值相应增加。

四、接受捐赠和无偿调入存货的计价

（一）接受捐赠存货的计价

不同于《国际公共部门存货准则》（IPSAS12），我国政府会计对购入、置换、捐赠、加工等情况进行了详细规定，而 IPSAS12 仅对接受捐赠的存货成本进行了专门规定，即应以其在取得日的公允价值计量。我国政府会计准则主要是对捐赠的存货成本予以接受，即应该按照相关凭据注明的金额、评估价值、市场价格和名义金额四个层次进行判断。①

与社会中的一般行政行为和经济行为相比较，捐赠具有如下特点：①无偿性，捐赠表现为货币与实物的单向流动，不存在利润回报。②非交易性，捐赠是捐赠主体之间意向一致的结果，这种意向不具有任何经济目的，是非交易性的。③非行政性，捐赠活动不是强制性的行政决策，又严格限制行政性机构（政府机构）成为捐赠主体。④自主决策性，捐赠活动是捐赠主体之间完全自愿的自主性

① 望婷婷：《政府会计存货准则与国际公共部门会计存货准则的比较及思考》，《财经界》（学术版），2017 年 6 月 20 日。

决策行为，不存在任何指令控制。捐赠者是否愿意提供财产，受赠者和受益者是否愿意接受这份财产，完全取决于他们各自的意愿。⑤社会收益性，捐赠者不求任何回报，捐赠行为是一种纯粹的奉献。但是捐赠的结果往往给捐赠者和社会带来精神上的收益，如给予捐赠者某种声誉、社会尊重、社会认同等，同时倡导了良好的社会风气。⑥社会目的性，捐赠有明确的社会目的，一般是为了公益事业、公共目的或其他特定目标而进行的财产赠予行为。

根据捐赠的特点，接受捐赠资产的入账价值应按图 1－3 所示确定：

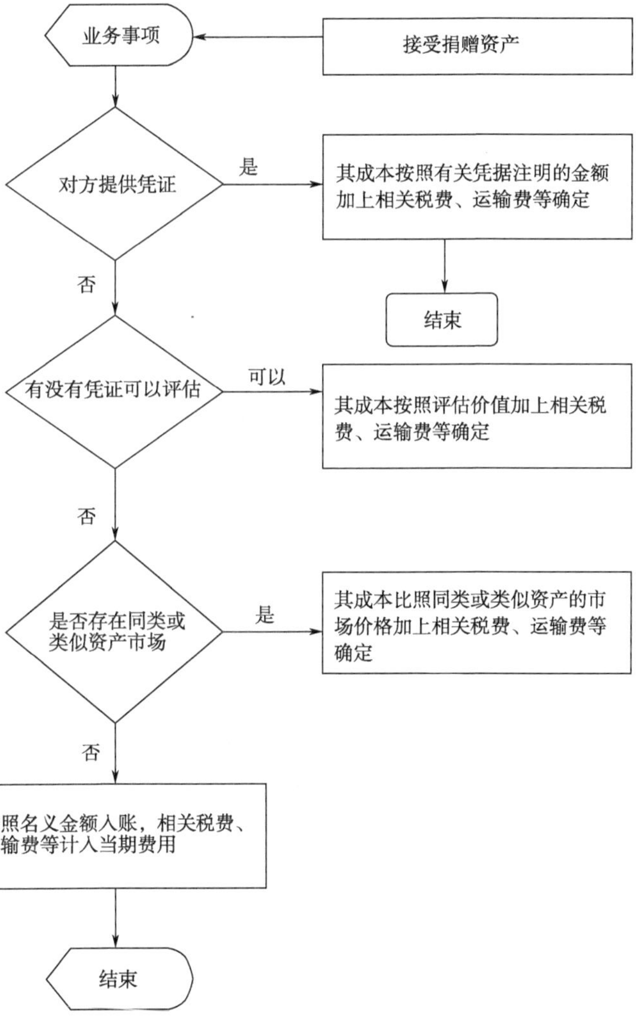

图 1－3　接受捐赠资产的入账价值程序

（二）无偿调入存货的计价

1. 资产调剂的性质。无偿调入是资产调剂的一种形式。调拨的对象主要包括：超标配置的国有资产；低效运转，利用率极低的国有资产；长期闲置的国有资产；因单位分立、撤销、合并、改制、隶属关系改变等原因闲置不用的国有资产；实施处罚没收的资产；其他需要调剂使用的情况。

资产调剂的实质是资产的划转行为，它是按照某种程序或规程，将资产从一个会计主体无偿调拨到另一个会计主体的行为。无偿调入资产具有如下特征：一是调剂性，无偿调入业务一般发生在一方有资产多余、另一方则缺乏这种资产的情形。通过调剂，把不同会计主体之间的资产状况加以适当调整，使余缺矛盾得到解决，资产的使用效率得到提高，也是对预算配置资产的补充。二是无偿性，调出方对调出的资产是无偿的，不享有任何权利，当然对调入方也不承担任何义务。三是范围的有限性，无偿调拨业务一般只发生在系统内部的不同会计主体之间①。

在政府领域，资产调剂的主体主要有两个：一个是财政部门，另一个是主管部门。在现行管理体制下，调剂主体原则上是主管部门，即由主管部门负责对本部门所属行政或事业单位的国有资产进行合理调剂、调整和优化配置。对于跨部门、跨地区的资产调剂，由于涉及不同部门、不同地区之间资产总量的变动，需报同级或共同上一级财政部门批准。

国有资产调剂使用应当履行必要的审批程序。房屋、土地、车辆的调剂使用应当由财政部门审批。同一部门不同单位之间进行调剂，应由上级主管部门或者有权财政部门进行审批；同级政府跨部门进行调剂，应由有权财政部门进行审批；跨政府级次进行调剂，应由有权财政部门进行审批。资产调剂可以采取以下具体程序：①由需要配置资产的行政或事业单位提出申请；②财政部门对申请进行审核；③财政部门根据其他行政或事业单位的资产使用状况确定调剂对象；④与对方单位协商后办理无偿调拨手续。

2. 调入存货的计价方法。关于调入资产计价方法，主要有两种观点：一是按照调出方账面价值入账；二是按照调入资产的评估价值入账。《存货准则》采

① 郑安平：《捐赠、无偿调拨固定资产业务及会计处理之比较》，《湖南商学院学报》，2004 年 9 月 8 日。

纳的是第一种方法，即政府会计主体无偿调入的存货，其成本按照调出方账面价值加上相关税费、运输费等确定。

我们认为，无偿调入资产应按照评估价值或重置价值入账，理由如下：一是按照调出单位账面价值入账，如果调出资产时点距离原始价值入账时间较远，调出资产账面价值与市价可能会严重背离；二是现金以外的其他资产置换同样是引起资产双向流动的经济活动，但其采用评估价值基础入账。

（三）存货捐赠、无偿调拨业务的比较

通过上述对存货捐赠和无偿调拨业务概念及其特征的认识，我们不难看出，它们之间既有相同点，也有不同之处。

众所周知，捐赠、无偿调拨业务都是无偿的，都是捐赠方和调出方自愿（不管主动还是被动）放弃资产所有权的行为。不管是捐赠方还是调出方，捐出或调出资产本质上都是主体净资产的减少；对于受捐方和调入方来说，接受捐赠或调入资产都是净资产的增加。但捐赠与无偿调拨业务相比，两者的区别主要表现在以下方面：

1. 目的不同。捐赠是为了扶助受捐人，目的是使其能尽快在某一个层面上得到提升；无偿调拨是资产余缺的调剂，目的是使资产得到合理的运用，提高使用效率。

2. 主体的意愿不同。捐赠是捐赠人主动扶助受捐人的行为；无偿调拨一般是主管部门撮合的结果，调出资产方处于被动的地位。

3. 适用的范围不同。捐赠业务广泛存在于社会各个行业、各种层面；无偿调拨业务一般只存在于同一系统内部的不同主体之间。

4. 采用的计量属性不同。政府会计主体接受捐赠的存货，其成本按照有关凭据注明的金额加上相关税费、运输费等确定；没有相关凭据，但按规定经过资产评估的，其成本按照评估价值加上相关税费、运输费等确定；没有相关凭据、也未经资产评估的，其成本比照同类或类似资产的市场价格加上相关税费、运输费等确定；没有相关凭据且未经资产评估、同类或类似资产的市场价格也无法可靠取得的，按照名义金额入账，相关税费、运输费等计入当期费用。现时我国政府会计主体无偿调入的存货，其成本按照调出方账面价值加上相关税费、运输费等确定。

五、资产评估价值[①]的运用

按照《存货准则》的要求，政府会计主体通过置换取得的存货、盘盈存货以及接受捐赠但没有相关凭据的存货，需要按规定经过资产评估后，根据评估价值入账。

资产评估中的价值并非指我们通常意义上的价值，而是在一个特定的环境下被赋予了特殊意义的价值。资产评估的价值定义为："与市场密切相关的被评估资产的市场价值。"这一定义包括两层意思：一是被评估资产必须与市场密切相关；二是所评估的是资产的市场价值，而不是特定资产的"成交价格"。资产的市场价值反映的是正常条件下资产的市场行情，资产的"成交价格"则可能反映买卖双方的特殊动机、特别成交条件、市场的突然变化以及其他导致市场价格背离市场价值因素的影响。"无论从何种角度判断，在一个不仅允许而且鼓励私人占有生产资料同时又大量从事公共事业的社会里，显然存在着对资产评估的需要。"[②] 资产估价是市场经济发展到一定历史阶段的产物。一般意义上的资产估价，就是以货币为主要计量尺度对资产价值的估计和评定，即对资产现行价格进行测算和判断的一种行为。

（一）资产评估的特点

资产评估的特点表现在以下方面：

1. 现实性：完全以现实存在为依据，以现实为基础反映未来。

2. 市场性：是市场经济要求的中介服务活动，是在模拟市场条件下进行的，评估结果要经得起市场检验。

3. 预测性：用资产在未来的潜能说明现实。

4. 公正性：评估当事人具有独立性，具有技术基础（评估是按公允法定的准则和规程进行的，具有公允的行为规范和业务规范），具有组织基础（评估人员或机构通常是与资产业务没有利害关系的第三方）。

5. 咨询性：评估结果是专业化的估价意见，评估结论本身没有强制执行的效力，评估专业人员不对资产定价决策负责。

---

① 许家林：《论资源性资产的会计核算基础：确认·计价·估价》，《林业财务与会计》，2004 年 10 月 10 日。

② 朱长虹：《我国资产评估研究的进展》，《数量经济技术经济研究》，1994 年 2 月 15 日。

（二）资源性资产估价的依据

由于资源性资产具有与其他资产不同的特征，其估价的依据主要包括以下四个方面：

1. 国家有关法律和法规。

2. 已经界定的产权。资源性资产的估价须依据依法界定的产权，按照国家有关法律规定，资源性资产属于国家所有，法律规定属于集体所有的除外。

3. 相关的评估业务资料，如历年的会计与统计报表。

4. 有关资源性资产的市价目录。

（三）资产估价的常用标准

评估是一门艺术而非科学，在这个领域中，没有现成的公式、计算机程序或经验法则可以借鉴①。

资产估价要遵循预测原则。该原则指出，资产的价值是由资产预期收益的大小决定的，正确地测算资产给投资者带来的收益是科学评估资产的关键。由于收益的大小并非全部由资产自身的性能决定，还同资产经营的外部环境密切相关。也就是说，社会经济环境将直接影响资产的产出量。如前所述，同一项资产，在经济发达地区由于获利较高，和购建成本相比，该资产会有较大的升值；若放在经济落后或交通闭塞地区，则会有较大的贬值。又如，国际上任何一次大的政治经济事件都会使世界股市上的股票价格大起大落，也都是基于这个道理②。

一般意义上，资产评估是指资产评估者（主体）依据资产评估的目的和要求，对特定资产（客体）在评估时点价值的确认。资产评估的标准实质上是确认资产价值的标准。通常，依不同的评估目的和要求，资产评估中的价值可能指下述三项③：

1. 资产的公正市场价值。资产的公正市场价值是资产评估中价值最原始、最基本的含义，在绝大多数情况下，资产评估就是对资产公正市场价值的评估。

---

① Alfred · M. King：《以财务报告为目的的公允价值评估》，企业管理出版社 2008 年版，第 196 页。

② 萧晓东：《资产评估价值的确定》，《西北大学学报》（哲学社会科学版），1991 年 12 月 31 日。

③ 晏加源：《资产评估的标准和方法刍论——兼论重置成本会计与变现价值会计的关系》，《会计研究》，1991 年 10 月 28 日。

公正市场价值可以进一步被描述为：一项资产在可能或现实的正常交易中，能使熟悉情况的买卖双方自愿进行交易的货币金额。它具有如下特征：

（1）买卖双方目的明确，具有正常的价值判断能力。

（2）买卖双方均掌握有充足的信息，其意向和行动均符合自身利益最大化原则。

（3）资产价格可以在公开市场上保持一段时间，并且可以以这种价格与他人成交，以现金支付，即公正市场价格是由评估时点的名义货币来表示的金额。

（4）价格的确定不受任何其他非正常因素（如交易中涉及的特别融资款额、特别服务、老顾客优惠等）的影响。

2. 资产的清算价值。当被评估的资产无法通过正常的销售渠道销售，或由于其他原因，资产将按清算价值接受评估。例如，当单位组织因发生亏损陷入财务困境，只能由法庭或清资委员会来进行类似于拍卖的清资偿债工作，由于时间短加上强制拍卖的性质，正常销售条件已经不成立。资产的清算价值往往低于公正市场价值。

3. 资产的再生产成本。为满足某方面的要求，单位组织有时会评估某些自制自用的固定资产及属于流动资产的库存存货的现时再生产成本。

六、存货的后续计量

按照存货计量理论，存货计量分为初始计量和后续计量两部分。后续计量是对经初始计量后存货价值变动所进行的新起点计量，不仅要反映资产和负债的价值变动，而且要反映因价值变动而产生的损益。

（一）会计假设与存货实物、成本的流转

《存货准则》第十四条指出：政府会计主体应当根据实际情况采用先进先出法、加权平均法或者个别计价法确定发出存货的实际成本。为什么要规定发出存货的计价方法呢？从理论上讲，是由于存货实物流转与成本流转不同。

存货的流转有实物流转和成本流转两个方面。存货的实物流转是指存货在实际生产经营过程中的流转。一般来说，存货的实物流转方式是单位组织根据存货的特点与管理控制的需求决定的，比如，有的单位组织由于自身的业务特点只能采用后进先出法的实物流转方式。存货的成本流转是指外购或加工存货的成本流入及出售商品时的成本流出。如果外购或加工的每批存货单位成本完全相同，或

者已发出存货的成本流转与实物流转一致，发出存货成本的确定就会相当容易。尤其是当本期可供销售的商品全部售出，或所有外购或加工的存货单位成本都相同时，就不存在复杂的存货价值分配问题了。但是，在实际生产经营过程中，单位组织购买和加工的存货种类很多，实际的收发业务也较频繁。即使质量、规格和功能相同的存货，也会由于外购或加工的时间、地点或批次的不同而造成存货单位成本的差异，而且存货实物的流转也不一定有规律，即使有规律，依照这种规律结转存货成本也非常困难。实际上，由于同样的存货都能满足销售或生产的需要，存货的成本流转顺序与实物流转顺序在某种程度上可以适当分离。从上述分析可以看出，为了解决存货实物流转与成本流转的不一致，必须采用某种存货成本流转的假设，在期末存货与发出存货之间分配成本。以不同的存货成本流转假设为依据，就出现了不同的存货成本分配方法，或者说发出存货的计价方法。“选择一种合适的成本流动假设的目的是为了准确确定期间损益。”①

（二）存货发出计价方法与财务报告目标

存货成本计价方法对存货计价具有重要意义，因为它对净收益和资产计价具有重要影响。存货成本计价方法用于将可供销售的商品成本（期初存货加购货净额）在已售商品成本（收益的扣减项）和期末存货（一项流动资产）之间进行分配。因此，存货成本的分配同时影响收益和资产计量。

会计领域中，再没有哪一个领域在实践中产生的差异大于财务报表中存货和半成品计算造成的差异，这个差异实际是存货成本分配的结果。虽然政府会计主体进行存货分配的经济后果不及企业会计，发出成本计量仍具有重要作用。无论是政府会计还是企业会计，存货核算就是在一项重要的管理决策时，选择合适的方法分配存货成本，分别列入资产负债表流动资产中（未消耗或出售部分）②。

（三）存货发出不同计价方法的评价

1. 先进先出法。先进先出法是以先购入的存货应先发出（销售或耗用）这

① 《布莱克韦尔会计学百科词典》，对外经济贸易大学出版社 2002 年版，第 196 页。

② 丁远，埃韦尔·施托洛韦，米歇尔·J. 勒巴：《财务报告与分析——一种国际化视角》，机械工业出版社 2014 年版，第 329 页。

样一种存货实物流动假设为前提，对发出存货进行计价。采用这种方法，先购入的存货成本在后购入存货成本之前转出，据此确定发出存货和期末存货的成本。

该理论的依据表现在三个方面：一是实物已经发出的存货成本应与其带来的经济利益或服务潜力相配比；二是资产负债表上提供的“存货”项目金额应基本上等于存货当前成本；三是出于实务而非理论考虑，选择先进先出法能提高报告期间的运营成果。

采用这种方法时，要依次查明有关各批次的实际单位成本，核算手续比较烦琐，适用于收发原材料业务次数不多的行政事业单位。采用这种方法，本期发出原材料的成本按原材料中早期进货的价格计算，期末结存的原材料则按库存中近期进货的价格计算。

2. 加权平均法。加权平均法是指以当月全部进货数量加上月初存货数量作为权数，去除当月全部进货成本加上月初存货成本，计算出存货的加权平均单位成本，以此为基础计算当月发出存货成本和期末存货成本的一种方法。

采用月末一次加权平均法，只在月末计算月份内发出存货和结存存货的成本，这样可以大大简化存货核算工作，但平时不能确定发出存货成本和结存存货金额，当市场价格上涨时，加权平均成本会小于现行成本。

3. 个别计价法。个别计价法是按每一种存货的实际成本作为计算发出存货成本和期末存货成本基础的一种方法。其特征是注重所发出存货具体项目的实物流转与成本流转之间的联系，逐一辨认各批发出存货和期末存货所属的购进批别或生产批别，分别按其购入或生产时所确定的单位成本来计算各批发出存货和期末存货的成本。

个别计价法是一种合理且准确的原材料计价方法。个别计价法适用于一般不能替代使用的存货，以及为特定项目专门购入或制造的存货，如纪念品、名画等贵重物品。

（四）低值易耗品、包装物摊销的计量原则

就性质而言，低值易耗品、包装物材料是介于存货和固定资产之间的一类特殊存货。企业会计准则称之为“周转材料”。《存货准则》中政府会计主体对于这类存货的摊销原则是：

1. 基本原则。对于周转材料，采用一次转销法进行会计处理，在领用时按

其成本计入相关资产成本或当期费用。

2. 例外原则。对于金额较大的低值易耗品、包装物，也可以采用分次摊销法（准则采用的是“五五摊销法”）进行会计处理。即对金额较大的周转材料，《存货准则》允许政府会计主体根据其可使用的次数按照受益对象平均计入资产成本或当期费用，而不是在领用时一次性结转成本。至于“金额较大”的标准，由政府会计主体根据实际情况自行确定，但是一经确定，在同一会计年度的各月和前后各年度不得随意变更。

3. 特殊原则。低值易耗品、包装物的出租或出借仅是政府会计主体偶发行为，同时，其活动也未引起资产所有权发生变化，因此，不要求对出租或出借低值易耗品、包装物结转成本。但是，从加强实物管理的角度，政府会计主体对出租或出借的低值易耗品、包装物应当建立备查簿，进行备查登记。

七、存货成本的结转

所谓存货成本的结转，是指在存货出售时，相关的成本应该如何与当期收入相配比。研究存货成本结转的意义表现在两个方面：

第一，存货成本结转的目标是实现收入费用的配比。从理论上讲，会计主体将已经耗用和已经销售的存货账面价值确认为费用的过程，正是费用与收入相配比的过程。需要注意的是，与当期收入相配比的是存货的账面价值，即存货的历史成本，这是由于《存货准则》未规定对存货计提跌价准备。在销售存货的当期将与销售收入相配比的真实成本结转，至于是在销售当时或者销售当期期末结转，都是可行的。

第二，存货成本结转的结果会体现在两张财务报表中，目的是实现财务信息的相互映照。可见，存货成本的结转必不可少。

八、存货毁损、盘亏

（一）存货毁损的内涵

存货毁损是一个很宽泛的概念，是指由于各种原因造成的存货实存数小于账存数的所有情形，主要包括财产清查过程中发生的存货盘亏、自然灾害等，以及人为原因造成的存货毁坏，技术标准、质量要求、人为操作等原因造成的存货报废以及企业被盗造成的存货灭失等。

（二）企业存货毁损损失的确定

存货毁损损失对企业而言是一个净损失的概念。存货发生毁损后，企业应当及时进行会计处理，并按照企业会计准则的规定确定给企业造成的损失，并将其计入营业外支出。

在确定存货毁损损失时，应当综合考虑以下因素：①该存货的成本，即账面余额；②相关税费，如不得从增值税销项税额中抵扣的进项税额；③处置收入，如毁坏或报废存货的残料收入；④责任人的赔偿；⑤保险公司的保险赔款。

需要说明的是，对企业而言，如果综合考虑以上因素，存货毁损损失最终确定为净收益而不是净损失，则计入营业外收入，不是冲减营业外支出。

（三）《存货准则》存货毁损损失的处理

对于发生的存货毁损，政府会计主体应当将存货账面余额转销计入当期费用，并将毁损存货处置收入扣除相关处置税费后的差额：在净收益的情况下，按规定作应缴款项处理；在差额为净损失的情况下计入当期费用。如果是存货盘亏造成的损失，按规定报经批准后应当计入当期费用。

第三节　存货的信息披露

资产管理中的存货管理水平直接影响单位资金占用和资产配置情况，对政府会计主体职能履行有着十分重要的影响，因此，在附注中披露未能在报表中列示出的相关存货信息是十分必要的。如果存货信息披露不足，会使得相关监管部门难以准确了解、掌握政府部门对存货的安排、保管及耗用或出售情况。

在企业会计中，存货是企业流动资产的主要组成部分，其会计信息的正确与否直接影响到资产负债表中资产价值的真实性。但由于企业会计没有名义金额计量属性，企业存货准则没有名义金额的披露要求。出于会计的谨慎性原则，企业会计采用可变现净值与成本孰低法调整期末存货账面价值，一旦存货可变现净值低于历史成本，企业就需要计提存货跌价准备来反映存货期末在市场中的公允价值。但我国政府会计主体不需要反映存货净值，也不需要计提存货跌价准备，所以没有与可变现净值及存货跌价准备相关的披露要求。此外，企业会计存货的项目多、范围广，而政府会计只有库存物品、在途物品、加工物品等存货会计信息要在确认的范围内披露。

《存货准则》规定，政府会计主体应当在附注中披露与存货有关的下列信息：

（1）各类存货的期初和期末账面余额。

（2）确定发出存货成本所采用的方法。

（3）以名义金额计量的存货名称、数量，以及以名义金额计量的理由。

（4）其他有关存货变动的重要信息。

此外，凡对报表使用者的决策有重要影响的会计信息，无论《存货准则》是否有明确规定，政府会计主体都应当披露。也就是说，除了明确规定需要披露的信息，还有一些信息政府会计主体也应当主动披露。

第二章
投资准则

投资活动在企业决策中居于中心地位，在现代公司财务中，投资活动不仅可以增加财富、保持流动性、扩张以保持可持续性，而且投资的领域、类型、方式直接关系到企业的成败，影响企业其他战略决策。

从理论上讲，政府会计主体是从事公共服务的非营利性经济组织，其占有使用的资产不应用来对外投资。鉴于会计主体资金供需矛盾的现状，为了满足和保障其履行职能、发展事业的需要，在保证完成公共事业任务的前提下，可以利用国有资产进行对外投资，以弥补财政经费供给不足，促进各类社会公益事业的发展。

随着我国市场经济体制改革的深入展开，必将使一些事业单位逐步走向市场，其非营利性特征也会随着资金自给率的提高而发生变化。如一些企业性的中介机构、应用型或开发型的科研院所、民办的文艺团体等，都具有较强的经营性，其营利性特征明显①。

为了贯彻落实《国务院关于批转财政部权责发生制政府综合财务报告制度改革方案的通知》要求，加快建立政府会计准则体系，规范政府会计主体投资活动，2016 年 7 月财政部制定印发了《政府会计准则第 2 号——投资》。

《政府会计准则第 2 号——投资》（以下简称《投资准则》）共分五章 21 条，自 2017 年 1 月 1 日起施行，内容包括：

第一章总则，规范了《投资准则》的制定依据、投资的定义及分类、适用范围。

第二章短期投资，规范了短期投资的初始计量和后续计量相关问题，包括短期投资取得时的入账价值、持有期间的利息、期末计量方法及按规定出售或到期收回的计量方法。

第三章长期投资，规范了长期债权投资和长期股权投资的初始计量及后续计量相关问题。在长期债权投资中，除规定了取得时的实际成本作为初始投资成本，还规定了取得时的应收未收利息确认、持有期间利息确认收入、出售或到期收回的差额计入投资损益；在长期股权投资中，规定了长期股权投资初始计量、持有期间的会计处理，以及处置等核算要求，规定长期股权投资在持有期间应按成本法或权益法进行计量，并对两种计量方式下的账务处理进行了规范。

---

① 全国预算会计研究会“预算会计”课题组：《对预算会计体系若干理论问题的研究》，《预算管理与会计》，2000 年 1 月 15 日。

第四章投资的披露，规定了投资信息披露要求，其中对短期投资、长期债权投资、长期股权投资增减变动的相关事项披露做了更明确的规定。

第五章附则，主要规定本准则的生效时间。

《投资准则》的框架结构如图 2 －1 所示：

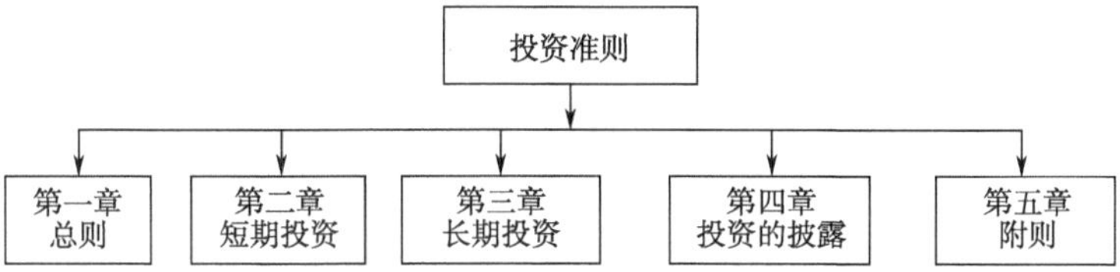

图 2 －1　投资准则框架

第一节　政府会计主体投资及其分类

一、投资内涵的演变

关于投资的内涵，西方不同经济流派对其理解不尽相同。最早描述投资的文献应该是法国重农主义创始人魁奈的《经济表》，他在《经济表》中以“原预付”代表资本、以“年预付”代表投资。亚当·斯密在其著作《国民财富的性质和原因的研究》中指出：“任何人把其资本的一部分作为资本进行投资，总是指望能够回收并附有利润。”马克思也对投资做过解释，认为“投资即货币转化为生产资本”。保罗·萨缪尔森在《宏观经济学》一书中提出“经济学家将‘投资’定义为耐用资本品的生产。而在一般用法上，‘投资’通常是指诸如购买通用汽车公司的股票或开个存款户头这类东西。为了不致混淆，经济学家将后者称为金融投资”。在我国，对投资的认识是随着经济体制的变化而变化的，计划经济时期的投资长期被认定为“基本建设投资”；改革开放以后，理论界对投资的认识不断深化，对投资的理解多为“固定资产投资”；现阶段，投资的概念进一步扩大至更多、更广的范围，涉及人力资本投资、股票投资、债券投资等。基于上述分析，可将投资理解为：经济主体（包括政府和企业）通过一定的资源投入以获得某种收益（可以是货币收益也可以是非货币收益）的经济活动。

一般来说，财务会计中的投资有广义和狭义之分，广义的投资涉及权益性投资、债权性投资、期货投资、房地产投资、固定资产投资、存货投资等。广义的投资可以分为两大类：一类是对内投资，如固定资产投资、存货投资等；另一类是对外投资，如权益性投资等。狭义的投资一般仅包括对外投资（如权益性投资、债权性投资），不包括对内投资。

企业虽然存在各种不同的投资目的，但总体来说可分为三类：一是投资是其经营业务的重要部分，如保险公司和某些银行经营的理财活动；二是持有投资是为了存放剩余资金；三是拥有以贸易为目的的投资，借以巩固贸易关系或建立贸易优势。

对政府会计主体而言，其投资活动无论是在性质上还是在目的上，都有别于企业的投资活动。政府会计主体主要是为了完成国家交给的事业任务而从事非营利性活动，以社会效益、生态效益为最高准则，其资金来源主要依靠财政拨款。对外投资不构成其开展活动的主要内容，实际发生的对外投资并不多。

二、与《投资准则》相关概念的辨析

（一）投资的概念

《投资准则》第二条指出：本准则所称投资，是指政府会计主体按规定以货币资金、实物资产、无形资产等方式形成的债权或股权投资。投资分为短期投资和长期投资。可见，《投资准则》关于政府会计主体“投资”的定义实质是对投资进行的分类，如以货币资金、实物资产、无形资产等方式的投资，是按投资形式的分类；债权或股权投资是按投资的性质分类；短期投资和长期投资是按投资的目的分类。

从投资的定义可见，政府会计主体投资具有以下特征：

1. 投资是让渡其他资产而换取的另一项资产，如政府会计主体将所拥有的现金、实物资产或无形资产等让渡给其他单位使用，以换取债权投资或股权投资。这项资产与其他资产一样，为投资者带来了未来的经济利益或服务潜力。

2. 投资所流入的经济利益或服务潜力，与其他资产为政府会计主体带来的经济利益或服务潜力在形式上有所不同。政府会计主体所拥有和控制的除投资以外的其他资产，通常能为其带来直接的经济利益或服务潜力，如库存物品、固定资产、无形资产等；而投资为政府会计主体带来的经济利益或服务潜力不是很直观，政府会计主体将资产转让给其他单位使用，通过其他单位使用投资者投入的资产创造效益后再获取经济利益或服务潜力。

（二）债权性投资和权益性投资

投资按其性质，可以分为债权性投资和权益性投资。

1. 债权性投资，是指为取得债权所作的投资。这种投资的目的不是为了获得另一会计主体的剩余资产，而是为了获取高于银行存款利率的利息，并保证按期收回本息。债权投资是为取得债权进行的投资，如购买国库券或其他单位发行的债券等。其特点是：一般有固定的投资回收期和利息收入；投资可以通过金融市场、以多种方式予以转让而获得现金，例如卖出债券、以债权向银行贴现贷款等；投资者无权参与被投资方的经营管理；投资的风险较小。债权性投资的目的一般是在减少投资风险的前提下，获取高于银行存款利率的利息，并可以按期收回本息。

2. 权益性投资，是指为获取另一会计主体的权益或净资产进行的投资。这种投资的目的是获得被投资方的控制权，或实施对被投资方的重大影响，或为其他目的而进行。如对被投资方的普通股股票投资属于权益性投资，有确定的投资回收期和股利收入。其特点是：投资只能通过证券市场等产权市场转让，而不能从被投资方直接抽回；投资者有权参与被投资方的经营管理；投资风险较高。一般情况下，政府会计主体进行股权投资是为了获得被投资方的控制权，或者看好被投资方的发展前景，认为股权投资能获得较高回报。

（三）短期投资和长期投资

将投资划分为短期投资和长期投资两类是会计的传统分类方法，分类的标志是投资的目的。投资划分为长期投资和短期投资，并不在于投资期限的长短，而取决于投资目的，其界限主要有两个：一是能够随时变现，二是准备随时变现，这样可以调度暂时不用的资金去获得一定的收益。符合这个条件的为短期投资，否则为长期投资。

按照投资目的分类，是为了确定投资会计的核算方法和在资产负债表上的列示。通常情况下，短期投资由于期限较短，并且能够随时变现，在会计核算中采用较简单的方法，在资产负债表上作为流动资产列示；长期投资由于期限长、投资金额较大，在会计中采用不同的方法进行核算，在资产负债表上作为长期资产列示。

再进一步分析，从管理者的主观意图看，会计主体进行证券投资的目的主要有两种：一是对被投资者进行控制或建立紧密的商业联系，即长期投资；二是谋取股利、利息收入或资本利得，即短期投资。

需要说明的是，目前企业会计投资分类已不再采用此种分类方法，但政府会计的《投资准则》仍使用这种分类方法。

第二节　短期投资的相关问题研究

一、短期投资的特征

（一）流动性强

本质上讲，短期投资是现金的暂时存放形式，其流动性仅次于现金，具有很强的变现能力。

（二）获利性

将企业短期投资的目的表述为获利是恰如其分的。企业之所以将暂时剩余的现金不存入银行而投入可以公开交易的证券，为了获得高于银行存款利息的利益是其直接的目的。对政府会计主体而言，短期投资也是获利吗？答案是肯定的。

（三）短暂性

关于短暂性，可以从以下三个方面认识：一是持有时间较短，不以长期持有为目的；二是短期持有，其作用不可能达到对另一会计主体实施控制或施加重大影响；三是确认为短期投资的前提取决于管理当局的意图。

关于短期投资特征的认识不能仅仅局限在上述几个方面，以下两个方面也是值得关注的：

第一，关于“短期”概念。通常，管理当局意图在短期内（通常为不超过一年的期限）将投资转化为现金，则作为短期投资。但是，如果各种原因（如现有的现金已经足以保证营运资金的正常运营需要，不急于变现）导致一年期满时可能并不一定将其转化为现金，那么该投资是否还是短期投资？回答是肯定的。无论什么原因使政府会计主体原有意图未实现，都不能表明它不属于短期投资，因为政府会计主体可能随时将其出售，并将其视为营运资金的一部分。

第二，划分长期、短期投资的界限有两个：①能够随时变现，即购买的股票或债券，允许或可以上市交易，否则这种债券就不能确认为短期投资。②准备随时变现，即购买股票或债券只是调度暂时不用的资金去获取一定的收益（利息或股利）。

二、投资初始计量

投资成本决定投资的入账价值。通常，投资成本是指会计主体为获得一项投资而付出的代价，包括买价和其他相关费用。《投资准则》第五条指出：短期投资在取得时，应当按照实际成本（包括购买价款和相关税费）作为初始投资成本。

政府会计主体取得一项投资，实际支付的价款包括两部分：一部分是为取得投资而支付的购买价款和相关税费；另一部分是为取得投资而发生的债权支付，即实际支付的价款中包含的已到期尚未领取的债券的利息。对于前者应计入投资成本没有异议，但对于取得一项投资的同时取得一项债权的处理有两种观点：一种观点认为，应计入投资成本，待实际收到利息时再冲减投资成本。其理由：一是核算简单，这部分支出构成投资的成本，也不需要在取得投资时单独记账；二是投资的意图是短期持有，将其买价和其他相关费用在资产负债表上归为流动资产，而实际支付的价款所包含的应收利息也归为流动资产，不会影响财务报表的真实与公允。另一种观点认为，取得投资而发生的债权支付不计入投资成本，单独作为应收项目核算，待实际收到利息时，冲减应收项目。其理由是：实际支付的价款中包含的应收利息其实质是一笔债权，而不是投资，性质不同；如果投资成本中包含应收利息，混淆了投资成本与债权的界限，不符合投资成本的定义。

《投资准则》第五条指出：短期投资在取得时，实际支付价款中包含的已到付息期但尚未领取的利息，应当于收到时冲减短期投资成本。可见，《投资准则》对实际支付价款中包含的已到期尚未领取的债券利息，要计入投资成本。

三、投资损益的确认和计量

投资损益的确认和计量是投资会计核算的重要组成部分。政府会计主体投资的目的主要是为了获得利益，但什么样的投资利益才能确认为收益，如何确认投资损益，确认多少投资损益，这都是投资会计需要解决的问题。一般来说，短期投资损益包括两个方面：一是持有损益，二是处置损益。

（一）持有损益的确认和计量

政府会计主体持有短期投资期间，因让渡资产使用权会得到一定的投资回报，即利息。但对于持有期间收到的利息如何处理？有两种观点：一种观点认为收到的这部分利息是持有期间已实现的投资回报，应计入当期损益。另一种观点则认为，短期投资持有期间所获得的利息，除已记入应收利息的部分外，在实际收到时作为投资成本的收回，冲减短期投资的账面价值，理由有三：①政府会计主体本年度购入的短期投资所获得的利息，通常是由被投资单位上年度及以前年度实现的损益分配的，属于投资前被投资单位所产生损益的分配，应作为投资成本收回，冲减投资成本；②短期投资持有期间较短，只有处置短期投资时发生的损益，才是该项投资真正产生的损益；③通常情况下，投资持有期间所获得的现金股利或利息需要确认投资前和投资后，只有投资后所获得的部分才能确认为投资收益，如果短期投资持有期间所获得的现金股利或利息确认为当期投资收益，需要计算投资前和投资后所获得的部分，计算过程较为烦琐。

债权性质的投资（如债券投资），其持有收益大小与持有时间长短有直接关系，在短期投资存续期不按期预计本期已实现的投资收益，只有到投资转让或兑付时才作为投资收益的实现，计入当期经营成果。

鉴于我国政府会计主体短期投资的有限性，《投资准则》采纳了第一种观点，在第六条指出：短期投资持有期间的利息，应当于实际收到时确认为投资收益。

（二）处置损益的确认与计量

短期投资具有随时可变现的特性，当政府会计主体运营活动需要周转资金或要获取较大证券价差收益时，可随时持短期投资到证券交易市场上进行交易转让，以满足周转资金的需求，或实现短期投资的投资收益。短期投资的损益通常也随着短期投资的处置而实现。

政府会计主体处置投资，在确认处置收入的同时，其成本应根据以下不同情况结转：全部处置某项短期投资时，其成本为投资的账面余额；部分处置某项投资时，应按该项投资的总平均成本确定其处置部分的成本，然后再确认投资损益。为此，《投资准则》第八条指出：政府会计主体按规定出售或到期收回短期投资，应当将收到的价款扣除短期投资账面余额和相关税费后的差额计入投资损益。

四、短期投资期末计价问题

短期投资的期末计价是指期末短期投资在资产负债表上反映的价值。通常，短期投资的期末计价方法包括按成本计价、按市价计价、按成本与市价孰低计价。其中：

按成本计价是指按投资成本入账后直到出售变现前均不调整短期投资账面价值的方法。按成本计价在投资持有期间内，不确认由于对短期投资进行估价而产生的未实现损益，直到短期投资出售时才确认损益。

按市价计价是指在每一会计期末编制财务报表时，短期投资账面价值按市价调整，并据此反映于资产负债表上的方法。

按成本与市价孰低计价是指短期投资的市价在购买后减少时，投资成本也应减少到一个较低的价值所采用的一种计价方法。

《投资准则》第七条指出：期末，短期投资应当按照账面余额计量，即按成本计价。其理论依据是：对于政府投资主体而言，更关心的是投资成本和实际的投资收益，实际的投资收益是投资持有期间利息收入以及处置投资所获得的收入与投资成本的差额。以成本计价，可使会计期间内政府会计主体损益计量比较客观、公正，但在资产计价方面有所欠缺。

【例2－1】某事业单位20×9年1月1日，用银行存款510 000（包括已到期未付的利息10 000元）元购入面值为500 000元的国债，期限为5年期、年利率4%，利息于每年6月30日支付。该单位将购入的国债划分为短期投资；4月1日收到购买时已到付息期但尚未领取的利息；6月30日收到国债的半年利息；7月10日，对外转让部分国债，其面值200 000元，取得转让价款203 000元，不考虑相关税费。

则该项短期投资的计量结果是：

短期投资的初始投资成本：510 000

减：收到购买时已到付息期但尚未领取的利息　10 000

减：转让部分面值　200 000

短期投资的期末投资成本：300 000

政府财务会计中的短期投资的期末投资成本 300 000 元，持有期和转让中的投资收益 13 000 元（500 000 × 4% ÷ 2 + 3 000）；政府预算会计中的投资支出 300 000 元，投资预算收益 13 000 元。

第三节　长期债权投资的相关问题研究

一、关于长期债权投资特征的认识

长期投资是投资主体为了取得投资收益，积累资金，控制被投资会计主体的重大经营决策。长期债权除了具有债权的共同特点外，还具有如下特点：

第一，投资从取得到收回的时间间隔长。长期债权是指会计主体在 1 年或超过 1 年的一个营业周期以上才能收回的债权。收回长期债权而导致的现金或资产的流入不能够在 1 年之内实现。

第二，债权的金额一般较大。这项债权可以采取分期收回的方式，或者分期收回利息，待一定日期后再收回本金，或者于到期日一次收回本息。长期债权不能够在 1 年之内变现，因而不属于流动资产，而归属于长期资产。长期债权变现能力弱于短期债权（指长期债权以外的债权），一般需超过 1 年（或者超过 1 年的一个营业周期，下同）以上。

二、关于长期债权投资入账价值的研究

长期债权投资按投资内容划分，有长期债券投资和债券以外的其他债权投资，本节仅介绍长期债券投资。

《投资准则》第十条指出，长期债券投资在取得时，应当按照实际成本作为初始投资成本。实际支付价款中包含的已到付息期但尚未领取的债券利息，应当单独确认为应收利息，不计入长期债券投资初始投资成本。

《投资准则》第十条中涉及三个既有联系但有时又不相同的概念。其中：

（1）实际支付价款。实际支付价款是指为获得一项投资所发生的全部资金的流出，包括取得长期债券投资支付的全部价款、相关税费以及已到付息期但尚未领取的债券利息。顾名思义，实际支付价款是指取得资产实际发生的经济利益流出，包括两部分：一是为取得资产而支付的购买价格、税金、手续费等相关费用；二是已到付息期但尚未领取的债券利息。

（2）初始投资成本。初始投资成本是指为获得一项投资而付出的代价，包括买价和其他相关费用。初始投资成本与资产计量直接相关。资产的计量涉及初始计量和期末计量两个方面，资产的初始计量是指确定资产的取得成本；资产的期末计量主要解决资产的期末计价问题。

作为初始投资成本，是为取得一项投资发生了多少耗费的计量问题，也就是确定会计主体为取得一项投资而发生的支出中有多少可以计入投资账户，确认为政府会计主体的一项资产，并在资产负债表资产方的相关投资项目中列示。

（3）实际成本。按照会计一般理论，一项资产的实际成本是指实际投入和实际应支付的金额。实际成本属于历史成本，不会因为空间的转移或时间的变化而改变。

三、应收利息

与投资相关的应收利息是投资所得，通常作为收益处理。但在某些情况下，这类收入只代表投资成本的回收，不构成收益的一部分。例如，在购买附有利息的投资时，已经计算了购买前应付未付的利息，并将这一部分利息包括在购买价格之中，在随后收到利息时，应将所收利息在购买前和购买后两个时期之间进行分配，属于购买前的部分应当扣减购置成本。但《投资准则》对取得债权实际支付的价款中所包含的应收利息分别处理：对于分期付息、一次还本的长期债券投资，应当将计算确定的应收未收利息确认为应收利息，计入投资收益；对于一次还本付息的长期债券投资，应当将计算确定的应收未收利息计入投资收益，并增加长期债券投资的账面余额。

四、长期债券投资的溢价、折价问题

众所周知，长期债券投资的性质为债权投资。因受债券票面利率、市场利率和债券兑付期的影响，购入债券支付的价款与其票面价值不一定相同，可能会出现三种购入方式，即平价购入债券（按面值购入债券）、溢价购入债券（高于面值的价格购入债券）和折价购入债券（低于债券面值购入债券）。

当债券票面利率等于市场利率时，投资主体按面值购入债券，即平价购入债券。

当债券票面利率高于市场利率时，由于发行债券主体每期会以高于市场利率的水平支付利息，为弥补多付的利息支出，发行债券主体以超过债券面值的价格发售，从而调整其利息负担。这时，投资主体要以高于面值的价格购入债券，即溢价购入。对投资主体来说，债券溢价相当于以后每期多取得利息而事前付出的代价。

当债券票面利率低于市场利率时，发行债券主体会以低于债券面值的价格发售债券，投资主体则以低于债券面值购入债券，即折价购入。债券折价，对投资主体来讲，相当于以后每期少取得利息而事先得到的补偿。

可见，债券溢价或折价实质上是为平衡债券投资者的利息收入和债券发行人的利息费用，据以保障双方利益而事先对利息收支做出的调整。

需要说明的是，《投资准则》未对取得长期债券投资发生的溢价、折价问题予以规范，即取得长期债券投资不核算其溢价或折价。

五、关于长期债权投资损益的研究

长期债权投资损益包括债权持有期间的利息收入、处置收入与其账面价值的差额。

政府会计主体购入长期债券的持续期较长，其持有收益大小与持有时间长短直接相关，在投资存续期内，为正确计算实现的收益，需要按照权责发生制的原则，对属于当期（月、季、年）债券投资的应收或应计利息，无论是否收到，均应计入当期损益，作为该期投资收益处理。具体的处理方法是：在债券持有期间，按债券面值乘以票面利率，按期计提利息收入，确认为当期投资收益。

债券到期收回或未到期提前处置的债权投资，实际取得的价款与应收利息、投资账面余额之和的差额，确认为收到或处置当期的收益或损失。

六、长期债权投资的处置

长期债权投资的处置是一个宽泛的概念，泛指在债券投资到期前减少长期债券投资的一切行为，包括出售、转让、债券本身发生损失等情形。

【例2－2】2×19年7月1日，某事业单位购入5年期、年利率为4%、面值为600 000元的国库券，到期一次还本付息。另支付有关税费12 000元。2×23年6月末，该单位将国债的60%转让，实际收到价款450 000元，存入银行。取得的投资收益纳入单位预算管理。2×24年7月1日，该单位持有的剩余国库券到期收回其本息，存入银行。取得的投资收益纳入单位预算管理。

该单位此笔债券投资的账务处理：

2×19年7月1日，长期债券投资的初始投资成本为612 000元。

2×23年6月，部分转让前的长期债券投资成本为：初始成本加上4年的应计未收利息共708 000元（612 000＋96 000）。

2×23年6月末转让60%国债，冲减“长期债券投资——成本”367 200（621 000×60%）、“长期债券投资——应计利息”57 600（96 000×60%），处置中财务会计确认“投资收益”25 200元（450 000－367 200－57 600），预算会计在收付实现制下确认的投资预算收益82 800元（450 000－367 200）。

第四节　长期股权投资的相关问题研究

一、关于长期股权投资特征的认识

长期股权投资不仅具有长期投资的一般特征，也具有股票这一经济范畴所特有的性质。它是一种所有权的投资，是一种收益不稳定的投资。其具体特征表现在以下方面：

第一，政府会计主体购入权益证券主要出于两种动机：对另一实体（如供应商、客户、下属子公司）的董事会和管理层施加影响；获得红利或股票价差收益。投资方按照影响或控制被投资方活动的能力来进行有关权益证券投资的列报。这种能力一般是指投资公司控制的具有投票权的证券的比例。这一比例是指针，但也可能因其他因素被推翻，比如，即使在所有权中所占比例不是很大，依然可以通过协议施加重大影响的权力。

第二，从会计处理的角度看，长期股权投资在初始确认时按照取得成本入账，但以后的会计处理方法取决于投资主体持有股份所赋予其对被投资单位的影响力。《投资准则》第十五条指出：长期股权投资在持有期间，通常应当采用权益法进行核算。政府会计主体无权决定被投资单位的财务和经营政策，或无权参与被投资单位的财务和经营政策决策的，应当采用成本法进行核算。

可见，长期股权投资的投资者权益是由被投资方的经营状况来决定的，由于投资者持有的有表决权股份在被投资方占有比例的升降，投资者的权力也相应跟着变化，由此决定着长期股权投资核算应采取的方法。

第三，长期股权投资是投资主体以让渡部分资产而换取的另一项非流动资产。长期股权投资是政府会计主体在事业运营活动之外持有的非流动资产，是一种以要求取得较多长期收益或利益权利为表现形式的资产，同时也是一种有较高财务风险的资产。

二、长期股权投资入账价值问题研究

《投资准则》规定，政府会计主体的长期股权投资在取得时，应当按照实际成本作为初始投资成本。

（一）长期股权投资入账价值和初始投资成本的关系

长期股权投资入账价值和初始投资成本不是同一个概念。初始投资成本的金额取决于长期股权投资的形式，而入账价值的金额取决于后续计量是成本法还是权益法。一般来说，长期股权投资的入账价值就是其初始投资成本，只有一种情况比较特殊：权益法下，当初始投资成本小于取得投资时应享有的被投资单位可辨认净资产公允价值的份额时，应该先对初始投资成本进行调整，再作为长期股权投资的入账价值。

为了更好地理解长期股权投资初始投资成本的含义，下面举个简单例子。假设甲单位以货币资金出资 100 万元，成立了一家全资子公司 A 公司，则投资方甲单位的账务处理是，借记“长期股权投资——A 公司”100 万，贷记“银行存款”100 万；被投资方 A 公司账务处理是，借记“银行存款”100 万，贷记“实收资本——甲单位”100 万。

此时可以清楚地发现，甲单位长期股权投资账户的金额体现了两个会计信息：反映甲单位财务会计的投资成本 100 万元；反映甲单位享有 A 公司的净资产份额 100 万元。可见，长期股权投资账户的会计信息含义主要表现在两个方面：第一，反映投资方的投资成本，即为了获得股权而支付的对价；第二，反映投资方享有被投资方净资产的份额。由于被投资方净资产可以采用账面价值计量，也可以采用公允价值计量，所以长期股权投资可以反映投资方享有按被投资方净资产公允价值计算的份额，也可以反映投资方享有按被投资方净资产账面价值计算的份额。

初始投资成本是政府会计主体所投出资产的价值，这个价值分情况确定为账面价值、公允价值。而长期股权投资的入账价值是指投资方所取得被投资方的净资产份额，这个净资产也分情况确定，即净资产公允价值、净资产账面价值。虽然两者不是一个概念，但绝大多数情况下两者的数值是相同的，即初始投资成本等于长期股权投资的入账价值，这正是容易混淆的主要原因。只有一种情况下两者的数值是不同的：长期股权投资具有共同控制和重大影响、需采用权益法进行核算，而这时会出现初始投资的公允价值与被投资方的可辨认净资产的公允价值两者之间的比较，若大于，不做调整，视同被投资方的“商誉”，这时两者数值还是趋同了；若小于，视为被投资方做出一定的让步，需调整初始成本为入账价值，并将此差额计入其他收入。

（二）初始投资成本确定的理论和方法

由于政府会计主体取得长期股权投资的方式不尽相同，其初始投资成本确定方法也不同。

1. 以货币资金取得长期股权投资。政府会计主体取得一项长期股权投资，实际支付的价款包括两部分：一是为取得投资而支付的购买价格及税金、手续费等相关费用；另一部分是为取得投资而发生的股权支付，即实际支付的价款中包含的已宣告而尚未领取的现金股利。对于为取得投资而支付的购买价格及税金、手续费等相关费用，通常应计入投资成本，但对于取得一项投资的同时取得一项债权的处理，有两种观点：一种观点是计入投资成本，待实际收到现金股利时再冲减投资成本。另一种观点是不计入投资成本，单独作为应收项目核算，待实际收到现金股利或利息时，冲减应收项目。

《投资准则》采取第二种做法，即以支付现金取得的长期股权投资，按照实际支付的全部价款（包括购买价款和相关税费）作为实际成本。实际支付价款中包含的已宣告但尚未发放的现金股利应当单独确认为应收股利，不计入长期股权投资初始投资成本。这一处理不同于短期投资的初始投资成本确定。

2. 以非现金资产置换取得长期股权投资。以非现金资产置换取得长期股权投资是非货币性资产交换的一种形式，其特点是一方以存货、固定资产、无形资产和另一方的长期股权投资进行交换。实务工作中，交易双方通过非货币性资产交换，一方面可以满足各自运营活动的需要，同时在一定程度上减少了货币性资金的流出。《投资准则》规定，以现金以外的其他资产置换取得的长期股权投资，其投资成本按照换出资产的评估价值加上支付的补价或减去收到的补价，加上换入长期股权投资发生的其他相关支出确定。

【例2－3】2×19年8月，甲事业单位经批准将科研设备与乙事业单位持有的对丙公司长期股权投资进行置换。在置换日，甲单位的科研设备账面原价为2 000 000元，已计提折旧为1 200 000元，评估价为830 000元；乙单位持有的长期股权投资账面余额为850 000元。置换过程中，甲单位以银行存款支付补价50 000元、相关税费10 000元。

则：甲事业单位长期股权投资成本为890 000元（830 000＋50 000＋10 000）。

3. 接受捐赠的长期股权投资。政府会计主体接受捐赠的长期股权投资，其成本按照有关凭据注明的金额加上相关税费确定；没有相关凭据可供取得，但按规定经过资产评估的，其成本按照评估价值加上相关税费确定；没有相关凭据可供取得、也未经资产评估的，其成本比照同类或类似资产的市场价格加上相关税费确定。

4. 无偿调入的长期股权投资。“无偿调拨（划转）”与“资产调剂”的区别主要表现为行为主体不同，资产调剂的主体是财政部门或主管部门，而无偿调拨（划转）的主体是事业单位。对事业单位来讲，一种是被动的调剂，一种是主动的转让。从审批程序来看，由于资产调剂是财政部门或主管部门为主进行的，事业单位无须报批，但财政部门或主管部门应认真调研，并听取事业单位的意见；无偿调拨（划转）则是事业单位提出申请，应履行报批手续。从结果上看，“资产调剂”是一种资产配置方式，“无偿调拨（划转）”是单位无偿调出资产，相当于无偿转让，是一种资产处置行为。

《投资准则》规定，无偿调入的长期股权投资，其成本按照调出方账面价值加上相关税费确定。由于无偿调拨（划转）的主体是事业单位，调拨前，调出单位都有完备的会计记录，相关账户的账面余额、备抵账户余额容易取得，按照调出方账面价值再加上相关税费确定资产成本具有核算简便、资产入账价值较为客观等优点。

三、长期股权投资损益确认的成本法和权益法

（一）长期股权投资损益确认的两种观点

长期股权投资收益和损失如何确认是股权投资会计中的核心问题。长期股权投资有两种收益观点，由此产生两种损益确认方法：

1. 以收到利润或现金股利时确认收益。这种观点认为，股权投资成本是会计主体取得被投资单位股权时的实际支出，一项投资能够获得多少利益，很大程度上取决于能分回多少利润或现金股利，当处置某项股权投资时，计算该项投资累积获得的收益是实际分回的利润或现金股利，以及处置该项投资时实际收回金额与投资成本的差额的合计。在这种观点下，长期股权投资以投资成本计价，收到利润或现金股利时确认为投资收益，这种方法通常称为成本法，在这种方法下，期末长期股权投资一般按投资成本计价。采用这种收益观点确认收益，能反映企业实际获得的利润或现金股利的情况。

2. 按所持股权所代表的所有者权益的增减变动确认收益。这种观点认为，股权代表投资者（或称为股东）应享有或应分担被投资单位的利益或损失，当被投资单位产生利润而增加所有者权益时，投资主体应按投资比例确认投资收益，同时增加投资的账面价值；反之，若被投资单位发生亏损而减少所有者权益时，投资主体应按投资比例计算应分担的份额，确认为投资损失，同时减少投资的份额。

《投资准则》第十五条规定，长期股权投资在持有期间，通常应当采用权益法进行核算。政府会计主体无权决定被投资单位的财务和经营政策，或无权参与被投资单位的财务和经营政策决策的，应当采用成本法进行核算。

（二）长期股权投资损益确认的成本法

成本法，是指投资按投资成本计价的方法。在成本法下，长期股权投资以取得股权时的成本计价，其后，除了投资主体追加投资、收回投资等情形外，长期股权投资的账面价值保持不变。被投资单位宣告分派的现金股利或利润，投资方按照在被投资方净资产中所享有的份额确认为当期投资收益。

【例 2-4】2×19 年甲事业单位经批准，1 月份以货币资金 3 000 000 元投资乙公司，取得乙公司有表决权 20% 的股份。6 月 30 日，乙公司宣告从历年积累中分配利润 2 500 000 元。甲事业单位按照其持有比例确定可分回的金额为 500 000 元。7 月 10 日，收到乙公司分派的全部利润并存入银行。

1 月份甲事业单位长期股权投资 3 000 000 元（成本）；6 月 30 日确认财务会计的投资收益 500 000 元，投资成本不受影响；7 月 10 日收到，确认预算会计的投资预算收益 500 000 元。

（三）长期股权投资损益确认的权益法

权益法，是指投资最初以投资成本计价，以后根据投资主体享有被投资单位所有者权益份额的变动对投资的账面价值进行调整的方法。

长期股权投资在持有期间通常应当采用权益法。政府会计主体无权决定被投资单位的财务和经营政策，或无权参与被投资单位的财务和经营政策决策的，应当采用成本法进行核算。政府会计主体取得长期股权投资后，根据导致被投资单位所有者权益的变动原因分别进行会计处理：

1. 被投资单位实现净损益。政府会计主体按照应享有或应分担的被投资单位实现的净损益的份额，确认为投资损益，同时调整长期股权投资的账面余额。一旦被投资单位宣告分派现金股利或利润，政府会计投资主体按照被投资单位宣告分派的现金股利或利润计算应享有的份额确认为应收股利，同时减少长期股权投资的账面余额。

2. 政府会计主体确认被投资单位发生的净亏损，应当以长期股权投资的账面余额减记至零为限，政府会计主体负有承担额外损失义务的除外。被投资单位发生净亏损，但以后年度又实现净利润的，政府会计主体应当在其收益分享额弥补未确认的亏损分担额等之后，恢复确认投资收益。

3. 净损益和利润分配以外的所有者权益发生变动。政府会计主体按照被投资单位除净损益和利润分配以外的所有者权益变动的份额，确认为净资产，同时调整长期股权投资的账面余额。

（四）长期股权投资的处置

政府会计主体经批准按规定处置长期股权投资，应当冲减长期股权投资的账面余额，并按规定将处置价款扣除相关税费后的余额作应缴款项处理，或者按规定将处置价款扣除相关税费后的余额与长期股权投资账面余额的差额计入当期投资损益。

【例2－5】甲事业单位2×19年1月5日，以银行存款920 000元投资于乙公司，另支付相关交易费用14 500元，享有乙公司所有者权益份额的35%，采用权益法核算长期股权投资。2×19年12月，乙公司全年实现净利润800 000元。2×20年1月初，甲事业单位将持有乙公司股权投资的20%处置，取得股款260 000元存入银行。

甲事业单位2×19年1月长期股权投资（成本）为934 500元。

2×19年12月投资收益280 000（800 000×35%），长期股权投资（损益调整）为280 000元，2×19年末的长期股权投资合计1 214 500元（934 500＋280 000）。

2×20年1月初，处置20%的长期股权投资242 900元（934 500×20%＋280 000×20%），分别减少长期股权投资（成本）186 900元（934 500×20%）、长期股权投资（损益调整）56 000元，处置中的财务会计投资收益17 100元（260 000－242 900）。

采用权益法核算的长期股权投资，因被投资单位除净损益和利润分配以外的所有者权益变动而将应享有的份额计入净资产的，处置该项投资时，还应当将原计入净资产的相应部分转入当期投资损益。

（五）成本法与权益法的转换

政府会计主体长期股权投资所采用的成本法或权益法不是一成不变的，如果成本法或权益法的适用环境发生了变化，政府会计主体应改变长期股权投资核算方法。

1. 成本法与权益法的转换成因。

（1）处置部分长期股权投资导致会计核算方法转换。政府会计主体因处置部分长期股权投资等原因，无权再决定被投资单位的财务和经营政策或者无权再参与被投资单位的财务和经营政策决策的，应当对处置后的剩余股权投资改按成本法核算，并以该剩余股权投资在权益法下的账面余额作为按照成本法核算的初始投资成本。其后，被投资单位宣告分派现金股利或利润时，属于已计入投资账面余额的部分，作为成本法下长期股权投资成本的收回，冲减长期股权投资的账面余额。

（2）因追加投资等原因导致会计核算方法转换。政府会计主体因追加投资等原因对长期股权投资的核算从成本法改为权益法的，应当自有权决定被投资单位的财务和经营政策或者参与被投资单位的财务和经营政策决策时，按成本法下长期股权投资的账面余额加上追加投资的成本作为按照权益法核算的初始投资成本。

2. 成本法与权益法转换的确认与计量。

（1）成本法转权益法。政府会计主体在运营过程中，因追加投资导致持股比超过20%的，应当将长期股权投资由成本法改按权益法核算，需要按以下原则处理：

追加投资日的初始投资成本 = 原投资账面价值 + 新增投资成本

原投资账面价值无须按权益法进行追溯调整。

（2）权益法转成本法。政府会计主体在运营过程中，因处置部分长期股权投资导致持股比低于20%的，且无权再决定或者无权再参与被投资单位的财务和经营决策的，应当将处置后的剩余股权投资由权益法改按成本法核算，需要按下列原则处理：以该剩余股权投资在权益法下的账面余额作为按照成本法核算的初始投资成本；原投资账面价值无须按成本法进行追溯调整。

第五节　投资的信息披露

政府会计中将投资分为短期投资和长期投资，长期投资又分为长期债权投资和长期股权投资，应按照类别对不同投资项目分别进行披露。《投资准则》第十二条规定，政府会计主体应当在附注中披露与投资有关的下列信息：

（1）短期投资的增减变动及期初、期末账面余额。

（2）各类长期债权投资和长期股权投资的增减变动及期初、期末账面余额。

（3）长期股权投资的投资对象及核算方法。

（4）当期发生的投资净损益，其中重大的投资净损益项目应当单独披露。

政府会计准则中投资披露的具体格式：长期债券投资按照债券发行主体、长期股权投资按照被投资单位的不同分别披露，对当期发生的重大投资净损益的项目、金额及原因也要进行披露。

政府会计主体的短期投资、长期投资，应在保证政府会计主体正常运转、保障和促进各项公共事业发展、维护资产的安全完整、有效利用国有资产的前提下，按照国家的有关规定进行。对外进行股权投资时应当进行必要的可行性论证，并提出申请，经主管部门审核同意后报同级财政部门审批。如果以非货币性资产对外投资，则应当对相关资产进行评估。对外投资取得的收入应当纳入单位预算统一核算、统一管理。

第三章

固定资产准则

如同企业一样，政府会计主体资产负债表中资产类项目金额最大者当属固定资产。政府会计主体的固定资产是政府公共服务职能的重要载体，是其履行职能的物质基础，是政府公共财产的重要组成部分。固定资产的重要性，不仅因为它是政府会计主体正常履行职能和开展业务活动的物质基础，更重要的是，固定资产计价、折旧情况如何，对于正确确定政府会计主体收益及财务状况具有重要的意义。为此，2016 年 12 月财政部印发了《政府会计准则第 3 号——固定资产》。

《政府会计准则第 3 号——固定资产》（以下简称《固定资产准则》）共 6 章 28 条，自 2017 年 1 月 1 日起施行，内容包括：

第一章总则，主要明确了固定资产的定义、内容以及该准则适用的范围。总则指出，公共基础设施、政府储备物资、保障性住房、自然资源资产等适用其他相关政府会计准则。

第二章固定资产的确认，明确了政府固定资产的确认条件以及应考虑的因素。

第三章固定资产的初始计量，对固定资产初始计量的规定与企业会计准则并无差异，均要求以成本对其进行初始计量。准则分别对政府会计主体通过外购、自行建造、置换、接受捐赠、无偿调入及盘盈方式取得的固定资产成本初始计量进行了具体的规定。

第四章固定资产的后续计量，分别从固定资产的折旧及处置两个方面进行规定。

第五章固定资产的披露，规定了政府会计主体应当在附注中披露与固定资产相关的信息。

第六章附则，主要规定本准则的生效时间。

《固定资产准则》框架结构如图 3－1 所示：

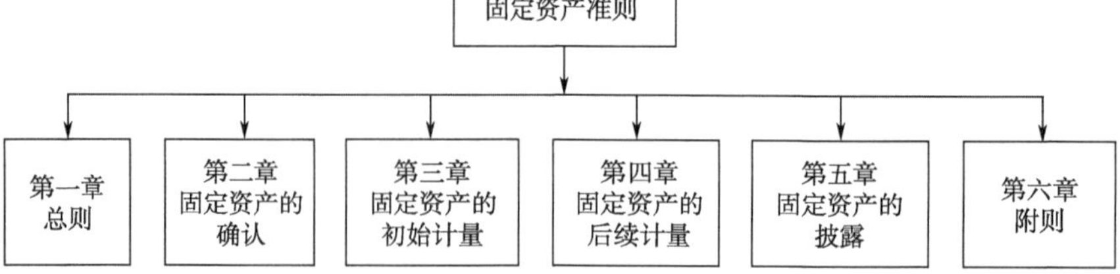

图 3－1　固定资产准则框架

第一节 固定资产的确认问题研究

一、固定资产的定义和确认标准

（一）固定资产的定义

“固定资产”一词在会计文献中有广义和狭义之分。

广义的固定资产包括有形固定资产和无形固定资产。日本《新版会计学大辞典》认为，固定资产可分为有形固定资产、无形固定资产和长期投资三类，其中，有形固定资产（tangible fixed assets）是指供长期使用的有实体的固定资产，它同无形固定资产（intangible fixed assets）和投资（investments）一起构成固定资产总体。[①] 被认为“会计界仅有之一卷最完善及划时代的会计文献”的《会计词典》指出：固定资产包括：一是足以生产货品或劳务之有形资产；二是任何资本支出所形成之资产或非流动资产；三是平衡表上之科目（即报表项目，笔者注），包括无形资产、附属公司投资以及其他长期投资以外之由资本支出所形成之资产。[②] 国际公共部门会计准则没有使用“固定资产”一词，将具有固定资产特征的资产称为“不动产、房舍和设备”。

狭义的固定资产仅指有形固定资产，如房屋和建筑物、机器设备、运输工具、工具器具等。我国《固定资产准则》所规范的固定资产为狭义的固定资产。

《固定资产准则》第二条指出：本准则所称固定资产，是指政府会计主体为满足自身开展业务活动或其他活动需要而控制的，使用年限超过 1 年（不含 1 年）、单位价值在规定标准以上，并在使用过程中基本保持原有物质形态的资产，一般包括房屋及构筑物、专用设备、通用设备等。

单位价值虽未达到规定标准，但是使用年限超过 1 年（不含 1 年）的大批同类物资，如图书、家具、用具、装具等，应当确认为固定资产。

从上述概念中可见，固定资产具有以下特征：

第一，固定资产是有形资产。与专利权、商标权等无形资产相比，固定资产

① 番场嘉一郎：《新版会计学大辞典》，中国展望出版社 1986 年版，第 10 页。

② 艾利克·L. 柯勒：《会计词典》，（台北）三民书局印行，第 191 页。

是具有实物形态的资产，可以多次参加企业的生产经营过程，在若干生产周期内保持其原有的实物形态，其价值会随着固定资产的使用而逐渐、分次地转移到产品成本或所提供的劳务成本以及相应费用中去，并通过企业的最终收入得到补偿。

第二，固定资产的使用期限超过 1 年或长于 1 年的一个经营周期。与存货等资产相比，固定资产不会在 1 年内或超过 1 年的一个营业周期内变现或者耗用，能在较长的时期内发挥作用。

第三，持有固定资产的目的是用于经营而非销售。企业获取固定资产的目的是用于生产、提供商品或提供服务、出租给他人或行政管理，而不是出售。

（二）固定资产确认标准的运用

固定资产的确认需要解决两个主要问题：一是固定资产的确认条件；二是如何运用固定资产确认条件。

1. 固定资产的确认条件。固定资产的确认是一个判断过程，它是对符合固定资产定义的各种资产，在满足一定条件的情况下将其确认入账。从理论上讲，固定资产的定义反映了固定资产的本质属性，是其最基本的判断标准，它将固定资产与其他资产区别开来。但是，固定资产的定义对固定资产的限定是综合性的，并没有从会计角度给出其限定条件。从会计角度看，固定资产能够被会计主体所使用，并产生可归属于会计主体的经济利益；同时，固定资产是能够可靠计量的，这两方面缺一不可。

为此，《固定资产准则》第四条指出，固定资产同时满足下列条件的，应当予以确认：①与该固定资产相关的服务潜力很可能实现或者经济利益很可能流入政府会计主体；②该固定资产的成本或者价值能够可靠地计量。

2. 固定资产确认条件的运用。固定资产确认条件为政府会计主体应否将某资产项目确认为固定资产提供了指南，但在具体应用固定资产确认条件时，还应注意以下几点：

第一，固定资产确认的两个条件同时具备时，某一符合固定资产定义的资产项目才能确认为固定资产，而不是只具备一个条件。

第二，固定资产取得时，视其是否需要安装分别确认。通常情况下，购入、换入、接受捐赠、无偿调入不需安装的固定资产，在固定资产验收合格时确认；购入、换入、接受捐赠、无偿调入需要安装的固定资产，在固定资产安装完成交付使用时确认；自行建造、改建、扩建的固定资产，在建造完成交付使用时确认。

第三，固定资产的各组成部分具有不同使用年限或者以不同方式为政府会计主体实现服务潜力或提供经济利益，适用不同折旧率或折旧方法且可以分别确定各自原价的，应当分别将各组成部分确认为单项固定资产。

第四，购建房屋及构筑物时，不能分清购建成本中的房屋及构筑物部分与土地使用权部分的，应当全部确认为固定资产；能够分清购建成本中的房屋及构筑物部分与土地使用权部分的，应当将其中的房屋及构筑物部分确认为固定资产，将其中的土地使用权部分确认为无形资产。

第五，固定资产成本能够可靠地计量是其确认的一项基本条件，但有时政府会计主体取得某项固定资产而发生的支出不能确切地计量，但能够合理地估计，也是符合固定资产确认中的“成本能够可靠计量”的要求。比如，对于已达到预定可使用状态的固定资产，在尚未办理竣工决算时，需要根据工程预算、工程造价或者工程实际发生的成本等资料，按暂估价值确定固定资产的入账价值，待办理了竣工决算手续后再做调整。

二、固定资产的分类

根据《固定资产准则》对固定资产的确认要求，政府会计主体的固定资产一般包括房屋及构筑物、专用设备、通用设备等，再结合《应用指南》对固定资产折旧年限的列举，我国行政事业单位的固定资产有以下六类：

（1）房屋及建筑物，指单位占有和使用的房屋、建筑物及其附属设施。其中：房屋包括办公用房、生产经营用房、仓库、食堂用房、锅炉房等；建筑物包括道路、围墙、水塔、雕塑等；附属设施包括房屋、建筑物内的电梯、通信线路、输电线路、水气管道等。

（2）专用设备，指单位根据业务的实际需要购置的各种具有专门性能和专门用途的设备，如仪器仪表、医疗设备、化学药品和中药专用设备、电工电子专用生产设备、殡葬设备及用品、公安专用设备等。

（3）通用设备，指单位用于业务活动的办公和事务用的通用性设备、交通工具、通信工具，如车辆、计算机设备、办公设备、广播电视电影设备等。

（4）文物和陈列品，指单位占有和使用的古玩、字画、纪念品、装饰品、展品、藏品等。

（5）图书、档案，指单位的图书馆（室）、阅览室的图书、资料以及档案馆（室）的档案等。

（6）家具、用具、装具及动植物，指单位办公用家具、符合固定资产确认标准的用具，以及有生命的动物植物（如劳役用牲畜）。

我国广义政府部门中，固定资产持有和变化趋势见表3－1和图3－2：

表3－1　广义政府部门固定资产（2007—2019年）①　单位：亿元

2007	2008	2009	2010	2011	2012	2013	2014	2015	2016	2017	2018	2019
43 512	48 066	53 475	59 229	65 821	70 294	76 629	83 318	90 763	98 667	107 619	124 165	136 748

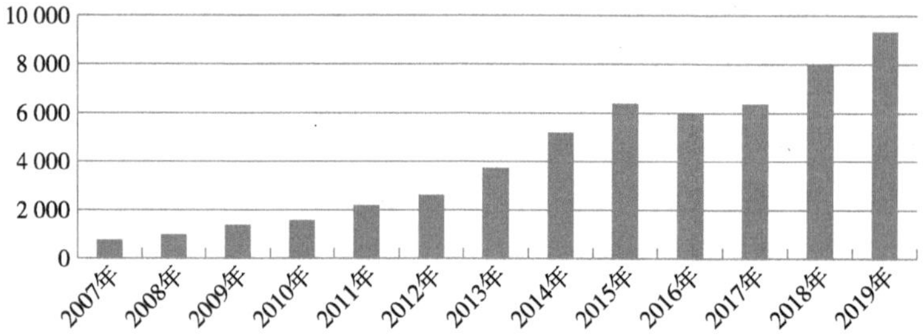

图3－2　广义政府部门资产——固定资产（2007—2019）

三、固定资产在不同准则中的相关规定差异

（一）国际公共部门准则与《固定资产准则》

《国际公共部门会计准则第17号——不动产、房舍和设备》（以下简称“IPSAS17”）是国际公共部门会计准则委员会（IPSASB）制定并发布的、适用于公共部门固定资产的准则。

《国际公共部门会计准则第17号——不动产、房舍和设备》规定，当不动产、房舍和设备项目满足以下两个条件时，应当确认为一项资产：①与该资产相关的未来经济利益或服务潜能很可能流入主体；②主体能够可靠地计量该资产的

① 李扬，张晓晶：《中国国家资产负债表2020》，中国社会科学出版社2020年版。

成本或公允价值。

上述第一项标准在将经济利益流入作为一个判断标准的同时，也将服务潜能的流入置于同等地位，这与国际公共部门会计准则对资产的界定有关。

上述第二项标准强调能够可靠地计量资产的成本或公允价值，通常适用于营利性主体的资产确认标准只要求能够可靠地计量资产的成本。国际公共部门会计准则之所以在成本的可靠计量之外，又提出以公允价值的可靠计量作为可供选择的判断标准，是因为在某些情况下，国际公共部门会计准则规定资产的初始计量金额可以参照公允价值予以确定。比如，由于公共部门主体接受赠予和捐助的情况较为普遍，国际公共部门会计准则规定，对于以无成本或以名义成本方式取得的不动产、房舍、设备和投资性房地产等，参照取得时的公允价值确定的成本进行初始计量。我国的《固定资产准则》中确认的第二个标准只是提及固定资产的成本或者价值能够可靠地计量。

国际公共部门会计准则对不动产、房舍和设备单独类别的列举包括：①土地；②经营性建筑物；③道路；④机器；⑤输电网；⑥轮船；⑦飞机；⑧专业军事设备；⑨机动车辆；⑩家具及装置；⑪办公设备；⑫石油钻塔。

此外，IPSAS17 关于固定资产的规定更加完善，具有重视公允价值计量、折旧方法多样、定期重估资产价值、计提减值准备等特点。在计量方法上，IPSAS17 规定了实体可以选择成本法或再评估法作为后续计量的方法。再评估法是指以重估日的公允价值扣除累计折旧和减值后的净额计量固定资产。国际公共部门会计准则更重视公允价值这个计量属性，因为以公允价值计量更能体现资产的市场波动性，有效反映资产的价值。在折旧方法上，IPSAS17 规定：不动产、房舍和设备（固定资产）的残值和使用期限至少每个报告期评估一次。固定资产计提折旧的方法包括直线法、余额递减法和生产单位法。IPSAS17 规定的折旧计提方法更加多样化，而且考虑残值的影响。我国《固定资产准则》对计提折旧不考虑预计净残值，且一般采用年限平均法或工作量法。IPSAS17 规定，在不动产、房舍和设备项目出现减值迹象时，需要计提减值准备，而《固定资产准则》没有固定资产计提减值准备的相关要求。

（二）企业会计准则与《固定资产准则》

我国《企业会计准则第 4 号——固定资产》对于固定资产的界定主要包括

“有形”“持有”“使用寿命超过一个会计年度”三点。《固定资产准则》对于固定资产的界定则强调四点：“有形”“控制”“使用年限超过 1 年（不含 1 年）”“单位价值在规定标准以上”。从固定资产定义的角度看，企业会计准则对于固定资产的界定不再使用具体数字作为标准，考虑了不同企业的具体情况存在差异性，例如，“使用寿命”用“超过一个会计年度”来界定，考虑了生产经营周期超过 1 年的企业的情况。同时，企业会计准则对固定资产界定的单位价值方面无金额限制，无论金额大小，如果从管理和内部控制的角度来说符合固定资产的定义，仍然可以界定为固定资产。

《固定资产准则》对固定资产的限定范围较大，既有使用年限的限制，也有单价的限制，即“规定标准以上”，同时还有固定资产所有权归属上的差异。企业的固定资产归属于企业所有，政府会计主体的固定资产所有权在国家，行政事业单位仅有使用权，造成固定资产确认条件不一致。企业要求“同固定资产有关的经济利益很可能流入企业”，而政府会计准则要求“服务潜力或经济利益很可能流入政府会计主体”。

从适用范围上看，企业固定资产准则适用于一般工商企业，但是有些企业固定资产不适用固定资产准则，例如，投资性房地产的建筑物，适用《企业会计准则第 3 号——投资性房地产》；生产性生物资产，适用《企业会计准则第 5 号——生物资产》。政府会计中的《固定资产准则》适用于一般固定资产，但公共基础设施、政府储备物资、保障性住房、自然资源资产等，适用其他相关政府会计准则，由其他准则加以规范。

第二节 固定资产的初始计量问题研究

一、固定资产计量的属性

根据《基本准则》的要求，资产的计量属性主要包括历史成本、重置成本、现值、公允价值和名义金额。在对资产进行计量时，一般应当采用历史成本；采用重置成本、现值、公允价值计量的，应当保证所确定的资产金额能够持续、可靠计量。

作为政府会计主体的行政事业单位，资产构成中占比最大的当属固定资产，《固定资产准则》中提及的计量属性包括历史成本、重置成本、名义金额。

（一）历史成本

历史成本[①]是人类会计实践中历史最悠久、使用最广泛的一种计量属性。

历史成本是交易或事项发生时供求双方所认同的价格，其人为估计等主观因素程度较低，且不确定性和风险低，真实性和可验证性高。同时，历史成本是资产购置时的价值表现形式，是政府会计主体所控制经济资源这一本质属性的体现。该信息是各类决策制定者做出决策的重要依据。时至今日，无论是企业会计还是政府会计，历史成本仍为会计计量的基本属性。

在历史成本计量中，资产按照取得时支付的现金金额或者支付对价的公允价值（购置时的成本）进行初始计量。初始计量后，资产不再随资产价格的变化而变化。资产的服务潜能和经济效益随其使用寿命增长而消耗（折旧或摊销），也因经济条件改变而减少（减值），因此，资产的成本以折旧或推销、计提减值准备的方式在报告期间计入费用。

（二）重置成本

重置成本又称“现行成本”，是指按照当前市场条件重新取得同样一项资产所需支付的现金或现金等价物金额。

《国际公共部门会计准则——公共部门主体通用目的财务报告概念框架》指出：重置成本是在报告日主体置换某一资产的服务潜力所需的最经济的成本（包括主体在使用寿命后处理资产所获得的金额）。

在重置成本计量中，资产按照现在购买相同或者相似资产所需支付的现金金额计量。

（三）现值

现值是经济学、财务学的基础之一，其内涵是指对未来现金流量以恰当的折现率进行折现后的价值，是考虑货币时间价值的一种计量属性。按照《基本准则》第三十条，可将“现值”表述为资产按照预计从其持续使用和最终处置中所产生的未来净现金流入量折现的金额。

---

① 王国生：《〈政府会计准则——基本准则〉分析与运用》，首都经济贸易大学出版社 2018 年版。

现值计量的关键是如何估计现金流量和确定用于贴现（折现）的利率。用于预计未来现金流量和利率的方法随着资产所处环境的不同而不同。

在现值计量下，资产按照预计从其持续使用和最终处置中所产生的未来净现金流入量的折现金额计量。

（四）公允价值

公允价值的概念有狭义和广义之分。狭义上，公允价值作为独立的计量属性，其所反映的是一种模拟市场价格，在尚未交易和非清算的情况下，采用各种估价技术对缺乏有效市场的资产或负债项目的价值进行近似市场定价方式的评估，从而试图得到相对公允、合理的价格，以反映报表截止日各项资产或负债项目的静态价值。广义上，公允价值是一个很宽泛的概念，涵盖了其他几个计量属性，需要反映交易和事项内涵的公平、允当的价值，同时兼具可靠、相关的信息质量特征。

《基本准则》指出，公允价值是指市场参与者在计量日发生的有序交易中出售资产所能收到的价格。在公允价值计量下，资产按照市场参与者在计量日发生的有序交易中出售资产所能收到的价格计量。

（五）名义金额

顾名思义，“名义金额”就是“表面上的金额”或“形式上的金额”的意思。作为一项计量属性，名义金额在我国首次出现于2006年《企业会计准则第5号——生物资产》《企业会计准则第16号——政府补助》等相关准则中。在此之前，我国会计标准中未用过名义金额计量属性。

名义金额是一种象征性的金额，它的作用主要是用于记录和确认某些特定的物体或事实的存在。它不是基于实际的商品交易或实际的损失而产生的，而是一种人为估计的金额。

在政府会计主体核算的资产中，有些资产通常是没有投入的，如天然林等天然起源的生物资产；有些资产虽然有投入，但其成本无法确定或者资产取得不是基于等价交换形式，如博物馆中陈列的各种艺术品、石器、标本或工艺类的展览品，图书馆中珍藏的书籍、手稿以及相关文献资料，历史纪念碑，建筑风格独特或历史意义重大的建筑物等。这些资产的成本难以按照外购、自行营造方式下发生的必要支出，或者非货币性资产交换、债务重组等方式下确定的对价来确定。采用名义金额即 1 元人民币作为计量属性，可以为政府会计主体实际占有或使用的但无法取得公允价值的资产创造一个进行会计核算的条件，使这些资产既在会计账簿和财务报告上有所反映，又处于财务的有效监督之下，防止这部分资产流失。

从现行 21 项国际公共部门会计准则的规定来看，其对会计要素的计量在不同程度上采用了历史成本、现行成本、可变现净值和现值四种计量基础，与《国际公共部门会计准则——公共部门主体通用目的财务报告概念框架》中对计量基础的阐述相类似，历史成本是公共部门主体主要的计量基础，在某些情况下也允许采用现行成本、可变现净值和现值计量基础。例如，IPSAS17 规定，在固定资产后续计量的重估模式下，对于不存在活跃市场的、具有特殊性质的固定资产，其公允价值的确定可以参照现行重置成本确定。

二、固定资产初始计量

固定资产的计量分为初始计量和期末计量两个方面：固定资产的初始计量就是初次确定交易和事项的金额；固定资产的期末计量，主要是指固定资产的期末计价问题。

《固定资产准则》第八条指出：固定资产在取得时应当按照成本进行初始计量。其中，成本包括政府会计主体为购建某项固定资产达到预定可使用状态前所发生的一切合理的、必要的支出。

由于固定资产的取得方式不同，其初始成本的具体确定方法也不完全相同。

（一）外购固定资产

政府会计主体外购固定资产的成本通常包括三部分：①购买价款，它是外购固定资产成本的主体构成部分，也是政府会计主体为取得固定资产所支付的直接对价物；②相关税费，是指政府会计主体为取得固定资产而缴纳的税金、行政性事业性收费等，如购置车辆支付的车辆购置税、签订购买合同缴纳的印花税、不得抵扣的增值税等；③相关的其他支出，是指使固定资产达到预定可使用状态前所发生的可归属于该项资产的运输费、装卸费、安装费和专业人员服务费等。

如果政府会计主体以一笔款项购入多项没有单独标价的固定资产，应当按照各项固定资产同类或类似资产市场价格的比例对总成本进行分配，分别确定各项固定资产的成本。

【例3-1】某政府会计主体20×9年1月以一笔款项购入甲、乙两台大型检测设备，取得的增值税专用发票上注明的设备价款总额为2 300万元，增值税进项税额为299万元，支付的运杂费共计1.2万元，款项已经支付。两台设备不需要安装即可投入使用，经过市场询价后得知，甲设备的公允价值为1 200万元，乙设备的公允价值为1 300万元。该单位甲、乙两台设备成本确定方法如下：

首先，计算确定购入甲、乙两台检测设备支出总额：

2 300 + 299 + 1.2 = 2 600.2（万元）

其次，计算确定甲、乙检测设备公允价值占公允价值总额的比例。甲设备公允价值占甲、乙检测设备公允价值总额的比例为：

1 200 ÷（1 200 + 1 300）×100% = 48%

乙设备公允价值占甲、乙检测设备公允价值总额的比例为：

1 300 ÷（1 200 + 1 300）×100% = 52%

最后，计算确定甲、乙检测设备的入账价值：

甲设备的入账价值为：2 600.2 × 48% = 1 248.1（万元）

乙设备的入账价值为：2 600.2 × 52% = 1 352.1（万元）

（二）其他方式取得的固定资产

具体准则遵循《基本准则》中关于资产计量属性的规定，立足实务需要，兼顾资产管理规定，分别对接受捐赠、无偿调入和盘盈取得资产的初始入账问题进行了规范。以《固定资产准则》为例，对于接受捐赠的固定资产，其成本应当依次按照相关凭据注明的金额、评估价值、市场价格和名义金额四个层次判断确定；对于无偿调入的资产，其成本按照调出方账面价值确定；对于盘盈的资产，按规定需要评估的，其成本按评估价值确定，其他情况下按照重置成本确定。

三、与企业会计对固定资产计量的差异

固定资产按照成本进行初始计量，其成本包含的具体内容在政府会计准则和企业会计准则中基本一致，但二者也存在差别，主要体现在以下方面。

第一，企业会计准则对固定资产的初始计量要求考虑固定资产的“预计弃置费用”，使固定资产的成本计量更完整，政府会计准则对这一因素未做要求。

第二，政府会计准则根据固定资产取得的途径，对成本计量做了明确规定。《固定资产准则》对政府会计主体通过接受捐赠、无偿调入与盘盈等方式获取的资产的初始计量价值规定如下：视情况可以按“成本 + 运费 + 运输费”计算，也可以是评估价值，还可以是重置成本和名义金额。每一种初始计量方法，政府会计准则都给出了具体的前提条件：有凭据注明金额的，依照凭据注明的金额；无凭据证明却有资产评估的，按照评估价值确定成本；无凭据且无评估的，按照同类或类似资产的市价确定；以上均无的前提下，按照名义金额入账。这些规定详细且具体，对政府会计主体执行具有极高的指导性和操作性。捐赠等方式控制的固定资产在企业会计主体比较少，本着重要性原则，企业会计准则相比政府会计准则的规定较为模糊，不如政府会计准则规定得详细、易操作。

第三，政府会计准则对盘盈的固定资产如何进行成本计量有明确的规定，即采用评估价值或重置成本。企业会计准则对盘盈的固定资产如何进行成本计量没有具体的描述。

第四，企业会计主体因交易方式的特殊性或差异性，在其他准则中也会涉及固定资产的初始计量规定，如《企业会计准则——非货币性资产交换》《企业会计准则——债务重组》《企业会计准则——企业合并》等，而政府会计准则暂不涉及特殊交易下的固定资产初始计量。

第三节 固定资产的后续计量问题研究

一、固定资产折旧的问题

（一）折旧的概念及性质

美国著名会计学家西德蒙·戴维森在《现代会计手册》中论述折旧性质时曾指出：“折旧是所有会计名词中讨论得最多而又最有争议的一个。”关于折旧的性质，中外会计学家的论述不尽相同，主要表现为以下几种观点：

一是计量观。由于固定资产具有实物形态不变、其价值随着使用递减的特点。因此，计量观认为：“折旧是对固定资产服务潜能的降低的计量。这种服务潜能的降低可能来自资产的物理损耗和使用消耗，或是由于过分陈旧或需求变动而导致的经济损失。”折旧是“计量固定资产价值的磨损、消耗或其他损失。无论这种磨损、消耗或其他损失起因于使用、期满，还是由于技术和市场变化而过时。”

二是分配观。美国执业会计师协会的专门用语委员会曾在 1953 年对折旧会计下了一个定义：“折旧会计是系统地、合理地将有形固定资产的成本或其他基本价值，减去残值（如果有残值的话）后的净额，分配到资产项目（也可能是一组资产）估计有用年限中去的会计处理办法，它是一个分配的过程而不是计价的过程。”

三是补偿观。补偿观认为：折旧是“资本的维护”“计算折旧的目的是维护原始投的资本，只有在原始资本得到补偿的基础上，所获得的收益才是真正的收益。”[①]“折旧是为了重置资产”“折旧的目的是为了积累资产耗尽时需要更新的资金。”[②]

综合上述各种论述可以看出，折旧的实质至少有以下两点可以达成共识：①折旧作为一种估价方法，可理解为将固定资产成本在各受益期间进行系统和合理的分配；②折旧作为一个配比概念，使当期消耗的资产能够与其产生的收入相互配比。

（二）关于固定资产折旧目的的认识

在营利组织，配比原则要求把成本分摊到与其相关的收入确认的期间，成为费用。根据美国会计术语公告第 1 号（1953）的规定，最基本的着眼点在于这种分摊应当是系统的和合理的。[③] 对固定资产而言，折旧便是将资产成本计入费用账户的方法。在有些情况下，该金额出现在利润表上，作为折旧费用。然而，工厂设备的折旧是包括在存货项目里面的，因此，它是在相关存货售出时作为“产品销售成本”的一部分显示在利润表上。

在政府会计领域，固定资产的原始价值（取得成本）在其整个使用期内各会计时期之间进行摊配的程序，可称为折旧会计。“折旧”作为会计的术语，其实际含义就是把固定资产的原始成本“定期转作费用”。固定资产在使用过程中的有形损耗（物理磨损因素）和无形损耗（技术陈旧因素）是固定资产使用

① 陈今池：《现代会计理论概论》，立信会计出版社 1993 年，第 169 页。
② 麦克·哈卫，费莱德·克尔：《财务会计理论与准则》，航空工业出版社 1992 年 3 月版第 85 页。
③ 《布莱克韦尔会计学百科词典》，对外经济贸易大学出版社 2002 年版，第 5 页。

效能递减的依据，随着固定资产使用效能的递减，其经济效能及其以货币表现的价值也相应地减少。在会计记录中，使用中资产的账面价值表现为其原始价值减累计折旧的余额，即净值。所有这些方面都体现了“折旧”所固有的经济含义。①

固定资产计提折旧具有两方面的意义：一方面是为了在固定资产完全损耗而必须进行实物替换时，保证有相当的资金来源；另一方面是为了真实准确地反映会计主体的成本和利润水平，正确地考核其经营成果。要实现计提折旧的双重作用，采用理想的折旧方法是一个重要条件，因此，折旧计提方法的改革必须引起我们的重视和关注。

（三）固定资产折旧的范围

折旧范围，就是哪些资产需要计提折旧，哪些资产无须计提折旧。研究固定资产折旧问题，一开始就需要对折旧范围给以明确的确认。

《固定资产准则》第十七条规定：文物和陈列品，动植物，图书、档案，单独计价入账的土地，以名义金额计量的固定资产不计提折旧。其中：

1. 文物和陈列品，是指政府会计主体用于展览等目的的历史文物、艺术品以及其他具有文化或者历史价值并做长期或者永久保存的资产，如高校博物馆收藏的文物、图书馆典藏的善本等。总体来看，文物及陈列品固定资产呈现逐年递增的趋势。文物陈列品类固定资产增长存在外部取得和内部转移两种原因，无论是购买还是无偿取得，或是将自己拥有的文物陈列品类固定资产出售和捐赠，都不会对计提折旧产生影响。

2. 动植物。对政府会计主体而言，属于固定资产管理的动植物尽管不能直接带来经济利益，但具有服务潜能，它们不属于可变现的资产，不需要计提折旧。

3. 图书、档案。由于此类资产分类复杂、数量太大，折旧年限难以确定，中间使用流转损耗也无法估计，因此，出于操作性和重要性考虑，对图书和档案类固定资产不计提折旧。

对于行政事业单位（除非专业或独立的图书馆、档案馆等）平时零星所购

① 常勋：《论折旧模式》，《厦门大学学报（哲学社会科学版）》，1981年8月29日。

图书、档案，它们数量少、价值低，整体资产的比重微乎其微，我们一般直接计入“办公费”，不单独做固定资产处理。当然，根据管理需要，为防止资产流失，设立备查簿作为“存货”管理也未尝不可。个别价值较高、有研究收藏价值的工具书、技术书、文献、档案、图书古籍等，基于重要性原则应单独计入“固定资产”。

对于专业图书馆、学校、科研学术院所等独立的图书、档案馆藏机构和部门，好比寺庙里的藏经阁，它们在这块的投入大、购入频率高、批量大、专业性强，偶尔也会接受社会捐赠，其中个别有收藏价值的孤本、善本、珍本已经是文物级高度。它们是单位资产的主要组成部分，在总资产结构中的比重大，无论单价多么微不足道，我们也有必要作为固定资产的一个分类对其进行单独集中化实物管理，并纳入固定资产核算。

严格来说，即便作为固定资产管理的图书、档案，也很难做到账账、账卡、账物相符。尤其是高校，资产来源上，有的用公用经费购入专业图书期刊、有的用课题经费购置参考书、工具书，还有的是社会或个人捐赠而来，归口不统一，比如，一些个人只办了会计核算而未办资产登记甚至据为己有，有的单位预付书款而未收到书入库，还有的期刊偷盗流失损坏等未销账，这些管理与核算脱节的情况很容易造成这种差异。

至于资产计价问题，由于图书类商品具有弹性较大的商业折扣，一般根据固定资产实际组成价格进行核算，即实际支付的买价加上相关调拨、运杂费支出。有些学术观点探讨将图书购入价与入账价相分离，遵循实质重于形式原则，以实际支付成本计入支出，以图书类原定价作为固定资产入账价值，从而如实完整反映资产原价，确保图书价值的公允性和可比性，这些观点也有一定道理。

4. 单独计价入账的土地。单独估价作为固定资产入账的土地，一般作为无形资产入账，按规定进行摊销处理。把土地单独估价作为固定资产入账，不予计提折旧，是因为土地不同于其他固定资产，无论年限多长，还是同样的一块土地，土地的价值会发生变化，但是其本身并不存在损耗问题，价值的变化只是由于供求关系的变化和其他一些原因造成，并不是土地被消耗了，因此无须计提折旧。

5. 以名义金额计量的固定资产。一般来说，政府会计主体收到的捐赠、无偿受用固定资产，根据相关凭据上注明的买价与其相关的税费、运输费用为依据确定入账价值；无法获得相关凭据的，参照相同或类似固定资产的市场价格与相关的税费、运输费用为依据来确定入账价值；既没有相关的凭据、市场上又没有同类或相类似的固定资产，则按固定资产的名义价值核算。如果固定资产以名义金额入账，则不进行折旧的计提。

（四）影响固定资产折旧因素分析

1. 应计折旧。《固定资产准则》明确规定：政府会计主体固定资产的应计折旧额同固定资产原值相等，计提折旧时不考虑残值、预计处置费用，不计提固定资产减值准备。

2. 固定资产折旧年限。折旧是以一种合理的系统方式将应计折旧资产的历史成本分摊至其使用的各个期间的过程。鉴于资产的成本是分摊于其整个服务寿命期内的，必须对资产的服务寿命进行估计。

通常，物理磨损和技术过时都会影响固定资产的使用年限。因此，《固定资产准则》规定，具体确定固定资产的折旧年限时，应当考虑下列因素：①固定资产预计实现服务潜力或提供经济利益的期限；②固定资产预计有形损耗和无形损耗；③法律或者类似规定对固定资产使用的限制。

需要说明的是：

第一，政府会计主体应当遵循《固定资产准则》、应用指南以及主管部门有关折旧年限的规定，根据固定资产的性质和实际使用情况，合理确定其折旧年限。固定资产的使用年限一经确定，不得随意变更。

第二，政府会计主体盘盈、无偿调入、接受捐赠以及置换的固定资产，应当考虑该项资产的新旧程度，按照其尚可使用的年限计提折旧。

第三，因改建、扩建等原因而延长固定资产使用年限的，应当重新确定固定资产的折旧年限。

根据固定资产的性质和使用情况，合理确定固定资产的使用寿命和预计净残值。其中，使用寿命，是指固定资产预期使用的期限。这里所说的“期限”不一定仅指自然年限，也可以是资产所能生产的产品或提供服务的数量，如工作时间、行驶里程等。一般情况下，不同的固定资产性质不同、使用方式各异，其使用寿命也有所不同。具体到某一固定资产的预计使用寿命，应在考虑上述因素的基础上，结合不同固定资产的性质、消耗方式、所处环境等因素，对固定资产使用寿命做出职业判断。

3. 固定资产折旧起止时间。长期以来，我国企业会计准则均要求固定资产按月计提折旧，当月增加的固定资产，当月不计提折旧，从下月起计提折旧；当月减少的固定资产，当月仍计提折旧，从下月起不计提折旧。这一规定主要沿袭计划经济时期企业采用综合折旧率计提折旧的做法。随着会计信息化不断普及，这一做法已经不合时宜。

在政府会计的《固定资产准则》中，明确了关于固定资产折旧计提时点的要求：

（1）固定资产应当按月计提折旧，当月增加的固定资产，当月开始计提折旧；当月减少的固定资产，当月不再计提折旧。

（2）固定资产提足折旧后，无论能否继续使用，均不再计提折旧；提前报废的固定资产，也不再补提折旧；已提足折旧的固定资产，可以继续使用的，应当继续使用，规范实物管理。

例如，某政府会计主体采用使用年限法计提折旧。对某类固定资产的月折旧率为1%，该类固定资产的月初原值为3 000万元，当月增加固定资产的原值为300万元，当月减少固定资产的原值为100万元，则当月该类固定资产应计提的折旧费为33万元。

4. 净残值。当一项资产不能再继续为会计主体提供有效的服务时，通过出售而直接获得的可恢复价值，称为“残值。”① 这一定义包括这样一种情况，即资产废弃时所支付的拆除、搬运及销售费用可能高于其残料销售收入。换言之，残值可能是负值。

《固定资产准则》明确规定，政府会计主体计提固定资产折旧时不考虑预计净残值。

（五）政府会计主体的固定资产折旧年限

《政府会计固定资产准则应用指南》明确了执行《固定资产准则》的行政单位、事业单位，六类固定资产中有四类需要折旧，折旧年限归纳为表3－2。

① 约翰·B. 坎宁：《会计中的经济学》，立信会计出版社2014年版，第192页。

表 3－2 政府单位固定资产折旧年限

固定资产类别	内容		折旧年限（年）
1. 房屋及构筑物	业务及管理用房	钢结构、钢筋混凝土结构	不低于 50
		砖混结构、砖木结构	不低于 30
	简易房、房屋附属设施、构筑物		不低于 8
2. 通用设备	机械设备，雷达、无线电和卫星导航设备		不低于 10
	车辆		不低于 8
	计算机设备、办公设备		不低于 6
	图书档案设备，电气设备，通信设备，广播、电视、电影设备，仪器仪表，电子和通信测量设备，计量标准器具及量具、衡器		不低于 5
3. 专用设备	电力工业专用设备，核工业专用设备，航空航天工业专用设备		20～30
	非金属矿物制品工业专用设备，造纸和印刷机械，安全生产设备，环境污染防治设备，水工机械，铁路运输设备，水上交通运输设备，航空器及其配套设备		10～20
	探矿、采矿、选矿和造块设备，石油天然气开采专用设备，石油和化学工业专用设备，炼焦和金属冶炼轧制设备，工程机械，农业和林业机械，木材采集和加工设备，食品加工专用设备，饮料加工设备，烟草加工设备，粮油作物和饲料加工设备，纺织设备，缝纫、服饰、制革和毛皮加工设备，邮政专用设备		10～15
	文艺设备，体育设备，娱乐设备		5～15
	专用仪器仪表，医疗设备，化学药品和中药专用设备，电工、电子专用生产设备，殡葬设备及用品		5～10
	公安专用设备		3～10
4. 家具、用具及装具	家具		不低于 15
	用具、装具		不低于 5

通常情况下，政府会计主体应当按照表 3－2 确定各类应计提折旧的固定资产的折旧年限。国务院有关部门在遵循应用指南规定的固定资产折旧年限的前提下，可以根据实际需要进一步细化本行业固定资产的类别，具体确定各类固定资产的折旧年限，并报财政部审核批准。

（六）固定资产折旧方法

固定资产的使用年限、折旧起止时间一经确定，每期折旧费用的多少将完全取决于折旧方法。实践中，有多种计算折旧的方法被广泛使用。《固定资产准则》第十九条规定，政府会计主体一般应当采用年限平均法或者工作量法计提固定资产折旧。折旧费用因方法的选择而显著不同。

第一类，以时间为基础的折旧法，亦称时间因素折旧法，如直线折旧法、双倍余额递减法等。采用这类方法计提折旧，一般只需预先确定固定资产的使用年限和使用年限终结时资产的残值即可。

第二类，根据固定资产帮助形成的产品量或固定资产实际提供服务的时间计提折旧的方法，如产量法，工作时间法等。在能够准确地确定一项固定资产可分摊的产品量、能预计该项资产使用期间的产品生产或服务数量时，可能采用此类方法计提折旧。它不仅要求能较准确地预计固定资产的作用年限和残值，而且还要定量地确定生产量或服务量。一般情况下，要从许多种固定资产中确定某一特定产品由哪一固定资产提供生产是很困难的，同样，一项资产的全部工时也很难正确估计出来，因此，此类方法运用得很少。

1. 直线法。这是目前最常用的折旧方法之一，因为它最简便易行。直线法因固定资产的账面价值随时间直线下降而得名。

这一折旧计算方法的基本思路就是，假定固定资产在使用年限中各年的效益和服务能力是均衡的，也就是说，每年提供的使用价值是相同的，因此，资产每年将自身价值转移到产品或服务上的份额也是相等的。每期折旧额等于资产成本减去残值再除以预计使用寿命。由于每年计入费用的金额都是相等的，这种方法隐含的一个假设条件就是资产的消耗或损耗过程随着时间的推移是均衡发生的。这个假设对于某些固定建筑物来说也许成立，但是像机器之类的资产的损耗更多地与其使用相关，而不是时间。对直线折旧法还有一个批评就是它在无形中忽略了资产使用寿命后期使用效率的下降以及维护成本的增加。然而，由于这种方法的简单性，它仍然是一种广受欢迎的折旧方法。

不加区别地将直线法应用于各类固定资产的折旧核算，显然违背了机器设备使用的客观规律，并且这种方法没有考虑到无形损耗的影响，即在用的固定资产提前更新的问题，不利于资金的回收。同时，从固定资产使用所经历的四个阶段来看，除调试期外，其提供服务的能力是前期大后期小，逐渐降低，从使用价值的损耗来看，也是前期大后期少的（主要指机器设备而言）。使用价值是价值的物质承担者，因此，前期由于使用价值损耗大，其转移的价值也应当大于后期。

此外，直线法也没有考虑到在使用年限中修理费用逐步增加的现实，不利于平衡成本，使产品价格与价值核算失实。因此，应当将通用一种折旧方法改为根据固定资产使用特点而使用多种折旧方法，从而改革我国折旧核算制度。

2. 工作量法。在某些情况下，时间并非一项资产使用寿命的决定性因素。当实物磨损决定资产的使用寿命时，政府会计主体应以劳务或产品数量而不是时间作为折旧的基础，便形成了折旧计算的工作量法。

工作量法，是指按照固定资产实际完成的工作总量计算折旧的一种方法。采用这种方法，每期计提的折旧随当期固定资产提供工作量的多少而变动，提供的工作量多，就多提折旧，反之，则少提折旧，而每一工作量所负担的折旧费是相同的。这里所讲的工作量可以是车辆行驶的里程，也可以是机器完成的工作时数或生产产品的产量。

采用工作量法计提折旧，应先以固定资产在使用年限内预计总工作量（如总工作时数或总产量）去除应计折旧总额，计算出每一工作量应分摊的折旧，然后乘以当期的实际工作量，求出该期应计提的折旧额。其计算公式为：

$$单位折旧额=\frac{固定资产原值\times（1-预计净残值率）}{预计总工作量（如总里程、总工时、总产量）}$$

$$当期折旧额=当期工作量\times单位折旧额$$

【例3-2】甲科研事业单位一台仪器的原价为60 000元，预计可使用40 000小时，2×19年10月，该仪器工作3 600小时。10月份该仪器的月折旧额计算如下：

$$单位小时折旧额=60\ 000\div40\ 000=1.5（元/小时）$$

$$本月折旧额=3\ 600\times1.5=5\ 400（元）$$

工作量法的优点是简单明了、容易计算，并且计提的折旧额与固定资产的使用程度相联系，既充分考虑了固定资产有形损耗因素的影响，也符合配比原则。

工作量法主要适用于车辆、船舶等运输工具，以及大型精密设备的折旧计算。

需要说明的是，《国际公共部门会计准则第17号——不动产、房舍和设备》指出，有多种折旧方法可以用于在资产的使用寿命内系统地分摊其应折旧金额。这些方法包括直线法、余额递减法和工作量法。资产折旧方法根据未来经济利益或服务潜能的预期实现方式进行选择。可见，国际公共部门会计准则固定资产折旧方法多于我国固定资产准则。政府会计主体固定资产能否采用加速折旧方法，这是值得探讨的问题。

二、关于固定资产处置的研究

（一）固定资产处置

何谓“资产处置”，人们的认识不尽相同。《中央行政事业单位国有资产处置管理办法》（国管资〔2009〕168号）中指出，国有资产处置，是指各部门根据工作需要，转移或核销房屋、车辆、设备、家具和其他国有资产产权的行为。

财政部编写组在《事业单位财务规则解读》一书中指出：资产处置是指事业单位对其占有、使用的国有资产进行产权转让或者注销产权的行为，包括出售、转让、对外捐赠、报废等。①

财政部编写组在《行政单位财务规则解读》一书中指出：行政单位资产处置是指行政单位资产产权的转移及核销，包括资产的无偿转让、出售、置换、报损、报废等。可见，资产产权的转让或注销是资产处置显著的标志。

1. 固定资产出售，是指以有偿转让的方式变更政府会计主体固定资产所有权或占有、使用权的一种资产处置形式。

2. 固定资产的转让，是指行政事业单位占有或者使用的、闲置或者不适用的固定资产按照有关规定进行产权转让、产权注销的行为。固定资产的转让分为有偿转让和无偿转让两种。有偿转让是指变更固定资产的所有权或者占有、使用权，并取得相应的转让收入的一种资产处置方式；无偿转让（固定资产调剂）是指以无偿的方式变更政府会计主体固定资产的占有、使用权的一种资产处置方式。

3. 固定资产报废、毁损。固定资产报废是指由于固定资产已达到使用年限而出现老化、损坏、市场型号淘汰等，经科学鉴定或按有关规定已不能继续使用，必须进行产权注销的一种资产处置形式。固定资产毁损是指政府会计主体固定资产发生非正常损失等，必须按有关规定进行产权注销的一种资产处置

① 财政部编写组：《事业单位财务规则解读》，中国财政经济出版社2012年版，第102页。

形式。

4. 固定资产的报废，是指固定资产由于长期使用中的有形磨损，并达到规定的使用年限，不能修复继续使用，或者由于技术进步形成的无形磨损，使得必须用新的、更先进的固定资产予以替换等原因造成的，对原有固定资产按照有关规定进行产权注销的行为。固定资产超过耐用年限，确实不能再使用和修复的，一般可由本单位批准报废注销，如属特殊和贵重的固定资产，应报经上级主管部门或同级财政部门批准。

在资产处置方式中，报废处置是资产处置最直接、最有效的一种处置方式。报废处置可以淘汰落后闲置的资产，腾出空位让位新的资产。通过资产处置核算，可以盘活资产，促进设备更新，更好地服务公共事业。

（二）固定资产处置原因的分析

固定资产处置的原因是多方面的，大致可分为固定资产的主动退出与被动退出两类。固定资产主动退出，是指政府会计主体为了满足某种需要而把固定资产主动转让出去，一般有对外投资、对外捐赠和交换其他资产等。固定资产被动退出，即通常所说的固定资产清理。固定资产清理可分为以下几种情况：①由于技术过时等原因，固定资产不再适用而被变卖；②因火灾、自然灾害、法庭判决等原因，固定资产必须退出现有的工作状态；③固定资产预计的使用年限到期，折旧也已计提完毕，不能再为政府会计主体提供未来的经济利益或服务潜力，从而退出政府会计主体的运营活动。

（三）固定资产处置的确认和计量

政府会计主体资产处置应当遵循公开、公平、公正的原则，以及竞争、择优的原则，严格履行相关审批程序。

行政事业单位资产处置管理的具体要求可以概括为“严格处置条件、执行处置程序、规范处置方式、加强收入管理”。

严格处置条件，是指一般情况下，只有当资产确实无法满足单位业务开展需要时，才能进行处置。单位的资产进行报废报损，应当达到规定的使用年限或使用强度；提前报废的，应提交资产确已不能继续使用的相应证明材料。

执行处置程序，是指单位进行资产处置时，必须严格履行资产处置的相关审批手续，未经批准不得擅自处置。

规范处置方式，是指单位出售、出让、转让资产时，应当通过产权交易机构、证券交易系统或协议方式，以及国家法律法规规定的其他方式进行，涉及资产数量较多或者价值较高的，应当通过拍卖等市场竞价方式公开处置。

加强收入管理，是指单位国有资产的处置收入属于国家所有，应当按照政府非税收入管理的有关规定执行。此外，单位对外捐赠资产，必须在满足事业发展需要的前提下方可进行，不能利用财政拨款及其结余等对外捐赠。

表 3－3　政府单位不同类别固定资产处置

资产种类	处置资产须报审批并提交的材料
房屋	①申请报告；②可行性分析报告；③国有土地使用权证、房屋所有权证；④建设用地批准书、工程决算书；⑤涉及房屋资产调配的，另须提供调入和调出单位的需求及方案；⑥涉及房屋资产置换、转让的，另须提供评估报告和草签合同；⑦涉及房屋拆除的，另须提供危房确认书或市政规划方案、拆迁通知书、拆迁补偿协议书等
车辆	①申请报告；②待处置车辆明细表；③证明车辆原始价值的有效凭证，包括车辆调拨单、原始发票或收据，记账凭证复印件和固定资产卡片等；④车辆行驶证复印件；⑤资产管理部门和车辆使用部门、财务部门提出的审核意见；⑥涉及车辆调剂的，另须提供调入和调出单位的车辆编制、存量和需求情况；⑦涉及车辆捐赠的，另须提供受赠方的基本情况和草拟的捐赠协议；⑧涉及车辆拍卖的，另须提供专业评估机构出具的评估报告；⑨涉及车辆报损的，另须提供具有法律效力的证明材料、专业技术鉴定部门的鉴定报告或社会中介机构出具的经济鉴证证明等；⑩涉及车辆报废的，另须提供公安交通管理部门或专业技术鉴定部门提供的鉴定报告
设备、家具及其他资产	①申请报告；②待处置资产明细表；③证明资产原始价值的有效凭证，包括原始发票或收据、记账凭证复印件和固定资产卡片等；④资产管理部门、使用部门和财务部门提出的审核意见；⑤涉及调剂的，另须提供调入和调出单位的设备及家具存量和需求情况；⑥涉及捐赠的，另须提供受赠方的基本情况和草拟的捐赠协议；⑦涉及变卖的，另须提供专业评估机构出具的评估报告；⑧涉及报损的，另须提供具有法律效力的证明材料、专业技术鉴定部门的鉴定报告或社会中介机构出具的经济鉴证证明等

固定资产处置的具体确认、计量要求是：

1. 固定资产的出售、转让、报废和毁损。在企业生产经营过程中，对那些不适用或不需用的固定资产、由于技术进步等原因发生提前报废的固定资产，以及由于遭受自然灾害发生毁损的固定资产，由于它们已处于处置状态或预期通过使用或处置不能产生未来经济利益，企业应当对其予以终止确认。

政府会计主体按规定报经批准出售、转让固定资产或固定资产报废、毁损的，应当将固定资产账面价值转销计入当期费用，并将处置收入扣除相关处置税费后的差额按规定做应缴款项处理（差额为净收益时）或计入当期费用（差额为净损失时）。

2. 固定资产的对外捐赠和无偿调出。政府会计主体按规定报经批准对外捐赠、无偿调出固定资产的，应当将固定资产的账面价值予以转销，对外捐赠、无偿调出中发生的归属于捐出方、调出方的相关费用应当计入当期费用。

3. 固定资产的对外投资。政府会计主体的对外投资并不构成业务活动的主要内容，实际发生的对外投资并不多。对外投资划分为长期投资和短期投资，并不在于投资期限的长短，而取决于投资目的，其界限主要有两个：一是能够随时变现，二是准备随时变现，这样就可以调度暂时不用的资金去获得一定的收益。符合这个条件的为短期投资，否则为长期投资。

政府会计主体按规定报经批准以固定资产对外投资的，应当将该固定资产的账面价值予以转销，并将固定资产在对外投资时的评估价值与其账面价值的差额计入当期收入或费用。

三、盘亏固定资产

固定资产有别于其他资产，具有价值高、使用期限长、使用地点分散等特点，其清查工作显得尤为重要。

《固定资产准则》第三十二条规定：固定资产损失是指行政事业单位房屋及构筑物、通用设备、专用设备、文物和陈列品、图书档案、家具用具装具及动植物等因盘亏、毁损、报废、被盗等原因造成的损失。具体按以下方式认定：

盘亏的固定资产，扣除责任人赔偿后的差额部分，可以根据固定资产盘点单、盘亏情况说明、盘亏的价值确定依据、社会中介机构出具的经济鉴证证明、赔偿责任认定说明和内部核批文件等认定。

毁损、报废的固定资产，扣除残值、保险赔偿和责任人赔偿后的差额部分，可以根据国家有关技术鉴定部门或具有技术鉴定资格的社会中介机构出具的技术鉴定证明（涉及保险索赔的，应当有保险公司的出险调查单和理赔计算单、保险公司理赔情况说明）、毁损报废说明、赔偿责任认定说明和内部核批文件等认定。

因不可抗力因素（自然灾害、意外事故）造成固定资产毁损、报废的，应当依据相关部门出具的事故处理报告、车辆报损证明、房屋拆除证明、受灾证明等鉴定报告认定。

被盗的固定资产，扣除保险理赔及责任人赔偿后的部分，可以根据公安机关案件受理证明或结案证明、责任认定及赔偿情况说明（涉及保险索赔的，应当有保险公司的出险调查单和理赔计算单、保险公司理赔情况说明）认定。

固定资产盘亏造成的损失，按规定报经批准后应当计入当期费用。

第四节　固定资产的信息披露

固定资产确认、计量等相关信息既是政府会计主体资产负债表、收入费用表所反映的重要内容，也是会计信息使用者做出恰当分析决策的重要依据。因此，固定资产披露不仅需要关注其所反映的政府会计主体财务状况，还要关注其所影响的运行情况。基于政府会计信息质量要求的全面性、相关性以及政府会计主体运行效率等特征，《固定资产准则》规定，政府会计主体应当在附注中披露与固定资产有关的信息主要包括下述内容：

第一，固定资产分类情况。

第二，与固定资产折旧相关的信息，如固定资产折旧方法，各类固定资产的使用年限、折旧率，已提足折旧的固定资产名称、数量等情况。

第三，各类固定资产账面余额、累计折旧额、账面价值的期初、期末数及本期变动情况。

第四，固定资产计量相关情况。比如，以名义金额计量的固定资产名称、数量，以及以名义金额计量的理由。暂估入账的固定资产账面价值变动情况。

第五，固定资产特定取得或处置方式，包括：①特殊情况入账的固定资产明细情况，如接受捐赠、无偿调入的固定资产名称、数量等情况；②特殊情况处置的固定资产明细情况，如出租、出借、投资、对外捐赠、无偿调出、毁损等固定资产名称、数量等情况。

第四章
无形资产准则

当今世界，经济增长的主要动力不再是实物资产的投资，如工厂、机器、办公楼、农田和矿产资源，相反，对经济增长和财富创造起决定作用的因素是无形资产的投资，如智力资本、研究开发、品牌和人力资本等。[①]

无形资产会计的产生和发展是科学技术进步、市场竞争的必然产物。科研院所、高等学校、医疗机构等非营利机构是我国重要的无形资产研发基地，无形资产管理水平的好坏直接影响着事业任务的建设和发展。

知识经济时代，从会计角度看，无形资产占整个社会资产的比重显著增加，在一些高科技企业里，凝聚着知识和智慧的专利权、商标权、商誉等无形资产与日俱增，它们的比重甚至超过了固定资产而位居企业的首位。如何反映会计主体无形资产的真实价值、如何对这种以知识形态存在的资产进行管理与控制，是当前全球会计界、评估界迫切需要解决的课题。无论是企业会计还是政府会计领域，无形资产都是其资产的重要组成部分，但由于其缺乏实物形态，具有一定的特殊性，一直是会计理论和会计实务中颇具争议和较难处理的问题。

为此，2016 年 7 月财政部发布了《政府会计准则第 4 号——无形资产》，对无形资产的确认、计量和相关信息的披露进行了规范。该准则在严格依据和遵守《政府会计准则——基本准则》的基础上，借鉴了企业会计的经验，但并不是照抄照搬，而是在充分考虑政府会计主体的特点及其所面临环境的基础上制定的规范。

《政府会计准则第 4 号——无形资产》（以下简称《无形资产准则》）共六章 26 条，自 2017 年 1 月 1 日起施行，内容包括：

第一章明确了无形资产的定义及可辨认性标准。无形资产，是指政府会计主体控制的没有实物形态的可辨认非货币性资产，如专利权、商标权、著作权、土地使用权、非专利技术等。具体的可辨认性标准有两项。

第二章主要规定了无形资产确认的条件及后续支出的核算等要求。同时满足服务潜力很可能实现或者经济利益很可能流入政府会计主体、成本或者价值能够可靠地计量等条件的，可确认为无形资产。

第三章是无形资产的初始计量。无形资产在取得时应当按照成本进行初始计量。政府会计主体外购的无形资产，其成本包括购买价款、相关税费以及可归属

---

① 玛格丽特·布莱尔，史蒂文沃·曼：《无形资产——来自布鲁金斯无形资产研究特别工作组》，中国劳动社会保障出版社 2004 年版，译者序。

于该项资产达到预定用途前所发生的其他支出。

第四章无形资产的后续计量，主要从无形资产的摊销及处置两个方面进行规定。

第五章无形资产的披露。政府会计主体应当按照无形资产的类别在附注中披露：无形资产金额及变动情况，使用年限确定与不确定情况，出售、对外投资等重要资产处置的情况等。

第六章附则，主要规定本准则的生效时间。

《无形资产准则》的框架结构如图 4 – 1 所示：

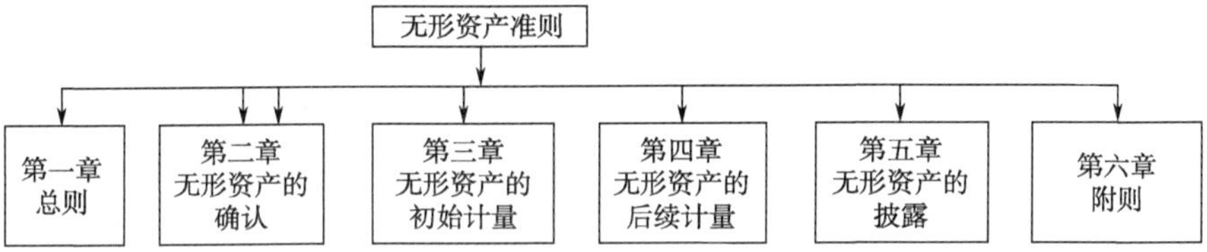

图 4 – 1　《无形资产准则》框架

第一节　无形资产相关的基本理论研究

无形资产在财务列报上应如何反映，是会计领域中最困难的一个领域，其中一个原因是，“究竟什么是无形资产”一直存在争论。[①]《无形资产准则》第二条给出了明确的答案，该准则指出：无形资产，是指政府会计主体控制的没有实物形态的可辨认非货币性资产，如专利权、商标权、著作权、土地使用权、非专利技术等。资产满足下列条件之一的，符合无形资产定义中的可辨认性标准：①能够从政府会计主体中分离或者划分出来，并能单独或者与相关合同、资产或负债一起，用于出售、转移、授予许可、租赁或者交换。②源自合同性权利或其他法定权利，无论这些权利是否可以从政府会计主体或其他权利和义务中转移或者分离。

① 埃尔登 · S. 亨德里克森：《会计理论》，立信会计图书用品社 1987 年版，第 299 页。

一、何谓无形资产

无形资产，也称无形固定资产，是指不具有实物形态，但能为会计主体提供某种权利或特权的各种固定资产。它不依存于会计主体的某一部分或特定的物件，与继续运行的会计主体有关，并完全用于该主体的经营活动。关于无形资产的概念，应从以下方面加以理解：

第一，无形资产只是无实体资产的一部分，并不是所有的无实体资产。在政府会计主体流动资产中，财政应返还额度、应收票据、应收账款、应收股利、应收利息等都是无实体的资产，但在会计核算中均不确认为无形资产。究其原因，是因为无形资产是无形非货币性资产。非货币性资产是以实物和其他非货币形式体现的资产，如存货、固定资产等。它既不包括无形货币，如现金、应收账款、应收票据等流动（短期）资产，也不包括无形货币的长期资产，如长期投资。“非货币性资产”这一属性要和固定资产、流动资产中除债权和预付费用以外的其他项目区别开来。①

第二，要符合无形资产的定义，特别要满足可辨认性、具有控制权、未来经济利益或服务潜力三个条件。可辨认性是定义明确要求的，其他两个条件由“资产”的定义得出，因此适用于所有资产。

资产的可分性是可辨认性的一个充分非必要条件，另一个充分非必要条件是存在可以辨认资产的合同或其他具体权利，即使这种权利不可分或不可转让。政府会计主体是否对资产拥有控制权，相应的书面确认是最清楚的证明。未来经济效益具体指未来可等到的额外收入或开支的减少。

如果某项无形资产不满足其中一个或多个标准，那么它就不是《无形资产准则》意义上的无形资产，任何和它有关的开支均不能确认为无形资产。

第三，虽然“无形”是无形资产显著的特征，但是任何一项无形资产都与一项有形资产相关联。如计算机软件要有数据载体才能销售，研发工作的成果通常不只有无形资产（如新知识），还有有形资产（如样品）。要确定这样的资产到底属于无形资产还是有形资产，主体需要通过判断来评价哪个元素更重要②，也就是关键看哪部分对整体价值更重要。如在计算机操作系统中，如果计算机软

---

① 谢明誉，梁炜来：《关于无形资产的特征、基本概念及范围》，《武汉冶金科技大学学报》，1999年11月15日。

② 《国际公共部门会计准则第31号——无形资产》第7段。

件不是相关硬件不可缺少的组成部分，则该软件应作为无形资产核算。

二、无形资产定义的演变

在我国政府会计标准中，首次引入无形资产核算内容的是1997年财政部颁布的《事业单位会计准则（试行）》。该准则第二十六条指出：无形资产是指不具有实物形态而能为事业单位提供某种权利的资产，包括专利权、土地使用权、非专利技术、著作权、商标权、商誉等。同时该准则对于无形资产的计量、摊销和列报进行了规范。之后的会计标准，如《事业单位会计准则》（2012）、《行政单位会计制度》（2013）均对无形资产进行了界定。

《事业单位会计准则》（2012）指出：无形资产，是指事业单位持有的没有实物形态的可辨认非货币性资产，包括专利权、商标权、著作权、土地使用权、非专利技术等。

《行政单位会计制度》（2013）指出：无形资产，是指不具有实物形态而能够为使用者提供某种权利的非货币性资产。该制度在“无形资产”科目中，列举其内容包括著作权、土地使用权、专利权、非专利技术等。

《政府会计准则第4号——无形资产》（2016）指出：无形资产，是指政府会计主体控制的没有实物形态的可辨认非货币性资产，如专利权、商标权、著作权、土地使用权、非专利技术等。

纵观我国政府会计标准，关于无形资产的描述和界定在以下方面发生了变化：①从概念看，《政府会计准则第4号——无形资产》强调政府会计主体对无形资产的可控性及其可辨认性；②从内容看，1997年《事业单位会计准则（试行）》关于无形资产的内容包括商誉，但之后的会计标准中未包括“商誉”；③充分借鉴了国际公共部门会计准则关于无形资产定义的合理成分，《国际公共部门会计准则第31号——无形资产》指出，无形资产是指没有实物形态的可辨认非货币性资产；④体现了无形资产的不确定性，无形资产属于非货币性资产，在将来为政府会计主体带来的经济利益不固定或是不可确定，这是非货币性资产有别于货币性资产的最基本特征，无形资产具备此特征。

三、无形资产的性质与特征

事实上，无形资产的经济价值在于它可以产生超额盈利能力，而这种超额盈利能力主要来自能够产生竞争优势的技术性无形资产，诸如研究开发等无形资产投资，能够创造出对手难以模仿的竞争优势，同时法律保护的存在也有助于拥有这些无形资产的组织，使得组织存在一定的垄断地位，而且随着专利技术、专有技术和商誉数量和含金量的提高，组织在行业和同类产品中的垄断地位将越加稳固。

可见，无形资产的特征以未来服务潜力或经济利益不确定性及缺少实物形态为核心，包括四项特征：

（1）持有无形资产的目的是为生产商品、提供劳务、出租给他人或改善本组织的管理服务的，其与广义的资产定义紧密联系。

（2）无实物形态且是非货币性的。这表明无形资产以一种“隐形”形式存在，这种形态，当其能为企业带来潜在利益时是有价值的，如其潜在收益能力消失，则该项无形资产就失去了其价值。

（3）无形资产应为长期资产，也就是说，其收益能力应是长期的（1 年以上），虽然在知识经济时代，无形资产的收益期有不断缩短的趋势，但计量无形资产时仍不应脱离其长期性。

（4）无形资产分为可辨认的和不可辨认的无形资产，这实际上是从其成本是否可计量性上来讲的。

四、无形资产的分类

资产是某一个特定主体由于过去的交易事项而取得或控制的可预期的未来经济利益，这一界定应成为判断某项经济资源是否为无形资产的基本标准。

（1）按照形态，无形资产可划分为类似于物质形态的资产和完全不具有实物形态的资产两大类，是无形性和有形性的统一。

（2）按照是否摊销划分，有使用年限的无形资产需要分期摊销，无使用年限的无形资产不需要摊销。同为无形资产在政府会计财务报告列报的金额，有使用年限的无形资产根据“无形资产”科目的余额减去“累计摊销”科目余额计算填列；无使用年限的无形资产根据“无形资产”科目的余额填列。

（3）按照学科划分，无形资产可以从会计学、法学、管理学、经营学四个不同学科的视角分类，有利于我们将许多含糊的、难以确认的概念明晰化，有利于探讨无形资产的运营管理问题，还有利于无形资产研究中的理论创新。①

从会计学角度，无形资产可以划分为可确指无形资产和不可确指无形资产。可确指无形资产包括知识产权、行为权利以及对物产权，不可确指无形资产包括商誉。会计学角度划分的无形资产类型，涉及政府无形资产的计量、摊销、转让、转销、投资，侧重于解决无形资产记账价值问题：规定购入的无形资产要以支付的全部费用作为取得无形资产的成本；自创的无形资本，由于难以确定其金额及未来收益，因而只按开发过程中发生的支出来记账；其他单位投资形成的无形资产，投资合同上双方一致同意的价格即为无形资产的成本；至于商誉，只有购入的商誉才被纳入无形资产核算范围。

从管理学角度，无形资产可以划分为资源型无形资产、知识型无形资产、权利型无形资产、经营型无形资产和观念型无形资产。资源型无形资产，是指自然界天然形成并与存在着的各种自然资源的权利相关的资产；知识型无形资产，是指人类智力发明创造的科研成果在一定条件下形成的资产；权利型无形资产，是指由法律、契约、合同或政府授权所形成的无形资产；经营型无形资产，是指在市场经营活动中形成的、与经营活动相关的、构成经营环境的资产；观念型无形资产，是指企业在长期生产经营活动中形成的社会评价和内在文化特质转化的特有资产。

从法学角度，无形资产可以分为知识型无形资产和权利型无形资产两大类。知识型无形资产是指这种资产的构成主要依靠高度密集的知识、技术、智力及其可能带来的高额价值；权利型无形资产是指这种资产的构成主要依靠特许权及其带来的经济利益。知识型无形资产大多是具有法律保障的独立权，在实施过程中具有巨大的扩张效益，权利型无形资产大多是行政权力所赋予的，但也受到法律的保护。

从经营学角度，在市场经济条件下的资产运营中，可以把单位组织无形资产分为市场资产、知识产权资产、人力资产和单位管理资产四大类。

我国广义政府部门中，无形资产持有和变化趋势见表4－1和图4－2。

---

① 王维平，史悦：《试论对现代企业无形资产的四重分类》，《财会研究》，2007年12月15日。

表 4 -1　广义政府部门无形资产（2007—2019 年）①　　单位：亿元

2007	2008	2009	2010	2011	2012	2013	2014	2015	2016	2017	2018	2019
234	292	369	513	586	800	992	1 913	2 322	2 957	3 655	5 303	7 415

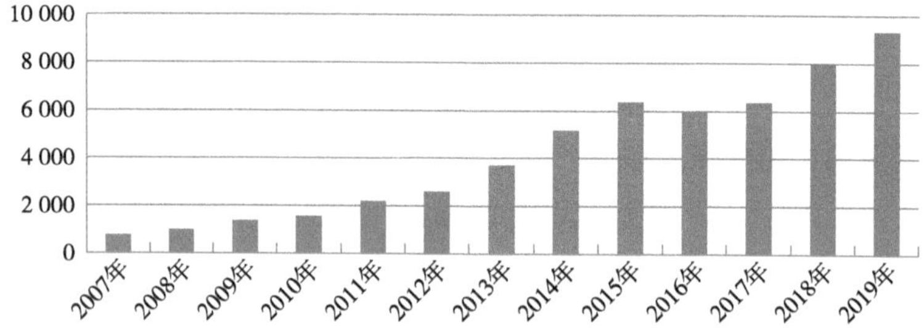

图 4 -2　广义政府部门资产——无形资产

五、无形资产的价值评估

由于无形资产以未来服务潜力经济利益的不确定性和缺少实物形态为核心特征，其价值计量与价值评估的客观性备受瞩目。一般认为，无形资产价值确认方法有以下几种。②

（一）成本法

市场经济中，成本属于商品交换价值的决定性因素，因此成本可以作为估算资产价值的重要方式。进行资产评估的时候，可以用资产本身的成本进行估价或者是会计计量，也可以用与资产本身等价的重置成本。重置成本构建了与实际条件相同的评估类型：无形资产的实体性陈旧贬值类似于固定资产，无形资产流动以及变化较快，计量实体性陈旧贬值具有重要的意义；功能性陈旧贬值是指技术、管理等功能性条件跟不上当前的发展要求，在新技术、新管理方法的冲击下造成的贬值乃至失去使用价值，如供需市场变化、原材料价格波动、银行贷款比例变化等；经济性陈旧性贬值，是指在整体经济大环境的影响下，导致无形资产相应盈利能力降低。

① 李扬，张晓晶：《中国国家资产负债表2020》，中国社会科学出版社，2020 年 12 月。
② 李佳威，高兵：《无形资产价值评估方法应用研究》，《合作经济与科技》，2016 年 4 月。

（二）市场法

市场法亦称为市价法，是通过选取市场交易中与需要进行资产评估对象类似的一个或者数个对象，分析对比其成交价格以及会计计量结果，从而对需要进行评估的无形资产进行有效的会计计量。市场法将市场价格作为评估的主要依据，理论上选取与被评估资产完全一致的参照对象进行评估，但在经济活动中，很难保证两个经济事项完全一致，因此在实际操作中多采用近似的参照对象。

（三）收益法

收益法是重要的无形资产评估方法之一，其操作思路简单，以数据说话，具有较强的可靠性和说服力。其具体操作思路是采用科学有效的折现率计算方法，对于被评估的无形资产在剩下的收益期限内每年的期望收益进行计算，对于期限内的期望收益进行累加，累加结果就是无形资产评估价值。

六、无形资产与有形资产不对称性问题研究

（一）辨析

与有形资产相比，无形资产既难以计量，又很难界定和管理。它们一般不会列示在资产负债表上，也没有纳入国民财富的组成范围内，人们无法用通用的语言来描述，也不能在不同的制度环境下进行比较。

无形资产与有形资产一样，都是劳动的产物，不过，前者是脑力劳动的结晶，而后者是体力劳动与脑力劳动相结合的产物。两种资产都具有价值，也具有使用价值，并且都是社会生产的物质技术基础。无形资产是“软件”，有形资产是“硬件”，两者在生产过程中发挥的作用都是为了实现价值的增值、满足社会和人们各种不同的需要，只是在实现增值和满足需要方面有所侧重而已。当然，无形资产与有形资产之间也有所区别，前者是无形的，时效观念强；后者是有形的，空间观念强。无形资产的更新换代不一定具有往复式，一般地说具有螺旋式的特点；有形资产的更新换代则具一定的程序性。无形资产在生产过程中的作用具有机遇性，起伏很大，不稳定；有形资产在运行过程中的作用具有预见性，起

伏不明显，比较稳定。由于无形资产和有形资产的共性和特性，决定了对两者的管理和核算有所区别，不能一概而论。

有形资产和无形资产在会计处理上的不同（前者被认为是资产，后者是支出），主要是由于无形资产投资未来结果的不确定性。无形资产费用化的动机还在于这些资产特有的特征——部分独占性，即缺乏完全控制和非交易性。在会计上，会计主体不能控制（没有排除非拥有者享受收益的能力），不能称为资产，缺乏可比性的价值（因为缺少市场）是主观的价值，它的计量是不可靠的。

（二）两者核算方法的差异

从为会计主体创造价值的角度看，无形资产与固定资产存在较大不同，具体表现为无形资产在创造经济利益方面存在较大不确定性。

与有形资产相比，无形资产在初始计量的原则上是基本一致的，但在后续计量上的核算方法存在分化。固定资产的后续计量主要内容是折旧，而无形资产的后续计量主要内容是摊销。无形资产为什么不提折旧而要摊销呢？这是由于无形资产没有物质形态，它在使用过程中不发生物质磨损以及自然力作用的影响等有形损耗，也不会因此而发生报废问题。然而，无形资产将随着时间的推移，或由于其他种种原因而失去效用，从而完全失掉其价值和使用价值。对此，无形资产在价值转移上显然不适合折旧的方式，应当通过逐步摊销的方式进行价值补偿。

七、会计理论支配无形资产会计处理方法

无形资产的确认与计量，由于其特殊性质而变得较复杂。这些性质是：缺乏物质实质，使得无形资产的存在难以捉摸；价值难以估计；有效寿命难以确定。

许多管理人员、会计师以及分析师都认为，应根据谨慎原则决定无形资产的会计处理方法①。他们奉行以下假定：无形资产成本应该在发生时就冲销；如果资本化的话，应在一段相对较短的时期内进行摊销。不过，许多人逐渐开始认为，仅仅是谨慎原则本身不足以作为将无形资产从会计主体的有效资产中剔除的

① 戴维·E. 霍金森：《公司财务报告与分析：教程与案例》，东北财经大学出版社 2000 年版，第 425 页。

理由，财务报告的目标是尽可能精确地反映会计主体的资源构成、资产状况、运营能力。

第二节　无形资产的确认问题研究

一、关于无形资产确认条件的研究

在政府会计领域，如何将某种资产在政府会计主体的资产负债表中确认为无形资产，是一个重要的理论和实践问题。无形资产和与此相关支出所带来服务潜力和经济利益的不确定，导致无形资产确认问题极具挑战性。

《国际公共部门会计准则第 31 号——无形资产》关于政府会计主体无形资产的确认主要从下述方面予以规范：一是政府会计主体能证明某资产项目符合无形资产的定义。二是要满足：①归属于该资产的未来经济利益和服务潜力很可能流入主体；②该资产的成本能够可靠计量。

《无形资产准则》第三条指出，无形资产同时满足下列条件的，应当予以确认：①与该无形资产相关的服务潜力很可能实现或者经济利益很可能流入政府会计主体；②该无形资产的成本或者价值能够可靠地计量。

关于无形资产的确认条件，应把握以下几点：

第一，作为无形资产予以确认的项目应该符合无形资产的定义，即是指政府会计主体控制的没有实物形态的可辨认非货币性资产。符合无形资产定义的重要表现之一，就是主体能够控制该无形资产产生的经济利益或服务潜力，并能约束其他方获取这些利益和潜力，即该主体控制了该资产。这种能力具体表现为拥有该无形资产的法定所有权，或政府会计主体与他人签订了协议，使其相关权利受到法律的保护。比如，主体自行研制的技术通过申请依法取得专利权后，在一定期限内便拥有了该专利技术的法定所有权。

第二，作为政府会计主体的无形资产予以确认的项目，须满足与该无形资产相关的服务潜力很可能实现或者经济利益很可能流入政府会计主体这项基本条件。如果某一无形资产预期不能给政府会计主体带来经济利益，则不能确认为其无形资产。

（1）政府会计主体应使用合理并有证据的假定来评价未来经济利益和服务潜力流入的可能性，这些假定代表主体的管理层对在资产使用寿命内将存在的一系列经济状况的最好估计。

（2）政府会计主体应依照初始确认时可获得的证据，尤其是外部证据，运用判断来评价归属于因使用资产而产生的未来经济利益或服务潜力流入的确定程度。

第三，成本能够可靠地计量是资产确认的一项基本条件。无形资产作为会计主体资产的重要组成部分，要予以确认，其为取得该无形资产而发生的支出也必须能够可靠地计量。如果无形资产的成本能够可靠地计量，并同时满足其他确认条件，就可以加以确认；否则，不应加以确认。

需要说明的是，政府会计主体在判断无形资产的服务潜力或经济利益是否很可能实现或流入时，应当对无形资产在预计使用年限内可能存在的各种社会、经济、科技因素做出合理估计，并且应当有确凿的证据支持。

二、关于软件的确认

政府会计主体购入的不构成相关硬件不可缺少组成部分的软件，应当确认为无形资产。

三、研究与开发无形资产的确认

（一）关于无形资产研究与开发两个阶段的认识

无论是企业还是政府会计主体，无形资产的研究开发活动均可分为研究和开发两个相互联系的阶段。

研究是指为获取并理解新的科学或技术知识而进行的独创性的有计划调查。其过程包括：①以获取新知识为目的的活动；②研究成果或其他知识的应用研究、评价和最终选择；③材料、设备、产品、工序、系统或服务替代品的研究；④新的或经改进的材料、设备、产品、工序系统或服务的可能替代品的配制、设计、评价和最终选择。

开发是指在运行或使用前，将研究成果或其他知识应用于某项计划或设计，以生产出新的或具有实质性改进的材料、装置、产品等。具体过程包括：①生产前或使用前的原型和模型的设计、建造和测试；②含新技术的工具、夹具、模具和冲模的设计；③不具有商业性生产经营规模的试生产或为提供服务而使用厂房的设计、建造和营运；④新的或经改进的材料、设备、产品、工序、系统所选定的替代品的设计、建造和测试；⑤网站成本和软件开发成本。

（二）研究与开发成本

研究与开发成本主要包括以下项目：

1. 在研究与开发过程中所耗费的各种材料。

2. 为研究与开发项目购置的固定资产和无形资产，如果没有其他用途，应全部计入研究与开发成本；如果有其他用途，应先资本化，再进行折旧或摊销，将折旧费或摊销费计入研究与开发成本。

3. 在研究与开发过程中发生的人员工资、薪金以及其他类似的人工成本。

4. 委托其他单位或个人承担部分研究与开发工作所支付的费用。

5. 在研究与开发过程中发生的间接成本。

（三）研究和开发支出的确认

1. 研发支出的三种会计处理方法。研究与开发支出主要是指会计主体在研究与开发过程中发生的固定资产折旧费、材料费、研究与开发人员的薪酬以及其他相关费用等。从广义上讲，研发活动属于一项投资活动，因其未来收益具有较大的不确定性和风险性，各国会计准则以及国际准则对研发支出的会计处理较为谨慎。

具体来说，目前国际上对研发支出的会计处理有三种选择：一是直接将研发支出计入当期费用；二是将研究支出计入当期损益，开发支出予以资本化，构成无形资产的原始成本；三是将研究支出计入当期损益，仅对符合一定条件的开发支出资本化，计入无形资产成本。①

《美国财务会计准则第 2 号——研究开发成本的会计处理》规定，研究开发成本在发生时应计入费用。一般情况下，研发支出应在发生时计入费用，而不能将这些费用计入存货、制造费用或将这些费用递延到未来期间。如果相关材料、设备、设施可以作为其他用途（包括在其他研究开发项目中使用），则应将其资本化，并在受益年限内计提折旧。对资本化的研发成本的摊销须计入研发费用。

① 吕洪雁，侯金燕：《无形资产研究和开发阶段划分问题探析》，《财务与会计》，2014 年 9 月 1 日。

《国际会计准则第38号——无形资产》明确，研究阶段的支出在发生时即确认为当期费用。开发阶段的支出如果能有确切的证据表明无形资产形成的条件已然具备，则可以将开发阶段的支出资本化，计入无形资产成本。

我国《企业会计准则第6号——无形资产》规定，对企业内部产生的无形资产，应当按其形成过程划分为研究阶段与开发阶段。研究阶段的支出，应当于发生时计入当期损益；开发过程中发生的支出，符合一定条件的情况下，可以进行资本化，计入无形资产。

2. 研究阶段。政府会计主体自行研究开发项目，其研究阶段的支出应当于发生时计入当期费用。

政府会计主体自行研究开发项目尚未进入开发阶段，或者确实无法区分研究阶段支出和开发阶段支出，但按法律程序已申请取得无形资产的，应当将依法取得时发生的注册费、律师费等费用计入无形资产。

3. 开发阶段。政府会计主体自行研究开发项目，其开发阶段的支出先按合理方法进行归集，如果最终形成无形资产的，应当确认为无形资产；如果最终未形成无形资产的，应当计入当期费用。

内部研究开发项目开发阶段的支出，同时满足下列条件的，才能确认为无形资产①：

（1）完成该无形资产以使其能够使用或出售在技术上具有可行性。

（2）具有完成该无形资产并使用或出售的意图。

（3）无形资产有产生经济利益的方式。

（4）有足够的技术、财务资源和其他资源支持，以完成该无形资产的开发，并有能力使用或出售该无形资产。

（5）归属于该无形资产开发阶段的支出能够可靠地计量。

（四）自创商誉及内部产生的品牌、报刊名

随着企业合并以及产权有偿转让行为的发生，“商誉”概念出现在财务会计领域。《国际财务报告准则》指出，商誉是在企业合并中取得的、不能分别辨认

---

① 裘宗舜，杜志强：《研究与开发支出应正确地确认为无形资产》，《会计之友（下旬刊）》，2006年1月。

并单独确认的其他资产所形成的代表未来经济利益的资产。①

依据商誉的取得方式，商誉可分为外购商誉和自创商誉。从性质上看，外购商誉和自创商誉并无实质区别，但外购商誉因存在以市场交易为基础的计价前提，尽管涉及自身计量时仍有不可避免的主观因素。自创商誉因不存在以市场交易为基础的前提而在现实会计处理上与外购商誉产生了显著的差异。对单位组织而言，自创商誉的实质是获取超额利润的能力，这种能力的形成依赖于多种因素，如拥有较高的品牌度、先进的技术、先进的管理水平、稳定的客户资源、优越的地理位置等。这种能力在被买卖之前称为自创商誉，被买卖后确认为商誉。

政府会计主体内部产生的品牌、报刊名等，其性质与自创商誉基本相同。

《无形资产准则》指出：政府会计主体自创商誉及内部产生的品牌、报刊名等，不应确认为无形资产。与无形资产有关的后续支出，符合本准则规定的确认条件的，应当计入无形资产成本；不符合规定的确认条件，应当在发生时计入当期费用或者相关资产成本。

（五）无形资产有关的后续支出

实际上，政府会计主体无形资产的形成不是一次简单投入的结果，需要后期继续开发与维护，这一过程被称为无形资产使用中的价值积累。无形资产开发成果的不确定性使得这一价值积累难以一一对应于资产的价值，因此，如果该项无形资产一直为政府会计主体所持有，而不涉及出售、投资、抵押等事项，那么仅具象征意义的账面价值就将成为该资产价值的上限。

根据《无形资产准则》的要求，与无形资产有关的后续支出符合确认条件的，应当计入无形资产成本；不符合确认条件的，应当在发生时计入当期费用或者相关资产成本。

实践中，我国无形资产后续支出在发生当期确认为费用的处理较为常见，究其原因是：首先，核算简便，无须从业人员的职业判断，降低了会计处理的不确定性。其次，符合稳健性原则。无形资产所能带来的未来经济收益是不确定的，对其进行资本化核算不利于真实反映经营情况。但是，费用化处理无形资产后续支出，在一定条件下会出现诸多弊端，例如，违背配比性原则，政府会计主体在

① 《国际财务报告准则第 3 号——企业合并》。

确认收入、费用、利润时，遵循配比性原则才可能使会计信息真实可靠。

第三节　无形资产的计量问题研究

一、初始计量

（一）计量原则

由于无形资产取得方式不同，具体确认条件也不相同。

《无形资产准则》指出，无形资产应当按照成本进行初始计量，这是准则对无形资产初始计量确立的总原则。但由于无形资产取得方式不同，其初始计量方法也不完全相同。

1. 如果无形资产是单独地从第三方处以支付对价的形式获得的，该资产购置成本的计量不成问题。根据《无形资产准则》第十条，政府会计主体外购的无形资产，其成本包括购买价款、相关税费以及可归属于该项资产达到预定用途前所发生的其他支出。政府会计主体委托软件公司开发的软件视同外购无形资产确定其成本。

2. 如果无形资产属于自行内部开发，这项无形资产一般不能与特定的经济业务相联系，因此就不可能对无形资产成本进行可靠的估计。政府会计主体应以该项目进入开发阶段后至达到预定用途前所发生的支出总额作为开发的无形资产成本。

3. 如果无形资产是政府会计主体通过置换取得，其成本由换出资产的评估价格加上支付的补价或减去收到的补价，加上为换入无形资产支付的其他费用（登记费用等）确定。

在营利组织的置换资产中，资产计量一是以“评估价值”作为确定资产入账价值的依据或基础，评估价值按重置成本法评估该项资产在评估时尚存的价值；二是需要考虑支付的补价或收到的补价。

4. 如果是接受捐赠的无形资产，应当考虑该项资产为政府会计主体带来服务潜力或经济利益的能力，依次按照下列顺序确定无形资产初始成本：有关凭据注明的金额加上相关税费确定；没有相关凭据可供取得，但按规定经过资产评估的，其成本按照评估价值加上相关税费确定；没有相关凭据可供取得，也未经资产评估的，其成本比照同类或类似资产的市场价格加上相关税费确定；没有相关凭据且未经资产评估、同类或类似资产的市场价格也无法可靠取得的，按照名义金额入账，相关税费计入当期费用。

5. 如果是无偿调入的无形资产，其成本按照调出方账面价值加上相关税费确定。

上述规定表明，政府会计主体对无形资产的初始成本计量是根据不同无形资产的取得方式进行划分，坚持的是历史成本计量原则，排斥公允价值计量，即使对置换取得的无形资产，也没有采用像企业会计那样引入是否具有商业实质和换入与换出的资产公允价值的计量方式。另外，也没有对无形资产购进金额超过正常信用条件延期支付的情况，按照借款费用进行资本化或费用化的要求处理。

（二）无形资产计量中的难点问题

1. 资产的入账价值存在不准确性。尽管政府会计准则明确了购买、自行研究开发、接受捐赠、无偿调入的无形资产的初始计量，但对于专利权、非专利技术、商标权、著作权等的入账价值未明确，无形资产初始计量存在不完整。对于非大批量购入、单价小于 1 000 元的无形资产，可以于购买的当期将其成本直接计入当期费用，即对这部分无形资产的成本，在会计上既可以费用化，也可以资本化，以及不定量词“大批量”的使用，使得无形资产的入账价值不实，导致信息的不可比。

2. 资本化时点的把握不准确。在对自行研发无形资产的会计处理方面，政府会计准则将项目的支出分为研究和开发两个阶段。研究阶段的支出应成本化，计入当期费用；开发阶段支出需要分情况处理，最终形成无形资产的支出才能资本化，计入无形资产成本，未形成无形资产的支出应计入当期费用。

事实上，实务中严格区分项目处于研究或是开发阶段具有一定的困难。有的单位并没有将研发项目划分为研究阶段、开发阶段分别核算。因为研究阶段基本是探索性的，结果具有很大的不确定性，难以产生阶段性成果，故该阶段的支出在发生时就应全部费用化。开发阶段已经在很大程度上具备了形成新产品或新技术的基本条件，形成成果的可能性较大，但仍存在不确定性，所以也不能将全部支出资本化，只能将同时满足了资本化条件的计入无形资产成本，而不满足资本化条件的仍然要计入当期费用。此外，为了与原制度接轨，政府会计准则规定：

自行研发的无形资产项目尚处于研究阶段，或者不能有效界定此支出应资本化还是费用化的，只要按法律程序已申请取得无形资产的，该无形资产的入账价值就按照依法取得时支付的注册费和聘请律师费等费用确认。这意味着把该资产的前期支出全部费用化，低估了无形资产的入账价值，不利于对科技成果进行绩效评价，造成无形资产的流失。

二、无形资产摊销问题

（一）使用年限的确定

在无形资产资本化以后，要解决无形资产的账面值应否在以后期间内摊销的问题。无形资产摊销的困难在于其起作用的寿命期间不易确定，另外，事实说明，大量无形资产达不到原来确定的经济可行性的期望值。

根据历史成本会计，无形资产的账面值必须在有用期间内摊销完毕。现在争论的焦点是，会计准则应否规定摊销期间的上限？应该如何确定合理的上限？

《无形资产准则》借鉴了企业会计准则对无形资产摊销的处理，在考虑政府会计主体特殊性的前提下进行了简化处理，二者在无形资产的摊销年限、摊销方法及摊销金额上均有不同之处，且本准则不要求对无形资产计提减值准备。

《无形资产准则》规定，政府会计主体应当于取得或形成无形资产时合理确定其使用年限：无形资产使用年限有限的，应当估计该使用年限；无法预见无形资产为政府会计主体提供服务潜力或者带来经济利益期限的，应当视为使用年限不确定的无形资产。

政府会计主体应当按月对使用年限有限的无形资产采用年限平均法或工作量法进行摊销，应摊销金额为其成本，不考虑预计残值，并根据用途计入当期费用或者相关资产成本，已摊销完毕仍继续使用的无形资产和以名义金额计量的无形资产除外。使用年限不确定的无形资产不应摊销。

对于使用年限有限的无形资产，政府会计主体应当按照以下原则确定无形资产的摊销年限：①法律规定有效年限的，按照法律规定的有效年限作为摊销年限；②法律没有规定有效年限的，按照相关合同或单位申请书中的受益年限作为摊销年限；③法律没有规定有效年限、相关合同或单位申请书也没有规定受益年限的，应当根据无形资产为政府会计主体带来服务潜力或经济利益的实际情况，预计其使用年限；④非大批量购入、单价小于 1 000 元的无形资产，可以于购买的当期将其成本一次性全部转销。

此外，因发生后续支出而增加无形资产成本的，对于使用年限有限的无形资产，应当按照重新确定的无形资产成本以及重新确定的摊销年限计算摊销额。

（二）无形资产摊销与固定资产折旧关系辨析[①]

从字面上理解，“折旧”“摊销”均表现为价值的降低或补偿，但二者有不同的含义及应用范围。“折旧”是有形的固定资产由于使用磨损等原因，价值逐渐降低，是依据收益期（折旧年限）系统分配固定资产价值（如原始成本）的过程。

“摊销”是指在无形资产使用年限内，按照确定的方法对应摊销金额进行系统分摊，是无形资产的成本消逝，无形资产摊销一般采用直线摊销法，即原始成本除以摊销期限为每期无形资产摊销额。

除了字面上的不同，折旧与摊销在会计处理上的差异主要表现在以下方面[②]：

1. 核算对象不同。行政单位的固定资产和公共基础设施、事业单位的固定资产，核算累计折旧；行政单位和事业单位的无形资产核算累计摊销。

2. 计提范围不同。政府会计主体的下列固定资产不计提折旧：文物及陈列品；图书、档案；动植物；以名义金额入账的固定资产；境外行政单位持有的能够与房屋及构筑物区分、拥有所有权的土地。政府会计主体的无形资产中，只有以名义金额计量的无形资产不进行摊销。

3. 计提方法不同。政府会计主体的固定资产、公共基础设施累计折旧一般采用年限平均法或工作量法，而无形资产累计摊销要求采用年限平均法。

三、无形资产的处置

（一）无形资产处置的内容与制定

根据《无形资产准则》的规定，政府无形资产处置形式主要包括出售、对

---

① 冯华：《“折”“旧”与“摊”“销”》，《广西会计》，1990 年 11 月 27 日。

② 卢建超：《累计折旧与累计摊销核算的异同》，《中国会计报》，2014 年 4 月 11 日。

外捐赠、无偿调出、对外投资、转销。

无论何种处置方式，都表明无形资产预期不能给政府会计主体带来服务潜力或经济利益，因此应将其从政府会计主体账面上予以转销。何时确定无形资产处置，需要基于特定情况进行职业判断。

《行政事业单位资产清查核实管理办法》指出，行政单位的固定资产、无形资产和存货损失，按照现行管理制度中规定的资产处置权限进行审批。事业单位房屋构筑物、土地和车辆损失，单位应当逐级上报，经财政部门批准后核销。其他固定资产、无形资产和存货的损失，按照现行管理制度规定的资产处置权限进行审批。

确定何时处置、转销无形资产需要进行判断。相关准则规定，当无形资产预期不能为政府会计主体带来服务潜力或者经济利益的，应当在报经批准后将该无形资产的账面价值予以转销。

政府会计主体在确定无形资产是否预期不能为其带来服务潜力或经济利益时，应根据以下迹象加以判断：①该无形资产是否已被其他新技术等替代，且已不能为政府会计主体带来服务潜力或经济利益；②该无形资产是否不再受法律的保护，且不能给政府会计主体带来服务潜力或经济利益。比如，政府会计主体某项无形资产的法定有效年限已过，且借以生产的产品没有市场，这种情况出现时，该政府会计主体应立即转销无形资产。

（二）无形资产处置会计处理原则

1. 出售无形资产。政府会计主体按规定报经批准出售无形资产，表明政府会计主体放弃无形资产所有权。

无形资产出售时，政府会计主体应当将无形资产账面价值转销计入当期费用，并将处置收入大于相关处置税费后的差额按规定计入当期收入或者做应缴款项处理，将处置收入小于相关处置税费后的差额计入当期费用。

比如，2×19 年 3 月，甲事业单位将某项专利权出售，该专利权成本为 300 000 元，已累计摊销金额为 160 000 元。出售专利权取得含税收入 80 000 元，其中应缴增值税为 10 400 元，全部款项存入银行。另以零余额账户支付其他费用 1 500 元。处置中的净支出确认为本单位资产处置费用 71 900 元（300 000 - 160 000 - 80 000 + 10 400 + 1 500）。

2. 对外捐赠和无偿调出无形资产。政府会计主体经批准对外捐赠、无偿调出无形资产的，应当将无形资产的账面价值予以转销，对外捐赠、无偿调出中发生的归属于捐出方、调出方的相关费用，应当计入当期费用。

3. 对外投资无形资产。政府会计主体以无形资产对外投资的，应当将该无形资产的账面价值予以转销，并将无形资产在对外投资时的评估价值与其账面价值的差额计入当期收入或费用。

第四节　无形资产的信息披露

无形资产信息披露是政府会计准则的要求，各级政府行政事业单位必须实施。《无形资产准则》第二十五条明确规定，政府会计主体应当按照无形资产的类别在附注中披露与无形资产有关的下列信息：

第一，无形资产账面余额、累计摊销额、账面价值的期初、期末数及其本期变动情况。

第二，自行开发无形资产的名称、数量，以及账面余额和累计摊销额的变动情况。单位内部研究开发项目划分研究阶段和开发阶段的具体标准。

第三，以名义金额计量的无形资产名称、数量，以及以名义金额计量的理由。

第四，接受捐赠、无偿调入无形资产的名称、数量等情况。

第五，使用年限有限的无形资产，其使用年限的估计情况；使用年限不确定的无形资产，其使用年限不确定的确定依据。

第六，无形资产出售、对外投资等重要资产处置的情况。

我国政府会计的《无形资产准则》和我国的《企业会计准则》对无形资产的披露要求都较为简单，一般只要求按无形资产类别披露其摊销年限、期初和期末金额、变动情况及其原因、无形资产的减值准备等相关内容。《国际会计准则第38号》对无形资产的披露要求要复杂得多，例如，需要披露对当期有重大影响或预期对以后期间有重大影响的会计估计变更的性质和影响；从整体看对企业的财务报表具有重要影响的单项无形资产的内容描述、账面金额和剩余摊销期；使用权被限制的无形资产的存在及其金额，以及作为债务抵押品的无形资产的账面价值；对购买无形资产所承诺的金额等。

但是，《无形资产准则》的信息披露也有其特色之处，例如以名义金额计量的无形资产要披露理由、名称、数量，接受捐赠、无偿调入无形资产要披露名称、数量，无形资产出售、对外投资等重要资产处置的情况等要披露，旨在让报告使用者知晓政府会计主体的上述无形资产信息，这是《企业会计准则》中没有要求的。《企业会计准则》更侧重于从无形资产的角度反映企业整体经营的净损益，表现在要求披露无形资产的摊销方法、用于担保的无形资产账面价值、当期摊销额、计入当期损益和确认为无形资产的研究开发支出金额等，这些都是《无形资产准则》中没有要求披露的。

第五章 公共基础设施准则

纵观国内外学者的研究，公共基础设施的定义有狭义和广义之分：狭义的公共基础设施主要是指经济性基础设施，包括交通运输、通信、电力、供排水等公共设施和公共工程等。广义的公共基础设施除此之外，还包括教育、法律、卫生以及行政管理等部门。①

许多研究都表明，物质性基础设施的发展与经济增长之间存在正相关关系，任何国家的经济起飞，没有基础设施的大规模集中发展和积累是不可能成功的。我国的公共基础设施规模巨大，在经济发展中起着特殊重要的作用，为我国经济社会发展提供了强有力的基础支撑条件。但由于公共基础设施投资主体多、时间跨度长，加之以前重财政预算管理、轻资产管理，造成由政府会计主体控制的、满足社会公共需要的大量公共基础设施资产未入账核算或未恰当核算，导致政府投资形成的巨额公共基础设施资产在政府资产负债表中未得到全面反映。

党的十八届三中全会将建立权责发生制的政府综合财务报告制度作为深化财税体制改革的重要举措，2014 年修订的《中华人民共和国预算法》要求各级政府财政部门应当按年度编制以权责发生制为基础的政府综合财务报告。一系列法规要求政府会计要全面反映政府资产负债、收入费用、运行成本、现金流量等信息，提升政府宏观管理能力。2017 年 4 月，财政部印发了《政府会计准则第 5 号——公共基础设施》，研究制定政府公共基础设施会计准则、规范政府公共基础设施的会计核算问题，具有深刻的政策背景和迫切的现实需求。政府公共基础设施是政府会计的一项应有、特殊和重要的内容，公共基础设施会计准则将为我国经济增长、城镇化建设以及解决地方政府债务危机等方面增添助力。② 同时，公共基础设施核算既是政府会计核算中的重点，又是政府会计核算的难点。③

《政府会计准则第 5 号——公共基础设施》（以下简称《公共基础设施准则》）共六章 28 条，自 2018 年 1 月 1 日起施行。内容包括：

第一章总则，明确了《公共基础设施准则》的目的、公共基础设施的定义以及该准则规范的范围。

第二章公共基础设施的确认，明确了三个问题：一是公共基础设施确认主

---

① 邓淑莲：《政府与基础设施的发展》，上海财经大学博士论文，2001 年 6 月 30 日。

② 荆新，何淼：《政府公共基础设施会计计量与报告研究》，《会计与经济研究》，2015 年 4 月，第 10 ~ 17 页。

③ 王彦：《出台公共基础设施准则是我国政府会计改革的一个重要突破》，《中国会计报》，2017 年 5 月 12 日。

体，该准则规定了“谁负责管理维护谁确认”的原则；二是制定了公共基础设施确认的条件；三是规定了公共基础设施不同取得方式的具体确认标准或要求。

第三章公共基础设施的初始计量。准则对自行建造、改扩建、接受无偿调入和无偿捐赠、外购等多种方式获得的公共基础设施的初始入账成本（初始计量）进行了全面系统地规定。

第四章公共基础设施的后续计量。准则对于公共基础设施无偿调出、对外捐赠、报废或毁损等处置环节的会计处理要求也做了原则性规定。对于公共基础设施折旧或摊销的资产范围、折旧年限、折旧方法等后续计量问题进行了明确规定。

第五章公共基础设施的披露，规定共有 11 项需要披露的信息。

第六章附则，明确对于应当确认为公共基础设施但已确认为固定资产的资产，应当确认但尚未入账的存量公共基础设施价值。

《公共基础设施准则》的框架结构如图 5－1 所示：

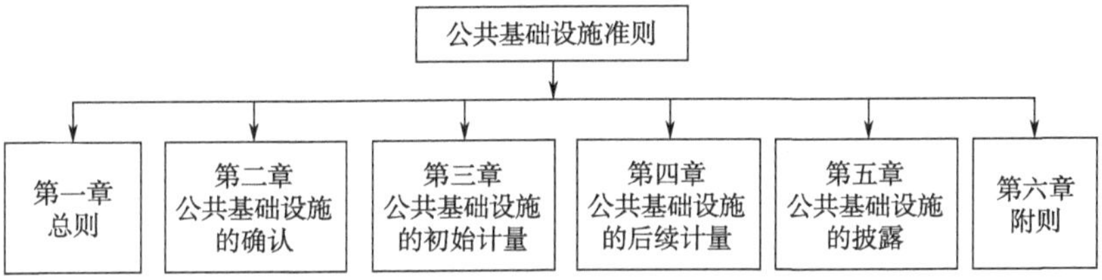

图 5－1　《公共基础设施准则》的框架

第一节　公共基础设施的界定问题研究

一、公共基础设施的界定与属性

（一）定义和属性

公共基础设施是“公共”与“基础设施”复合而成的专业名词。按照《现代汉语词典》解释：公共的含义是指属于社会的、公有公用的。基础设施又称基础结构，是从国外引入的一个经济概念。美国麦克劳·希尔出版机构 1982 年出版的《经济百科全书》中写道：“基础设施是指那些对产出水平或生产效率有直接或间接的提高作用的经济项目，主要内容包括交通运输系统、发电设施、通信设施、金融设施、教育和卫生设施，以及一个组织有序的政府和政治体制。”① 世界银行1994年发布的《世界发展报告》以“为发展提供基础设施”为主题，研究发展中国家基础设施与国家经济之间的关系。报告中给出了基础设施的定义，认为它是指经济性基础设施，包括：①公共设施——电力、电信、供水系统、卫生设施、排污系统、固体废弃物收集和处理、供气；②公共工程——公路、大坝、灌溉和排水用的渠道系统；③其他交通部门——城市内与城市间的铁路、城市交通、港口、水路和机场。根据基础设施的定义，这只是提供实物服务的基础设施的狭义概念，从广义上来说，文化教育、卫生保健、社会福利、法律等提供无形产品的服务也应当纳入基础设施的范围。②

国际货币基金组织《2001年政府财政统计手册》指出：基础设施资产，它们是不可移动的非金融资产，一般不具有其他用途，为整个社会带来好处，例如街道、高速公路、照明系统、桥梁、通信系统和堤坝。

综上所述，无论是交通运输、通信、电力、供排水等这类狭义的公共设施和公共工程，还是包括教育、卫生、法律以及行政管理部门等这类广义的公共基础设施，其共有属性归纳如下③：

1. 供给上投资数额巨大，使用期限长。基础设施是关系国民经济整体利益和长远利益的物质基础设施，需要较大规模的投资。在某些情况下，尤其在资产定期维护的条件下，很难确定资产的使用期限。

2. 建设周期长。以交通运输业为例，一般铁路建设需要5～8年时间，大型运输网线则需花费几十年时间。

3. 网络特性明显，空间覆盖面广。尤其是交通、水利、通信等基础设施，它们最重要的经济特征是通过网络传输，体现出规模经济与空间覆盖性，为生产发展和人类聚集提供公共服务。

4. 垄断性强。基础设施产业的网络性和巨大规模经济性，使少数企业采取垄断性经营以追求效益最大化。一些经济学家还认为，基础设施建设是政府的重要职责之一，应由国家干预、进行垄断性的管制。④

---

① 苗纪江：《城市基础设施资产证券化融资研究》，同济大学博士论文，2005年。

② 《世界发展报告》，1994年8月。

③ 张玲：《城市基础设施建设与区域经济发展研究》，东北财经大学博士论文，2006年。

④ 邓红蒂，田志强：《基础设施建设与土地资源利用》，《中国土地科学》，2008年3月15日。

5. 固定在某处。整体资产的某一部分可能被延伸或停用，但是资产总体不受影响，可以继续使用。

按照经济学的界定，公共基础设施属于公共产品或准公共产品，一方面有非排他性和非竞争性，具有公共产品的属性，另一方面，部分公共基础设施也可以通过收取特定费用获得一定的补偿。

按照基础设施产权归属，我国基础设施分为私人所有、私人同政府共同所有、政府所有三种情况。同时，根据公共基础设施的实物形态和相关价值标准与固定资产类似的特性，对公共基础设施的界定应从资产属性和公共属性视角考虑。公共基础设施主要是指我国政府部门向社会提供的各种公共性服务，并为确保各项服务的正常运行进行相应的维护、管理等工作；基于这些服务提供的工程性基础设施称为公共基础设施。

（二）特点

公共基础设施除具有基础设施的一般特征外，其自身也具有以下特点：

其一，提供服务的公共性和双重性。公共性是指公共基础设施为社会提供服务。双重性是指公共基础设施不但能够为物质生产提供服务，同时还能够为居民生活提供服务。

公共基础设施是国家主张、政府负责的一项重要的投资建设。罗森斯坦·罗丹（1943）认为，基础设施投资必须由政府主导，通常的市场机制不能提供最合适的供给。因此，公共基础设施会计作为政府会计的重要组成部分，必须给予高度重视。城市公共基础设施为城市经济、社会发展带来了巨大的经济效益、社会效益和环境效益。

其二，经济效益的间接性和综合性。间接性是指公共基础设施自身难以产生相应的社会经济效益，它为社会经济提供间接服务。综合性是指公共基础设施不但能提升各部门的经济效益，同时还能提升环境效益与社会效益。

其三，基础设施建设的超前性和同步性。超前性是指同城市其他方面的基础设施建设项目相比，公共基础设施建设所需投入资金数额较大，且建设规模和施工周期都较长。同步性是指公共基础设施建设应同其他项目建设同步进行、相辅相成。

其四，基础设施运转的系统性和协调性。系统性是指公共基础设施作为一个综合体，是城市建设中不可或缺的组成部分，同其他基础设施共同构成了一个整体系统。协调性是指公共基础设施各子系统之间相互关联与影响，且共同协调发展，主要用于协调基础设施建设同社会经济发展之间的关系。

各项公共设施和公共服务组合成物质技术性、基础性、社会公益性的服务，既自成系统又互相配套，各项服务必须协调运转才能正常发挥其服务功能。

二、公共基础设施建设与新经济的增长

基础设施与经济增长具有密不可分的关系，基础设施的状况决定着一个国家和地区经济结构的优劣，决定其经济发展的水平和速度，以及现代化的进程。概括地讲，基础设施是经济发展和现代化的基本条件，是社会赖以生存与发展的物质基础。在与经济发展的长期互动关系中，公共基础设施的建设能够促进经济的发展，一定程度上提高就业率、要素生产率、产出生产率、劳动生产率，同时提高社会文化水平、居民生活质量、减少地区性差异、改善居住环境质量、提升居民健康水平等。①

基础设施在经济发展中起着特殊重要的作用，是一国经济发展的基础。1994年世界银行的年度发展报告以“为发展提供基础设施”为主题，肯定了基础设施对经济发展的重要性，“基础设施如果不是经济发展的引擎，那也是经济活动的车轮”。基础设施的发展程度直接决定一国社会福利水平的高低。不仅如此，良好的基础设施使公司利润水平提高，吸引更多的公司、企业创立，在总体上增加就业机会，为贫困者提供更多赚钱的机会。有研究证明，基础设施投资与就业增长之间有很强的正相关，无论基础设施的投资主体是中央政府、地方政府还是私人。②

（一）基础设施是经济发展不可缺少的基础条件

纵观世界各国，当代所有发达国家都是高度工业化的国家，不发达的国家几乎都是工业落后的国家，工业化是一国经济发展的必经之路。工业化的基础条件是具备充足、可靠的基础设施，没有基础设施的发展，工业化不可能实现，经济也就不可能得到真正的发展。

---

① 宋四虎，周大鹏：《公共基础设施与经济增长综述》，《现代管理科学》，2017年2月10日。
② 邓淑莲：《政府与基础设施的发展》，上海财经大学博士论文，2001年。

基础设施是经济发展和社会繁荣的重要保障，也是当今全球特别是发展中国家面临的重大发展挑战。投资基础设施在短期内能够创造就业、增加需求，长期能够增加生产力，促进经济增长。因此，基础设施投资拉动经济增长模式将会是中国乃至许多国家保持经济增长的一个重要方式。

伴随着21世纪信息化时代到来，通信网络基础设施是信息化建设的基础，正在发展成为继水、电、气、交通之后的第五大城市公共基础设施。加强和完善通信网络基础设施建设，是实现信息化社会的关键，应进一步发挥通信网络发展和业务应用对国民经济和社会发展的促进作用。

（二）公共基础设施是经济增长和社会发展的必要前提

由于其自然的垄断性和非排他性特征，加之投资规模大、建设周期长，基础设施产业通常由公共部门生产运营。如城市公共交通、城市公用事业、公路、铁路、航空、通信、电信等公用设施。它是整个社会经济文化发展和政治活动赖以存在的支撑系统，是整个社会经济发展的先决条件，除了直接效应外，它能带来一系列更广泛的经济社会收益。鉴于基础设施的巨大作用，进行公共基础设施建设成为国家的一项基本职能。在地方政府的业绩评估中，能否提供良好的基础设施也是一个重要参数。

（三）公共基础设施投资的迅速增长促进了国民经济的快速发展

大规模的公共基础设施投资使得我国基础设施水平显著提高，作为经济发展“瓶颈”的基础设施有了明显改善，为人民生活的改善和社会经济的发展奠定了基础，城乡面貌极大改观，人民生活质量迅速提高，潜在经济增长水平不断提高。

（四）社会事业和公用设施的迅速提升

国家对文化、教育、广播影视、卫生等方面的建设非常重视。国家在对传统重点名牌大学进行扩建的同时，又投资改造了大批大学，建设了重点学科。为丰富人民群众的文化生活，在全国各地投资兴建了各类综合和专业图书馆、博物馆、科学馆，各省、直辖市、自治区、地级市甚至一些县级市都建立了广播电台、电视台，并开辟了众多卫星电视频道。

三、公共基础设施类别

“基础设施资产”这一术语有时用来描述下列资产：①道路运输网，包括桥梁、路的护栏、隧道和人行道；②下水道系统；③供水系统；④排水系统；⑤垃圾处理场；⑥防洪工程；⑦供电系统；⑧通信网络；⑨娱乐设施。[①]

根据公共基础设施的范围及其作用力与重要性的差异，可以把它划分为三个层次：

宏观层次是全国性或区域性基础设施，它是在全国范围或区域性范围发挥作用的，沟通城市与城市之间、城市与乡村之间经济社会和空间联系，对国民经济、社会发展和国家建设有重大影响的基础设施，例如大型水利枢纽、铁路、高速公路、机场、港口、邮电通信等。

中观层次是城市性基础设施，即主要为城市自身服务的基础设施，它们有的是上一层次的节点与终端，如火车站、邮电局，有的是自成体系的独立网络，如自来水管网、公交站场等。现代城市，不论何种性质、何等规模，其基础设施的构成大体上是一样的，只有数量和质量的差别。从系统论的观点，我们可以把城市基础设施分为各个子系统，它们与城市经济活动和居民生活密切相关：城市供水与排水系统（包括水资源的开发利用和管理系统、自来水生产与供应系统、污水排放以及处理系统、雨水排放系统）；城市能源系统（包括电厂、热电厂等电力生产与输送系统、人工煤气的生产以及煤气、天然气、石油液化气的供应系统、集中供热的热源与热力输送系统）；城市交通系统（包括道路与停车设施系统，如市内高架道路、桥梁、隧道，快速交通系统，如城市轨道交通地铁、轻轨等，对外交通系统，如高速公路、铁路、机场、港口、航道建设等）；城市邮电通信系统；城市环境系统（环境保护、卫生系统和园林绿化系统，如河道综合整治、垃圾处理、绿地、园林建设等）；城市防灾减灾系统（如消防系统、防洪系统和抗震系统等）。

作为中观层次的城市基础设施，既有其独立性，又有其联系性。从独立性来说，每个城市都有一套相对完整的基础设施系统，它保证了城市昼夜不息的活动得以持续。从联系性来说，每个城市又都不是孤立的，它与外界有着千丝万缕的关系，有能量的交换、信息的传递、物质的出入、人员的往来，这一切都有赖于

---

① 楼继伟：《政府预算与会计的未来——权责发生制改革纵览与探索》，中国财政经济出版社 2002 年版。

区域性与全国性基础设施而进行。城市基础设施便是其中的节点与终端，是宏观大系统中的无数子系统。因此，城市基础设施不仅起到了承上启下的桥梁作用，而且发挥了担负国民经济运行的重要渠道作用。

微观层次是住宅或办公区域内的基础设施，即服务范围局限于小区（包括生活小区和工业小区等）中的，或大单位内部自设的基础设施，如自备水源等。

我国目前纳入政府会计的公共基础设施包括：①交通运输基础设施，包括公路、航道、港口等；②市政基础设施，包括市政道路设施、城市轨道交通、城市排水与污水处理、城市公共供水、城市环卫、城市道路照明、公园绿地、公共文化体育等；③其他公共基础设施。

我国广义政府部门中，公共基础设施持有和变化趋势见表 5－1 和图 5－2。

表 5－1　广义政府部门公共基础设施（2007—2019 年）①　单位：亿元

2007	2008	2009	2010	2011	2012	2013	2014	2015	2016	2017	2018	2019
22 820	27 355	33 571	42 456	51 737	62 012	72 436	81 178	88 384	95 601	102 225	108 145	124 925

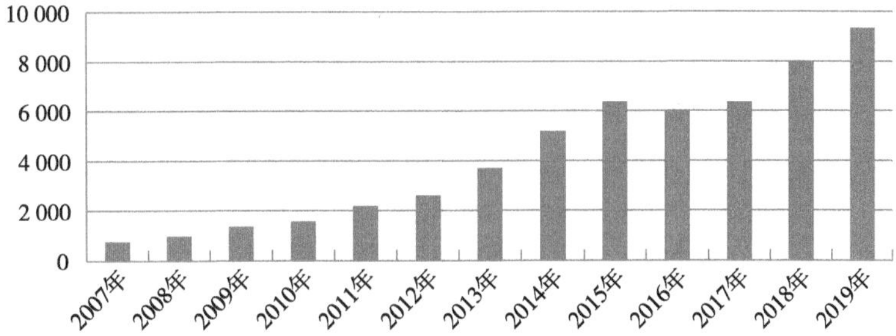

图 5－2　广义政府部门资产——公共基础设施（2007—2019 年）（单位：亿元）

四、公共基础设施与固定资产

公共基础设施作为政府会计主体维护管理的资产，其本身的价值及产生的折旧费用等应区别于政府会计主体的固定资产，应当单独核算，为未来科学评价政府绩效奠定基础。

有形资产哪些属于固定资产、哪些属于公共基础设施，二者在资产形态上的确具有较大的相似性：

① 李扬，张晓晶：《中国国家资产负债表 2020》，中国社会科学出版社 2020 年 12 月。

一是固定资产与公共基础设施的使用年限较长，通常超过 1 年。两类资产的使用周期都较长，即为政府会计主体带来的经济利益与服务潜力需要较长时间实现。这两类资产的使用磨损与价值补偿，都是以资产折旧方式体现。

二是资产整体价值通常比较高。政府会计准则规定的公共基础设施，本身就是数量多、价值高的重资产；固定资产中，有单位资产价值较低的资产（如图书等），这类固定资产虽然单位价值低，但是数量巨大，该类资产的整体价值仍然较高。

三是固定资产与公共基础设施都属于有形资产。二者都属于政府会计“资产”会计要素，都应满足该会计要素的确认条件，都关注资产是否能为政府会计主体带来经济利益流入或提供服务潜力，及资产相关的成本能否可靠计量。

目前来看，政府会计采用权责发生制的国家和地区中，多数都将基础设施作为固定资产的一个类别，在固定资产准则中对其确认、计量和披露，并予以规范。因为，从资产的实物形态和相关价值标准而言，政府会计主体控制的公共基础设施与其固定资产有较多的相似性。

基于我国政府公共基础设施数量众多，在资金来源、建造和管理方式、产权关系、用途等方面与政府会计主体占有、使用的固定资产有较大区别，对此制定单独的具体准则，可以更加清晰地体现公共基础设施作为一种特殊类型政府资产的确认、计量、披露的具体规定，有利于准确核算政府公共基础设施，全面反映政府“家底”。

表 5－2　公共基础设施与固定资产的关系①

项目	固定资产	公共基础设施
资金来源渠道	国家预算内的资金	具有多元化的特征，包括国家预算内资金、银行贷款、发行债券、项目自筹资金、其他（包括社会集资、个人资金、公益捐赠）等
建造与管理方式	取得方式：购买、建造，或者以换入、接受捐赠、无偿调入等方式取得。资产的取得方与使用方，对固定资产履行管理维护职责	建设主体多元。管理和维护工作可能由多个部门或上下层级的部门共同完成
产权关系	一般归属于政府主体	比较复杂

① 财政部会计司：财政部会计司有关负责人就印发《政府会计准则第 5 号——公共基础设施》和《政府会计准则第 6 号——政府储备物资》答记者问。

续表

项目	固定资产	公共基础设施
资产用途	满足会计主体业务开展的需求，使用主体是政府会计主体	满足社会公共需求，使用主体是社会公众。政府各级部门是公共基础设施维护与管理的主体

基于固定资产与公共基础设施之间的相似性，财政部制定《政府会计准则第5号——固定资产》与《政府会计准则第6号——政府储备物资》也有众多相似性和一致性，如表5－3所示。①

表5－3　固定资产与公共基础设施会计问题比较

分类		固定资产	公共基础设施
持有资产目的		为满足自身开展业务活动或其他活动需要而控制的资产	为满足社会公共需求而控制的资产
资产确认	原则	政府会计主体为满足自身开展业务活动或其他活动需要而控制的，使用年限超过1年（不含1年）、单位价值在规定标准以上，并在使用过程中基本保持原有物质形态的资产，一般包括房屋及构筑物、专用设备、通用设备等。单位价值虽未达到规定标准，但是使用年限超过1年（不含1年）的大批同类物资，如图书、家具、用具、装具等，应当确认为固定资产 如果土地使用权可以和房屋建筑物成本分清，可以单独确认无形资产。应用软件根据是否是构成硬件不可缺少的部分作为判断条件，如果是硬件的必备部分，应用软件作为固定资产的一部分核算；如果不是硬件的必备部分，应用软件作为无形资产核算	政府会计主体为满足社会公共需求而控制的，同时具有一个有形资产系统或网络的组成部分、特定用途、一般不可移动等特征的有形资产 在具体确定应以哪一组成部分作为一项公共基础设施进行确认与计量时，应遵循重要性原则与成本效益原则，根据使用年限或者补偿要求是否相同或者大致相同、服务潜力或者经济利益实现方式是否相同或者大致相同这两个标准来确定有关公共基础设施组成部分作为一项公共基础设施进行确认与计量
	主体	遵循“谁取得，谁入账”的确认原则	会计确认主体遵循“谁负责管理维护，谁入账”的确认原则

① 苏子：《固定资产与公共基础设施核算辨析——基于政府会计准则的视角》，《厦门广播电视大学学报》，2018年1月15日。

续表

<table>
<tr><th colspan="2">分类</th><th>固定资产</th><th>公共基础设施</th></tr>
<tr><td rowspan="3">价值补偿（折旧）</td><td>是否考虑残值</td><td>不需要考虑预计净残值</td><td>不需要考虑预计净残值</td></tr>
<tr><td>折旧方法</td><td colspan="2">一般是年限平均法或者工作量法，具体根据资产的服务潜力及经济利益的实现方式而确定</td></tr>
<tr><td>不计提折旧的范围</td><td>1. 难以确定合理使用期限的固定资产，如文物和陈列品、图书、档案、单独计价入账的土地、生物类资产
2. 名义金额计量的固定资产</td><td>永久维持的公共基础设施</td></tr>
<tr><td rowspan="2">资产计量</td><td>初始计量</td><td>可以以名义金额入账</td><td>不能以名义金额入账</td></tr>
<tr><td>后续计量</td><td colspan="2">如果固定资产或者公共基础设施的后续支出符合相应资产的确认条件，后续支出可以资本化，可将后续支出计入该项资产的成本。如果后续支出不符合相应资产的确认条件，计入当期费用或者相关资产成本</td></tr>
</table>

以公路水路的公共基础设施与固定资产划分为例，公路水路公共基础设施是指各级交通运输主管部门为满足社会公共交通运输需求所控制的公路、运输站场、航道、港口、轮渡及其配套设施等有形资产。独立于公路水路公共基础设施、不构成公路水路公共基础设施使用不可缺少组成部分的管理用房屋构筑物、设备、车辆、船舶，不对社会公众开放的公务码头，不再提供公共服务的公路水路设施，适用《政府会计准则第 3 号——固定资产》，纳入单位固定资产管理。[①]

五、《公共基础设施准则》关于公共基础设施的界定

公共基础设施的定义应当从广义和狭义两个方面理解。

广义的公共基础设施就是一般社会公众所熟知的概念，即能够为社会公众提供公共服务或提高物质生产能力的公用设施。我国政府会计《公共基础设施准则》所界定的属于狭义的公共基础设施。本着与政府会计主体占有、使用的固定资产相区别的原则，结合国内政府公共基础设施管理的现状，在合理继承原会计制度关于公共基础设施定义的基础上，同时借鉴国际公共部门会计准则和有关国

① 《关于进一步加强公路水路公共基础设施政府会计核算的通知》（财会〔2020〕23 号）。

家关于公共基础设施特征的表述，《公共基础设施准则》第二条对公共基础设施进行了界定，明确规定公共基础设施是指政府会计主体为满足社会公共需求而控制的，同时具有以下特征的有形资产：①是一个有形资产系统或网络的组成部分；②具有特定用途；③一般不可移动。

其内涵应当同时包括以下三点：一是由政府会计主体控制，即由政府部门负责占有、使用、管理或维护；二是能够提升政府的服务潜力或者带来经济利益流入；三是一个有形资产系统或网络的组成部分，且一般不可移动。

关于公共基础设施的界定，需要注意以下几个方面：

第一，由于政府会计准则明确对企业不适用，因此大量由国有企业核算入账的高速公路、隧桥、铁路、轨道交通等难以符合狭义定义。

第二，独立于公共基础设施、不构成公共基础设施使用不可缺少组成部分的管理维护用房屋建筑物、设备、车辆等，适用《政府会计准则第 3 号——固定资产》。

第三，属于文物文化资产的公共基础设施。文物文化设施作为公共物品向大众免费提供文化、休闲、历史和环境方面的服务，其用途和销售都受到限制，要无限期地对其进行维护以供后代享用，并且其提供的服务是面向大众而非面向管理主体，因此将其与政府的运营资产分开处理是合理的。

第四，采用政府和社会资本合作模式（PPP 模式）形成的公共基础设施的确认和初始计量，适用其他相关政府会计准则。

第二节　公共基础设施的确认问题研究

一、确认公共基础设施的主体

我国政府管理的公共基础设施涉及很多政府部门，现实中存在一个公共基础设施同时由两个以上部门管理的情况。从纵向的管理链条来看，既有大类公共基础设施的主管部门，又有公共基础设施细分类别的分管部门，还有直接的管理维护单位。在直接的管理维护单位中，既有行政事业单位，也有接受政府委托的受托管理企业。公共基础设施资产本身，有的也与政府单位使用的固定资产、政府单位管理的文化文物资产等有交集。这些，都给确定公共基础设施的会计核算主体和会计核算对象带来了困难。

在实际工作中，界定公共基础设施的会计主体时应遵循以下四个原则：

第一，法定性原则。《民法典》物权篇为政府公共基础设施提供了一个法律上的限定范围，只有符合法律规定、归政府所有的公共基础设施才应被纳入政府会计的确认计量和报告体系。

第二，重要性原则，即确定主要事权。以公路基础设施为例，确定主要事权应当在规划、建设、养护、保护等公路事权中区分出主要的支出责任。建设、养护的支出责任最重，其中“建设”形成了公路的实体资产，“养护”通过经常性的预算拨款来保障公共设施服务职能的发挥，两者应该作为主要事权。

第三，受托责任原则。确定主管的政府层级：由哪一级政府承担并实际履行主要事权；由哪一级政府作为政府会计主体报告该项资产，以全面分析、预测公共基础设施的建设、运行成本，判断公共服务满足社会需要的程度，进一步加强对公共基础设施的建设、维护与管理。

第四，预算拨款关系原则。确定具体核算单位，与承担受托责任的政府财政部门发生预算拨款关系的各部门、单位，应全面确认、计量、记录、报告公共基础设施的取得、运行和处置情况。

二、确认公共基础设施的会计主体

对政府会计主体的确定，西方市场经济国家采用的主要有受托责任法、控制法和基金授权分配法等方式。我国在现阶段采用受托责任法和基金授权分配法界定政府综合财务报告范围。《基本准则》对会计主体进行了原则性的规定，包括各级政府及与“本级政府财政部门直接或间接发生预算拨款关系”的各部门、单位。

公共基础设施的会计主体就是以公共基础设施为会计对象，对其进行确认、计量、记录和报告的单位。

（一）负有管理维护职责的公共基础设施会计主体

通常情况下，符合以下条件的公共基础设施，应当由按规定对其负有管理维护职责的政府会计主体予以确认：第一，与该公共基础设施相关的服务潜力很可能实现或者经济利益很可能流入政府会计主体；第二，该公共基础设施的成本或者价值能够可靠地计量。

(二) 共同管理维护的公共基础设施会计主体

广场、公园等同一地块上的资产存在多个主体的，要明确责任分割。例如，广场上的公厕、路灯、法制宣传栏、雕塑以及体育健身设施等，可能分属于环卫、照明、司法、文化、体育等单位，必须明确管理与维护之责。《公共基础设施准则》第四条指出：多个政府会计主体共同管理维护的公共基础设施，应当由对该资产负有主要管理维护职责或者承担后续主要支出责任的政府会计主体予以确认。

(三) 由不同政府会计主体分别管理维护的公共基础设施

如果公共基础设施分为多个组成部分，并由不同政府会计主体分别管理维护的，应当由各个政府会计主体分别对其负责管理维护的公共基础设施的相应部分予以确认。

(四) 公共基础设施管理的委托方

负有管理维护公共基础设施职责的政府会计主体，通过政府购买服务方式委托企业或其他会计主体代为管理维护公共基础设施的，该公共基础设施应当由委托方予以确认。

这样的规定达到了对公共基础设施核算全覆盖，避免核算中的重复或遗漏。①

可见，对公共基础设施直接管理维护的单位处于公共基础设施管理纵向链条的末端，也是公共基础设施管理维护资金的预算单位和使用单位。《公共基础设施准则》将公共基础设施的核算主体定位在管理维护单位，既体现了“谁管理，谁核算，谁报告”的原则，又将公共资金使用核算与相应的管理资产核算结合起来，使得政府会计的预算会计核算与财务会计核算在公共基础设施核算中得到统一。

此外，由于《基本准则》将企业、军队、已纳入企业财务管理体系的单位、执行《民间非营利组织会计制度》的社会团体排除在政府会计主体之外，因此，

---

① 王彦：《政府会计出台公共基础设施准则是我国政府会计改革的一个重要突破》，《中国会计报》，2017 年 5 月 12 日。

上述会计主体拥有或控制的公共基础设施、储备物资不适用《公共基础设施准则》和《政府储备物资准则》，应当按照各会计主体适用的相关会计准则制度进行核算①。由于制度、体制、财力等多方面因素影响，多年来，地方政府的公共基础设施建设大多是依托地方政府融资平台，通过 BT、BOT、银行贷款等方式进行，公共基础设施也主要以在建工程或固定资产的形式登记在平台公司账上。而各级政府融资平台公司执行的是企业会计制度，纳入企业财务管理体系，不应作为公共基础设施的会计确认主体。公共基础设施的会计主体应为行政事业单位。②

以我国公路水路公共基础设施的会计主体为例，按照“谁承担管理维护职责，由谁记账”的原则，并结合直接承担后续支出责任情况，合理确定公路水路公共基础设施的会计记账主体为③：

（1）中央委托地方承担管理维护职责的公路水路公共基础设施，应当由地方具体承担管理维护职责的交通运输行政事业单位作为记账主体。委托方应当设置备查簿进行登记。

（2）由企业举债形成的非收费公路，相关债务已经由政府承担的，应当及时从企业资产负债表中剥离，按上述一般原则确定公路公共基础设施的记账主体，并及时登记入账。

（3）车辆通行费纳入政府性基金预算管理且相应的债务由政府偿还的政府收费公路（包括存量的政府还贷公路），由负责编制车辆通行费支出预算的交通运输行政事业单位作为记账主体。

（4）由企业举债并负责偿还的收费公路，采用政府和社会资本合作（PPP）模式形成的，政府方应当按照《政府会计准则第 10 号——政府和社会资本合作项目合同》及其应用指南的相关规定确定记账主体；采用“建设—运营—移交”（BOT）方式形成但未纳入全国 PPP 综合信息平台项目库，且企业方已按照相关企业会计准则确认为无形资产的，政府方应当参照《政府会计准则第 10 号——政府和社会资本合作项目合同》及其应用指南的相关规定确定记账主体；除上述

① 《财政部会计司有关负责人就印发〈政府会计准则第 5 号——公共基础设施〉和〈政府会计准则第 6 号——政府储备物资〉答记者问》，《预算管理与会计》，2017 年 10 月。

② 万昱原：《加强公共基础设施资产管理的思考》，《行政事业资产与财务》，2019 年 3 月。

③ 邵瑞庆：《〈公共基础设施准则〉实施中的若干问题探讨》，《财务与会计》，2018 年 1 月。

情形外且已由企业方入账的，地方交通运输主管部门应当设置备查簿进行登记，待后续相关规定明确后，再进行调整。

（5）对于天然航道、天然锚地和无偿划拨的土地，不进行价值核算，无须确认入账，对其具有管理维护职责的交通运输行政事业单位应当设置备查簿进行登记。

三、公共基础设施确认的标准

公共基础设施是公共服务系统或者网络的组成部分，一项能够发挥预定作用的公共基础设施通常由较多的部分所构成，但公共基础设施的各组成部分可能具有不同的实物形态、不同的使用功能、不同的使用年限以及不同的补偿要求。在具体确定应以哪一组成部分作为一项公共基础设施进行确认与计量时，应遵循重要性原则与成本效益原则，根据使用年限或者补偿要求是否相同或者大致相同、服务潜力或者经济利益实现方式是否相同或者大致相同这两个标准来确定有关公共基础设施组成部分作为一项公共基础设施进行确认与计量。如果使用年限或者补偿要求相同或者大致相同、服务潜力或者经济利益实现方式相同或者大致相同，应该将该项公共基础设施的组成部分作为一项公共基础设施进行确认与计量。

公共基础设施确认的核心问题就是公共基础设施确认的标准。公共基础设施是政府会计主体资产的有机组成部分，其确认标准既要符合资产确认一般标准，又要体现公共基础设施具体特征。

公共基础设施确认标准有广义狭义之分：公共基础设施广义确认标准包括公共基础设施定义、服务潜力实现或者经济利益流入政府会计主体的可能性，以及公共基础设施可计量性三个方面；狭义的确认标准仅限于公共基础设施能否确认，如何计量，不包括定义。

（一）符合公共基础设施的定义

在会计确认领域或范畴，定义是我们确认一项经济活动发生的过程和结果是否被归入会计的对象和归入何种会计要素的根本性标准。有人认为“定义”是抽象的概念，它如何能够作为确认的标准？其实，在财务会计概念框架中，定义要素不是为定义而定义，而是为确认而定义。要素的定义必须是要素的特征、本质、属性的反映。事实上，会计要素的定义和特性中已经隐含了若干具体的标准。

在我国《公共基础设施准则》中，公共基础设施是指政府会计主体为满足社会公共需求而控制的，同时具有以下特征的有形资产：是一个有形资产系统或网络的组成部分；具有特定用途；一般不可移动。其中“特定用途”是指公共基础设施是政府“为满足社会公共需求而控制”，有别于政府固定资产“为满足自身开展业务活动或其他活动需要而控制”。这反映出公共基础设施是为全社会所使用而非为特定单位的管理使用，政府投资建设与维护公共基础设施的目的在于为社会生产和满足人们的基本需求、实现可持续发展提供共同条件和公共服务。①

我们分解每一项要素的定义，就能发现不同的要素具有各不相同的特点。例如，资产的定义是“特定主体基于已发生的交易或事项而形成的可能的未来经济利益，它为主体所取得或主体能加以控制”。从这个定义可以分解出资产的三个重要的特性：第一，它是可能的、未来的经济利益；第二，该经济利益已为会计主体所取得或予以控制；第三，会计主体所取得或已能控制的可能的未来经济利益是过去的交易、事项已发生的结果。这样，会计人员对这三个特征就不再感到抽象，可当作辨认某一项目是否属于资产的本质标准。

（二）服务潜力实现或者经济利益流入会计主体的可能性

这里“可能”一词意味着不确定性的存在，这是无可非议的，但在市场不确定性日益增大的今天，使用“可能”“很可能”“极可能”之类的词不足以表达风险的存在，很难明确地予以界定。对此，《公共基础设施准则》提出风险和报酬分析法，也就是以相关项目上的风险和报酬是否实质转移作为确认的标准。

为此，《公共基础设施准则》规范公共基础设施的确认应当同时满足两项条件，其中一条就是与该公共基础设施相关的服务潜力很可能实现或者经济利益很可能流入政府会计主体。

（三）公共基础设施的可计量性

某一会计对象能否计量也是会计确认的一项标准。这里需要考虑两方面的问

① 邵瑞庆：《〈公共基础设施准则〉实施中的若干问题探讨》，《财务与会计》，2018 年 1 月。

题：其一，计量的基础有成本和价值两种。虽然在论述时同时提及了价值和成本，但事实上，现行财务会计基本上是排斥价值计量的。因此，所谓可靠计量，实际上是指有可靠的历史成本。传统的计量是以历史成本为主要计量属性，其优点在于可靠性强。其二，货币是会计上的主要尺度，但并不是唯一的尺度。货币计量的基本会计假设实际上把会计的对象限定在经济活动中能以货币表现的方面，这也就同时规定了会计确认的一个基本条件——应予以确认的经济业务必须能够用货币定量。这就是说，如果经济信息或加工的会计信息不具备可用货币定量的特征，就不能在会计中予以确认。但对于不能以货币来计量的会计事项，也可以采用非货币单位进行计量。

为此，政府会计《公共基础设施准则》规范公共基础设施应当予以确认同时满足的另一个条件，就是该公共基础设施的成本或者价值能够可靠地计量。

第三节　公共基础设施的计量问题研究

一、初始计量

公共基础设施目前分为四大类，即市政基础设施、交通基础设施、水利基础设施和其他公共基础设施。根据来源渠道，公共基础设施主要分为自行建造、无偿调入、接受捐赠、外购四种类型。关于公共基础设施的初始计量，可从以下方面认识。

（一）公共基础设施成本组成

由于资产获得的来源不同，相应地在初始确认的时候，公共基础设施成本的组成部分就各不相同。就每种取得方式来讲，其成本的组成内容与其他非流动资产基本相同。

1. 外购的公共基础设施：成本是买价、税、相关费用之和。

2. 接受捐赠的公共基础设施：成本按照三个层次来确定，分别是凭据金额、评估价值和市场价值。

3. 无偿调入的公共基础设施：初始计量成本按照调出方的账面价值加上相关费用来确定。

4. 在原基础上改扩建的公共基础设施：初始计量成本按照公共基础设施的

原账面价值，加上改建、扩建、修缮发生的支出，减去被替换部分的账面价值来确定。①

5. 对于应当确认为公共基础设施但已经确认为固定资产、存货或其他资产类别的资产，政府会计主体应当在准则首次执行日按该资产账面价值重分类为公共基础设施；对于应当确认但尚未入账的存量公共基础设施（或政府储备物资），政府会计主体应当在准则首次执行日按照历史成本——评估价值——重置成本三个层次依次判断确定其初始入账成本。

（二）计量方法

公共基础设施的计量采用历史成本法比较合理。虽然有些公共基础设施能够为政府带来稳定的收益，但公共基础设施不存在相关的活跃市场，因此很难利用市场价值可靠地计量，应该按照成本法计量公共基础设施资产。其原因有二：

第一，公允价值虽能很好地反映当前这个时点公共基础设施的价值，但是不符合该方法的适用条件。公允价值法是熟悉市场情况的买卖双方在公平交易的条件下和自愿的情况下所确定的价格，而公共基础设施既没有买卖双方，其产权明确归国家所有，不在公开活跃的市场进行交易。

第二，公共基础设施作为国家的一项重要资产，其可靠性必须要保证，历史成本法可以依据可靠的历史凭证进行计量，保障了国家资产的合法合理性。②

（三）公共基础设施成本与土地使用权

在《公共基础设施准则》中，要求将土地使用权和构筑物部分分别确认为公共基础设施；不能分清时，应当整体确认为公共基础设施。这样做有一定的合理性，获得土地使用权的成本可能占据一项公共基础设施成本的一大部分，一同核算方便对基础设施资产的总体评估与管理。但是，根据城市用地分类与规划建设用地标准（GB50137－2011），城乡用地区分为不同的类别，常用的用地性质实际上是指其中一小类——H11 城市建设用地的性质分类。城市建设用地中，涉及公共基础设施的有公共管理与公共服务设施用地、道路与交通设施用地、公用

① 赵青：《浅析〈政府会计准则第5号——公共基础设施〉》，《财会通讯》，2017年第31期。

② 梅元清，孙晓萌：《政府会计改革中公共基础设施核算的难点及解决路径》，《财会月刊》，2017年6月刊。

设施用地、绿地与广场用地。该类土地使用权的年限虽然都为 50 年，但是每项公共基础设施资产本身的使用寿命不可能都为 50 年，那么折旧的年限应该以何为准？若合并在一起计量，在土地使用权到期或者公共基础设施自身使用寿命结束时，基础设施整体又当如何计量？

我们认为将土地使用权计入无形资产核算、将构筑物部分计入公共基础设施核算比较合理。《公共基础设施准则》第十六条明确表示单独计价入账的土地使用权不计提折旧。由于企业会计准则中将土地使用权的取得计入无形资产，那么从企业无偿调拨（PPP 模式）或购入公共基础设施资产时，政府会计主体也方便与企业会计准则对接。另外，分开核算也有利于折旧年限的确定，在土地使用权到期时，便于重新缴纳土地出让金以续期。

（四）政府融资模式

目前国内涉及政府占有并维护的公共基础设施项目的融资模式主要有 BOT（建设—运营—移交）、PPP（政府和社会资本合作）、BT（建设—移交）等。在这些模式下，基础设施资产经营权属于企业，但即使在特许经营权限内，其所有权仍属于政府。以 BOT 为例，企业（承建基础设施项目的公司）代政府为基础设施项目融资和建设，并因此获得特定期限的服务收益权且会收到政府的偿付款。政府处理偿付款时经常按照一般拨款核算，但是此时政府应该注意对基础设施资产进行验收并以其成本入账。如果政府的偿付款在建造期间就已经划拨，应该将未建成的基础设施资产计入“在建基础设施”账目下，在建成验收合格后转入“基础设施”科目。①

二、公共基础设施后续计量——后续支出

公共基础设施发生的后续支出，应按其用途与性质进行资本化或者费用化处理。需要解决的问题主要是，后续支出在什么情况下应当资本化，在什么情况下应当费用化。

公共基础设施投入使用后，为维护或提高公共基础设施的使用效能，往往需要对现有公共基础设施进行维护、改建、扩建或者改良等后续活动，发生改建、

① 荆新，何淼：《政府公共基础设施会计计量与报告研究》，《会计与经济研究》，2015 年 4 月。

扩建、大型修缮与日常维护等四类支出。经过一系列后续活动，使公共基础设施更加坚固耐用，延长了公共基础设施的使用寿命，提高了其运营能力。对此，有些观点认为，如果后续支出增强了公共基础设施获取未来经济利益或服务能力和潜力，提高其性能（如延长了公共基础设施的使用寿命、提高其服务质量），使可能流入的经济利益超过了原先的估计，此时，应将后续支出予以资本化。但这些仅仅是表象，根据《国际公共部门会计准则第 17 号——不动产、房舍和设备》第十四段规定，不动产、房舍和设备（含公共基础设施）只有满足以下条件时才能确认为一项资产：①与该资产有关的未来经济利益或服务潜能很可能流入主体；②该资产的成本或公允价值能够可靠的计量。可见，后续支出资本化的标准并非上述后续支出对公共基础设施产生影响的结果，而是分析该支出是否符合公共基础设施的确认标准。根据《国际公共部门会计准则第 17 号——不动产、房舍和设备》第二十三段的规定，主体不应将不动产、房舍和设备的日常维护费用计入其账面金额，这些费用应在发生时计入盈余或赤字。日常维护费用主要是人工成本和耗用的消耗品，可能包括零件成本，这些支出的目的通常被称为不动产、房舍和设备的“修理与维护”；此外，某些不动产、房舍和设备项目的组成部分需要定期更换（例如，一条道路可能每隔几年需要整修路面），更换部件时所发生的支出如能满足第十四段规定的确认标准，就应计入该项不动产、房舍和设备的账面金额。被替换部分的账面金额应根据终止确认条款予以终止确认。

我国为保障公共基础设施的正常运转，每年政府都会安排较大规模的城市建设维护支出。《公共基础设施准则》第九条规定：“通常情况下，为增加公共基础设施使用效能或延长其使用年限而发生的改建、扩建等后续支出，应当计入公共基础设施成本；为维护公共基础设施的正常使用而发生的日常维修、养护等后续支出，应当计入当期费用。”按照上述规定，一些大型的维修维护项目能延长基础设施使用年限和提高使用效能，属“资本化”支出，应增加公共基础设施的账面价值。[①]

三、公共基础设施后续计量——公共基础设施折旧或摊销问题

公共基础设施后续计量涉及以下几个问题：①计提折旧范围：②预计使用寿

① 万昱原：《加强公共基础设施资产管理的思考》，《行政事业资产与财务》，2019 年 3 月。

命；③采用何种方法计提折旧或摊销。

（一）计提公共基础设施折旧的范围

公共基础设施是否应当计提折旧或摊销？有观点认为，公共基础设施不存在折旧问题，因为这些资产的经济利益要在很长一段时间内才能实现[①]；有观点认为，公共基础设施主要供社会公众使用，其折旧或摊销费用不应分摊到核算主体中，因此，对于核算主体而言没有计提折旧或摊销的必要；有观点认为，公共基础设施使用年限一般不能合理确定，计提折旧或摊销的难度较大；还有观点认为，公共基础设施与固定资产非常相似，计提折旧或摊销有利于准确核算政府运行费用，监督和考核政府绩效。[②]

根据公共基础设施的特点，很多基础设施没有使用年限（例如公园用地），抑或使用年限非常长（如大坝、海堤），对这些基础设施资产的折旧没有实际意义。但根据公共管理需要以及公共基础设施自然属性，对大多数公共基础设施计提折旧或摊销是具有意义的。

首先，公共基础设施与政府会计主体运营中使用的固定资产一样，使用损耗、自然损耗和无形损耗客观存在，因而也应计提折旧。

其次，计提折旧能够如实反映公共基础设施的原值、净值及损耗价值，借以了解其新旧程度，有助于有关部门和社会公众监督基础设施资产的使用年限，提升其（更新、维护、置换、处置等）管理水平，同时也为其业绩评价提供依据。

如果公路和航道都不计提折旧，在资产负债表上，就会出现大量交通公共基础设施长期挂账的情况，无法反映交通公共基础设施的损耗程度与各级政府会计主体责任的履行情况，而且也不利于对各级交通公共基础设施确认主体的绩效考核。

因此，《公共基础设施准则》在制定基础设施资产的后续计量原则时，应区分可折旧资产与不可折旧资产，并按照不同类型对可折旧资产的折旧年限进行具体的规定。经政府会计主体持续进行良好的维护，其性能得到永久维持的公共基础设施和单独计价入账的土地使用权不需计提折旧。

---

① 楼继伟：《政府预算与会计的未来——权责发生制改革纵览与探索》，中国财政经济出版社 2002 年 1 月版。

② 柴勇：《〈政府会计准则第 5 号公共基础设施〉解析》，《新会计》，2017 年 7 期。

线状网络型公共基础设施具有长久使用、通过局部更新维持整体运行的特征。《公共基础设施准则》针对具有这种特征的公共基础设施，规定在保持其性能永久维持的前提下不计提折旧。这就意味着，对符合这种特征的公共基础设施资产，在不改变其使用功能前提下，账面价值保持其历史成本不变，维持设施性能的局部更新支出都计入当期费用而不是计入设施账面成本。这种资产计量方法是针对公共基础设施特点而采用的一种创新的资本性资产后续计量方法。

（二）预计使用寿命

确定对公共基础设施计提折旧，预计使用寿命如何确定？资产的使用寿命根据其对主体的预期效用定义。主体的资产管理政策可能涉及特定期间以后或资产所含一定比例的未来经济利益或服务潜能被消耗后对资产的处置。因此，资产的使用寿命可能比其经济寿命短。对一项资产使用寿命的估计，可以根据主体使用类似资产的经验予以判断。

一般情况下，公共基础设施性质不同、使用方式各异，其使用寿命有所不同。如果统一规定公共基础设施的使用寿命，难免过于主观，不切实际。《国际公共部门会计准则》等政府会计规范基本上都没有明确公共基础设施的使用寿命，只是给出一些预计公共基础设施使用寿命需要考虑的因素。具体到某一公共基础设施的预计使用寿命，政府会计主体应在考虑各种因素的基础上，结合不同公共基础设施的性质、消耗方式、所处环境等因素做出判断。在相同环境条件下，对于同样的公共基础设施，预计使用寿命应具有相同的预期。

基于以上分析，《公共基础设施准则》规定，政府会计主体应当根据公共基础设施的性质和使用情况，合理确定公共基础设施的折旧年限。确定公共基础设施折旧年限，应当考虑设计使用年限或设计基准期、预计实现服务潜力或提供经济利益的期限、预计有形损耗和无形损耗、法律或者类似规定对资产使用的限制等因素。

确定基础设施资产的折旧是复杂的，因为它们由许多使得整个网络系统能够运转的独立组成部分构成。在实际管理中，有必要将这些组成资产进行分组，以方便财务报告和管理。这样，“使用寿命”的概念变得更加难以应用到分组资产。如果使用寿命很长且整个系统很庞大，那么任何单个占主导地位的“使用寿命”或折旧很可能不适用于系统整体，也可能不适用于某些重要的分组资产。

实务中，基础设施资产的财务报告多种多样。目前在基础设施资产的会计方法方面还没有达成共识，各个地区都形成了自己的会计方法来对基础设施资产进行账务处理和计价，可以选用的会计方法包括完全折旧会计、更新会计和实况折旧法。

有些报表编制者认为，由于基础设施资产的使用寿命很长或无法确定，实况折旧法更适合此类资产。资产较长的使用寿命通常意味着（比起使用寿命较短的资产），某些因素对基础设施资产状况进而对价值有着更大的影响。例如，以下因素长期内可能影响道路状况进而影响其剩余服务潜力：①道路建造时使用的原始资产（如原材料的质量、方法和技术）；②磨损（如交通拥挤程度的变化、对服务潜力产生重大影响的道路运营或建造的环境）；③易起反应的土壤、极端的气候等；④对资产的维护（资产维护的规律性和连贯性达到最佳水平，将对道路的寿命或其服务潜力的下降产生重大影响）。①

（三）折旧或摊销方法

公共基础设施的重要性，不仅取决于它是政府会计主体运营活动的物质基础，更为重要的是，其计价及摊销对政府会计主体期间收益的确定及财务状况的反映会产生重要的影响。

《国际公共部门会计准则第 17 号——不动产、房舍和设备》指出，有多种折旧方法可以用于在资产的使用寿命内系统地分摊其应折旧金额，这些方法包括直线法、余额递减法和工作量法。尽管这些折旧方法的理论依据各异，各种方法的规则也不相同，但是从它们的摊配模式来看，可归纳为两大类型：一种是资产在长期“服役”中平均摊配其价值，另一种是非平均摊配其价值。后一类型又可区分为在资产使用期间，其折旧总额有规则地递减和有规则地递增两种不均匀的摊配。

资产折旧方法根据未来经济利益或服务潜能的预期实现方式进行选择。主体前后各期所采用的折旧方法应该一致，除非该资产所含未来经济利益或服务潜能的预期消耗方式发生了变化。由于在现阶段的技术条件下，交通公共基础设施的损耗程度和流量等很难测算，因此，建议采用年限平均法计提折旧。依据相关制度规定（如根据国家港口法规定），港口应按照年限法计提折旧。

《公共基础设施准则》明确，政府会计主体一般应当采用年限平均法或者工

---

① 楼继伟：《政府预算与会计的未来——权责发生制改革纵览与探索》，中国财政经济出版社 2002 年版，第 190 页。

作量法计提公共基础设施折旧。折旧方法一经确定，不得随意变更。公共基础设施应计提的折旧总额为其成本，计提公共基础设施折旧时不考虑预计净残值。公共基础设施应当按月计提折旧，并计入当期费用。当月增加的公共基础设施，当月开始计提折旧；当月减少的公共基础设施，当月不再计提折旧。

（四）实提折旧问题

《固定资产准则》和《公共基础设施准则》，确立了固定资产与公共基础设施“实提”折旧的核算原则，每个月计提的折旧额计入当期费用。折旧费用是典型的非付现成本，固定资产与公共基础设施由以前的“虚提”折旧转变为“实提”折旧，体现了政府会计权责发生制的核算基础。①

政府会计准则发布之前的会计制度规定，行政事业单位按照确定的折旧金额，在计提折旧时冲减相关净资产，而非计入当期费用。这种“虚提”折旧的会计处理方法达到了行政单位预算管理和财务管理的双重要求，既反映了行政单位支出的预算口径，也有利于准确计量公共基础设施随着时间的推移和使用程度发生的价值消耗情况。但是这种“虚提”折旧的会计处理方法在实务中暴露出重要缺陷，就是折旧并没有费用化或资本化，导致不能准确进行单位内部成本核算。政府会计准则对政府会计主体公共基础设施折旧做出统一规定，即借鉴企业会计的做法，要求公共基础设施应当按月计提折旧，并根据用途计入当期费用。相比“虚提”折旧而言，这种“实提”折旧的会计处理方法能够更加真实地反映公共基础设施的价值，有利于加强单位内部成本费用管理和资产管理，为编制权责发生制政府综合财务报告和分析计算单位行政成本提供了数据参考。②

第四节　公共基础设施的信息披露

由于财务报表固定的格式、项目和填列方法固有的局限性，使得表内信息并不能完整地反映一个政府会计主体公共基础设施的全貌。会计信息披露的目的是

---

① 苏子：《固定资产与公共基础设施核算辨析——基于政府会计准则的视角》，《厦门广播电视大学学报》，2018 年第 21 卷第 1 期，第 20～24，49 页。

② 赵青：《浅析〈政府会计准则第 5 号——公共基础设施〉》，《财会通讯》，2017 年第 31 期，第 108～109 页。

向信息使用者提供与其决策有用的信息，同时又考虑信息披露的成本效益原则。

凡是对财务信息使用者有用的信息而又无法在财务报表内进行确认的，都应当在表外进行披露。表外信息可弥补表内信息的局限性，使表内信息更容易理解，更加相关，是提高财务报告总体水平和层次、突出重要财务会计信息、提升报告信息质量的一个重要环节。

一、公共基础设施披露方式

目前来看，政府公共基础设施资产可以按种类和按政府部门两种分类方法进行分类披露。楼继伟等（2002）认为，可以将基础设施系统看作单个资产或是一组资产进行计量。公共基础设施的投资一般按照项目进行核算运作，因此在确认计量和披露时也应该以项目（资产组）为单位进行，既有利于确认和计量，又保留了公共基础设施资产会计信息的完整性和有用性，有利于政府的监管。

二、公共基础设施披露的内容

根据帕劳特（1997）、沃克等（2000）、克里斯蒂安（2004）的研究，国际上公共基础设施报告对资产管理计划和公共基础设施的维护合同承诺进行补充信息披露。如果政府主体已经就公共基础设施的维护与外部组织签订了合同，这将是一种财务承诺。披露这种合同承诺也有助于辨认政府在基础设施的维护、修理或升级等方面通过合同外包的形式所采取的措施。

政府应当通过表外披露的方式，更广泛地报告公共基础设施的实物、功能、使用、维修或升级状况。一般而言，公共基础设施的管养单位对实物情况等进行了较完整、清晰的统计，新的公共基础设施一般都有交接清单或标有造价等。恰当地披露公共基础设施的实物情况等，有利于利益相关者通过非财务信息了解公共基础设施的受托管理情况，提升透明度。①

我国《公共基础设施准则》要求，政府会计主体应当在附注中披露与公共基础设施有关的下列信息：

第一，公共基础设施的折旧问题。

披露与公共基础设施有关的折旧信息，包括：公共基础设施的分类和折旧方

① 张国清，白澎：《公共产权导向的政府资产分类管理与财务报告问题研究》，《会计与经济研究》，2017 年第 31 卷第 2 期。

法；各类公共基础设施的折旧年限及其确定依据；各类公共基础设施账面余额、累计折旧额（或摊销额）、账面价值的期初、期末数及其本期变动情况；已提足折旧继续使用的公共基础设施的名称、数量等情况。

第二，暂估入账的公共基础设施账面价值变动情况，无偿调入、接受捐赠的公共基础设施名称、数量等情况。

根据本准则的信息披露要求，对于应当确认但尚未入账的存量公共基础设施，政府会计主体应当在本准则首次执行日按照以下原则确定其初始入账成本：可以取得相关原始凭据的，其成本按照有关原始凭据注明的金额减去应计提的累计折旧后的金额确定；没有相关凭据可供取得，但按规定经过资产评估的，其成本按照评估价值确定；没有相关凭据可供取得、也未经资产评估的，其成本按照重置成本确定。

第三，公共基础设施处置问题，即公共基础设施对外捐赠、无偿调出、报废、重大毁损等处置情况。

第四，各类公共基础设施的实物量。

第五，公共基础设施在建工程的期初、期末金额及其增减变动情况。

第六，确认为公共基础设施的单独计价入账的土地使用权的账面余额、累计摊销额及其变动情况。

第七，公共基础设施年度维护费用和其他后续支出情况。

三、公共基础设施信息披露的借鉴

国际上公共基础设施的会计处理和报告方法主要包括①：①为重大的定期维护计提储备。除了每年提取折旧以反映持续运营所导致服务潜能的损失，通过为重大的定期维护计提储备，就可以报告这种预期的重大维护支出。②为递延维护计提储备。除了每年提取折旧费用以外，通过为递延维护计提储备，就能够报告递延支出。③更新会计。为了使得资产得到无限期的维护，用更新准备代替折旧费用，其金额等于在合理的计划期内使得固定资产达到既定的服务标准并在这个标准下进行维护所需要的更新支出现值。④用现行成本会计进行资产估价。⑤用优化的剥夺价值进行资产估价。根据这种方法，如果一个主体在报告日被剥夺了

① 张曾莲：《政府会计专题》，清华大学出版社，2015 年 8 月。

资产所提供的服务潜能或未来的经济利益，预期将发生的损失就是该资产的估价金额。⑥用“基于状况的折旧”进行资产估价。它是基于公式计算折旧方法的一种替代，涉及直接观察公共基础设施的耗用状况。⑦关于资产管理计划的补充信息披露。⑧关于公共基础设施的维护合同承诺的补充信息披露。针对维修、维护或升级公共基础设施所需耗费的资金，主要的会计与报告方法包括某种形式的资产负债表内“确认”、非确认以及补充披露。

在不少国家和地区，政府会计报告中除了披露固定资产、土地等非流动资产的会计信息外，还披露有关资产的非会计信息，有助于提高会计信息质量，以促进和完善资产的管理。

我国政府拥有或控制的公共基础设施资产数量庞大、种类繁多，在权责发生制政府会计改革中，摸清该类资产会有巨大的工作量。我们建议，对于政府公共基础设施资产，应建立资产保管制度或受托制度，并发布资产保管报表或受托报表。这种做法使得政府综合财务报表中关于政府公共基础设施资产的内容由“财务状况”扩展至更具前瞻性的“财务环境信息”，充分披露公共基础设施资产的有关信息[①]。

---

① 荆新，何淼：《政府公共基础设施会计计量与报告研究》，《会计与经济研究》，2015 年 4 月，第 10－17 页。

第六章
政府储备物资准则

政府储备物资是政府资产的重要组成部分，主要包括战略及能源物资、抢险抗灾救灾物资、农产品、医药物资和其他重要商品物资。这些物资对于保障国家安全、服务国计民生具有重要意义。长期以来，由于我国政府会计规范建设的滞后，政府会计主体持有的巨额政府储备物资在政府会计主体资产负债表中未得到科学、完整地反映。2017 年 7 月，财政部印发了《政府会计准则第 6 号——政府储备物资》，该准则通过对政府储备物资确认、计量和披露等内容的规范，有效地解决了目前政府储备物资存在的价值量核算弱化、核算不全面、未在相关主体财务报表中合理、恰当反映等问题。

《政府会计准则第 6 号——政府储备物资》（以下简称《政府储备物资准则》）共六章 25 条，自 2018 年 1 月 1 日起施行，内容包括：

第一章阐述了《政府储备物资准则》的目的，政府储备物资的概念、内容和特征，以及本准则的适用范围。

第二章政府储备物资的确认。本章规定了政府储备物资应当由按规定对其负有管理维护职责的政府会计主体予以确认，同时，制定了政府储备物资确认的基本条件和具体标准；规定了政府储备物资的确认主体、确认条件和后续特殊维护支出的资本化处理。

第三章政府储备物资的初始计量，明确了其初始计量的标准，即政府储备物资在取得时应当按照成本进行初始计量。

第四章政府储备物资的后续计量，主要规定了政府储备物资发出的计价，以及不同情形发出储备物资和储备物资报废、盘亏、销售、轮换等情形的会计处理要求。

第五章政府储备物资的披露，主要规定了政府会计主体应当在财务报表附注中披露的与政府储备物资有关的信息。

第六章附则，主要规定本准则的生效时间。

《政府储备物资准则》框架结构如图 6－1 所示：

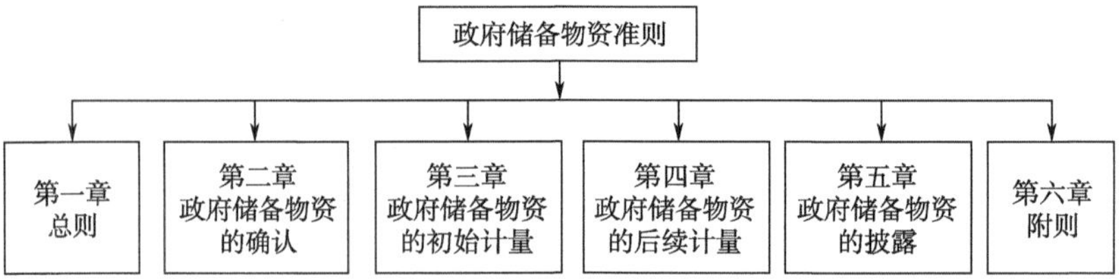

图 6－1　《政府储备物资准则》框架

第一节　政府储备物资界定及内容的研究

一、储备和政府储备物资的内涵

（一）储备

所谓储备，通俗地说，就是储存起来，以备需要的时候可以使用。在辞海中，“储”有“积蓄”之意，“备”有“预备、准备、防备”之意，“储备”即“储存以备使用”。按照《现代汉语词典》的解释，“储备”是指（金钱、物资等）储存起来准备必要时使用。

储备的基本层面大致分为两层：民之储备和国之储备，就是说根据储备主体的不同，储备有民间储备和政府储备之分。民间储备也可称为用户储备，是指由单位组织和消费者进行的储备，如企业为维持生产进行的原材料储备即库存。政府储备也叫国家储备，是由政府投资建立、维护，并直接掌控的物资储备。人类的储备系统发展到现在越来越完善。

根据储备对象的不同①，储备的对象可以是实物资产，也可以是金融资产；可以是有形资产，也可以是无形资产；可以是固定资产，也可以是流动资产。储备按照对象可分为资源储备、资产储备、资本储备。资产储备包括石油储备、物资储备等生产资料储备和粮食储备等重要生活资料的储备。资本储备主要包括黄金储备和外汇储备。资源储备包括土地资源储备和矿产资源储备。

储存的目的是“必要时”使用，“必要时”可能是某主体经济状况捉襟见肘，可能是遇到突发事件或自然灾害，也能是遇到外来侵袭。

（二）政府储备及动因分析

1. 政府储备的内涵。政府储备也叫国家储备，是相对于民间储备的一个概念。它是指政府为实现特定政策目标而蓄积和控制战略性物资资源、能力等的策略和行为。

政府储备的内涵主要体现在四个方面：①储备的主体是国家，利用公共财政

① 范力：《国家实物储备调控机制分析》，中国社会科学院研究生院博士论文，2002 年 4 月 1 日。

建立，政府统一掌管；②储备的本体物资是战略性的，是有严格选择和限定的；③储备提供的是国家公共产品，是公益性的、非营利性的；④储备规模的大小与国家应对风险的决心和战略目标有关。①

2. 政府储备的动因。图之于未萌，虑之于未有。导致国家储备干预产生的直接因素主要有自然灾害、战争和经济危机等。

（1）自然灾害。② 众所周知，中国是世界上自然灾害最为严重的国家之一，发生的灾害类型多、频度高。地震、火山活动、滑坡、洪水、飓风和酸雨等灾害使生态环境、地质环境等受到破坏，给人民群众的生命及财产安全带来了巨大危害，对经济发展造成了一定影响。应对这些灾害，需要有足够数量的应急物资保障。

联合国《2015—2030 年仙台降低灾害风险框架》、我国十二五与十三五《国家综合防灾减灾规划》都要求人们加强收集、分析、管理和使用有关灾情数据和实用信息，确保各类用户有机会获得和利用灾害预警系统以及灾害风险信息。同时，针对自然灾害、事故灾难等突发事件的频繁发生，对突发事件的有效应对需要一定的应急物资储备（如生活类物品、救生类物品、医用物品、取暖御寒类物品等），合理的储备模式及储备量能够在保障突发事件应对能力的基础上，提高资源利用效率，降低应急物资储备成本。

（2）战争。局部战争需要消耗大量的社会资源，同时也推动国家储备对市场的干预。在国家安全受到威胁、处于战争状态的时候，等待市场的力量自觉提供支持往往是低效率的，而且极不可靠。因饱受战争之苦，第二次世界大战后，多数大国着手建立或加强国防储备。现代战争较量结果取决于国家对资源的控制力，从战争准备的角度来看，进行重要物资的国家储备，确保战时能够持续、稳定地供应，不因战争而中断，是争取战争胜利的一个必不可少的条件。因此，政府通过增强国家战略储备、加强国防建设等保卫力量应对战争的威胁。

（3）经济危机。③ 市场经济是资源分配的有效机制，但经济自发的扩张和收缩所引起的周期性波动难以避免，如果波动过于剧烈，将会对经济造成严重破坏，甚至引发经济危机。经济危机加速了国家储备对市场的干预。如果说战争是

---

① 姜在君：《国家物资储备管理理论与方法研究》，武汉理工大学博士论文，2007 年 10 月 1 日。

② 吴吉东：《经济学视角的自然灾害损失评估理论与方法评述》，《自然灾害学报》，2018 年 6 月 15 日。

③ 郑俊峰：《开放经济下国家物资储备调控机制研究》，厦门大学博士论文，2009 年。

作为市场外的因素推动国家储备介入市场的话，那么经济危机则是作为市场内在的因素将国家储备的职能进一步扩大了。

（三）政府储备的分类

1. 政府储备一般分类。政府储备不是一般的经济性储备，而是一种战略性特种储备，当国家处于紧急状态时，用以减少或避免对国外供货来源的依赖和经济的巨大损失。① 储备通常情况下由政府会计主体委托承储单位存储。

政府储备可以按不同的标准进行分类。

（1）按照储备功能的不同，政府储备分为战略储备和市场调控储备。前者是国家为了应对意外的冲击而准备的物资储备，后者是政府为了平衡社会供给与需求之间的关系，以稳定物价、保持经济增长形成的必要储备。

（2）按照储备对象的不同，政府储备分为实物资产储备和金融资产储备。前者即狭义的政府储备，如石油储备、粮食储备和其他重要战略物资储备，统称为物资储备。后者主要包括黄金储备和外汇储备。

（3）按照储备内容和形式的不同，政府储备分为资源储备和产品储备。资源储备是指未开采出来但已经探明的地下可采资源量的储备，随着经济全球化的变化，通过一定方式获得矿山或矿业公司股权、股份，拥有一定量的矿产资源，被认为是资源储备的新形式。一般而言，资源储备属于国家战略储备的一部分，是国家长远资源安全的一种保障措施。产品储备相对于资源储备，是指已经开采出的矿产品或成品、半成品的储备。产品储备是最主要、最直接、最传统的储备形式，它便于操作，易于实现储备的目的和职能作用。

（4）按照储备管理权限和资金来源不同，政府储备分为中央储备和地方储备。② 中央储备是国家职能的体现，由中央财政资金直接支付，或采取银行贷款财政贴息的方式予以支持，主要用以调控和保障全国性市场供给。地方储备则是地方政府为保证本地区经济安全和市场稳定，依据本地实际有针对性进行的物资储备，由地方财政予以支出或贴息。目前中央储备主要涉及的品种有战略物资、粮食、化肥、棉花、食糖、食盐、羊毛、边销茶、肉类、医药、救灾物资、防汛物资等，地方储备则各有侧重，如各地的粮食储备、广西的食糖储备、新疆的棉

---

① 周爱国：《美国战略物资储备及其对我们的启示》，《中国物资》，1993 年 8 月 29 日。

② 郑俊峰：《开放经济下国家物资储备调控机制研究》，厦门大学博士论文，2009 年。

花储备等。

（5）依照储备物资在国民经济中地位的不同，政府储备产品分为战略性物资储备、一般性物资储备、特别商品储备和应急物资储备。国家战略性物资储备关系国家安全、社会稳定，其储备布局需从国家战略高度进行考量，粮食、能源当属首位，棉花、矿产资源、医药次之。国家一般性物资储备相对而言多为全国性、全局性商品储备，其供求及市场价格水平与民众生活息息相关，食用油、化肥等即可划归此列。国家特别商品储备主要是指对国内部分人口（特别是少数民族地区人民）的生产生活至关重要的物资种类进行储备，关系民族团结、社会稳定，对国家整体经济运行影响较弱，如边销茶、羊毛等。国家应急物资储备主要针对突发严重自然灾害，为尽可能迅速恢复生产、平抑市场而进行的储备，涉及化肥、猪肉等。

2. 我国的政府储备物资。根据国家发改委、财政部联合发布的从 2015 年 6 月 1 日起开始施行的《国家物资储备管理规定》，国家储备物资就是指“由中央政府储备和掌握的，国家安全和发展战略所需的关键性矿产品、原材料、成品油以及具有特殊用途的其他物资”。实际上就是“国家财政资金的实物形态，所有权属于国家，任何组织和个人不得以任何方式侵占、破坏和挪用”。

政府储备物资包括战略及能源物资、抢险抗灾救灾物资、农产品、医药物资和其他重要商品物资。

表 6－1　各类政府储备物资界定与作用

种类	粮食储备	国家石油储备	国家物资储备	国家黄金储备	国家外汇储备
界定	粮食离开生产领域进入消费领域的停留	在已采出的石油资源中，除供日常生产与生活需要外，还需要储存一部分以备不时之需	除粮食储备、石油储备外，国家有目的、有计划地积累其他各种原材料、燃料及设备等战略后备力量	一国具有无限权威性的储备资产，也是一国国际储备资产的重要组成部分	一国官方持有的备用于国际支付和维持汇率的外汇资产，是各国所持有的对外流动性资产，包括外币、以外币表示的信用工具（或金融工具）、有价证券等

续表

种类	粮食储备	国家石油储备	国家物资储备	国家黄金储备	国家外汇储备
主要作用	调节粮食年度间、地区间的余缺，平抑粮食市场价格，缓解粮食市场的供求矛盾，确保国家粮食安全	避免因突发事件引起石油供应中断和价格的剧烈波动，以及对国家政治、经济和社会造成重大冲击	为了应付战争和其他意外情况，保障国民经济正常运行和国防需求	稳定国民经济、抑制通货膨胀、提高国际资信等	清偿国际收支逆差，以及当本国货币被大量抛售时，利用外汇储备买入本国货币，干预外汇市场，以维持该国货币的汇率

“储而备用”是各种形式的物资储备的共同性目的。[①] 第二次世界大战后，随着社会生产力发展，战略性资源需求与资源供给之间矛盾突出，世界各国从自身国家安全的角度出发，越来越重视物资储备的重要作用，特别是对国内资源短缺、必须依赖进口的重要战略物资，大都结合本国特点建立了自己的国家物资储备体系，形成了大量的储备。这些物资储备都是由国家直接掌握的物质后备力量，准备应付战争、自然灾害、经济发展等方面突发性危机的需要，以保证国家安全和社会经济稳定发展。

二、政府储备物资概念的进一步探析

《政府储备物资准则》第二条指出：政府储备物资，是指政府会计主体为满足实施国家安全与发展战略、进行抗灾救灾、应对公共突发事件等特定公共需求而控制的，同时具有下列特征的有形资产：①在应对可能发生的特定事件或情形时动用；②其购入、存储保管、更新（轮换）、动用等由政府及相关部门发布的专门管理制度规范。

（一）特定公共需求与政府储备物资

人类社会是由每一个的个人组成的有机统一体。人类发展过程中的需求和需要一定程度上表现为私（个）人需求和公共需求两大类型。

一般而言，公共需求是指社会成员共有的、可被整体满足的需求。由国家公

① 范力：《国家实物储备调控机制分析》，中国社会科学院研究生院博士论文，2002 年。

共部门提供公共物品用于满足社会的公共需求，指满足社会公共利益的需要，诸如社会公共秩序的维护、防治水旱灾害、环境保护、国防建设等。可见，公共需求是全体社会成员在社会生产与生活中无差别共同性的需求。

私人需求是指社会成员间相互独立的、可被单独满足的个别需求，在一定时期和每一种给定的价格水平上消费者个人愿意并且能够购买的某种商品的数量。个别需求通常通过市场交换得到满足。随着经济国际化、新型工业化、城市化、社会转型和市场化进程的加快，许多个体需求逐渐转变为公共需求。①

相对于私人需求，公共需求具有以下特征：

1. 共同性。社会公共需求是全体社会成员在社会生产与生活中共同的需求，具有明显的共同性。这种公共需求并不是社会成员人人有份的个别需求的简单加总，而是在一定的社会经济条件下可以被整体满足的需要。

2. 无差别性。所谓无差别，也就是说所有社会成员对这种需求的满足不存在偏好差异，他们不会出于自身的偏好而对这种需求做出不同的选择。如国防，每一个社会成员都需要，但人们对国防的需求不存在偏好差异，不会出现你需要飞机我需要大炮的情况，因而国防就是公共需求。

3. 公益性。公共需求是可以由社会成员共同享受的需求，一位社会成员享用并不排斥其他社会成员同时享用。正是由于公益性的存在，公共需求的满足与所付代价之间存在不对称性。

4. 历史性。社会公共需求既是共同的，又是历史的。共同性表现为公共需求在任何社会形态下的国家中都是存在的，并不会因为国家社会形态的变更而消失。历史性则表现为公共需求的具体内容可以随着人类社会的发展而变化。

公共需求可分为基本公共需求和特定公共需求两类。其中，基本公共需求是社会公众在生产、生活和工作中共同的最基本的需求。基本公共需求是每个社会成员可以无差别地共同享用的需求，社会成员无须付出任何代价（或仅支付不对等的少许费用）。②

---

① 容志：《规范与表达：公共服务需求的分析框架及其政策意涵》，《管理世界》，2017 年第 10 期，第 182 ~ 183 页。

② 夏超，张资华：《基本公共需求的界定》，《当代经济》，2009 年 2 月 25 日。

（二）储备物资是政府会计主体可控的物资

“可控”即可以控制的简称。“控制”是经济资源与主体之间的连接。[①] 控制是政府会计主体实现持有储备物资目的的一种方式。通常，如果主体拥有现实能力主导一项经济资源的使用且可能获得该经济资源带来的经济利益，主体即控制了该经济资源。控制包括阻止其他方主导经济资源使用、阻止其他方获得经济资源带来的经济利益的现实能力。换言之，如果一方控制了一项经济资源，那就没有其他方能控制该资源。

政府会计主体对储备物资的控制表现为政府会计主体必须在报告日拥有对资源的控制权。[②] 对资源的控制权包括主体能够使用资产所产生的各项利益，包括服务潜能或经济利益，以及资源产生的现金流；或主体能够在资源所产生利益的使用性质和方式上指导其他方。政府会计主体对储备物资的控制来自行使法律权利的能力。在评估主体是否控制一项资源时，应当评估是否存在下列控制迹象：法定所有权；能够使用资源，或者反过来说，能够拒绝或限制对资源的使用；有措施确保资源的使用是为了实现主体的目标；对资源产生的服务潜能和经济利益有可强制执行的权利。

（三）政府储备物资是有形资产

政府会计主体的资产按其是否具有实物形态分为有形资产和无形资产。政府储备物资是有形资产。有形资产应该有物质形式，具有可触性和可视性，如可以触摸并看到，像房屋、建筑物、机器设备、运输工具、工具和器具、存货等，不包括专利权、商标权等无形资产。政府储备物资作为有形资产，其价值源于它的物质特征，尽管其财产权利是无形的，但它来源于其物质特性。

生产性有形资产包括有形固定资产、存货（库存）和珍贵物品。其中：有形固定资产按住宅、其他房屋和建筑物、机器和设备、培育资产分类核算；存货按原材料及用品、在制品、制成品、转售货物分类核算。非生产性有形资产包括土地、地下资产、非培育生物资源、水资源等。

---

① 国际会计准则理事会（IFRS）：《财务报告概念框架（2018）》，第 4 章财务报表要素。

② 《公共部门主体通用目的财务报告概念框架（IPSASB）》，第 5 章会计要素。

（四）政府储备物资的发出或动用具有不确定性

世界是充满不确定性的世界。“天下唯一确定的是不确定性”，美国前财政部长鲁宾的这句名言也道出了储备物资活动的特征。战争、严重自然灾害、经济失调或国际市场的大波动是政府发展过程中难于预料和控制的不确定性事件。从某种意义上讲，人类社会的发展史也是一部人类应对和战胜各种突发公共事件的抗争史。通过储备一定的物资，预防和应对突发公共事件，减少重大人员伤亡、财产损失、生态环境破坏，以及严重社会危害、危及公共安全的事态。由于突发公共事件的偶发性，导致储备物资的发出或动用不具有规律且呈现一定的不确定性。

公共危机事件的发生不是一个静止的状态，它可能引发整个社会的基本生活秩序和价值的失范。正因为公共危机事件发展的动态性，要求战略物资储备也必须具备动态性。对于战略物资储备的主管部门来说，应根据实际需求、公共危机的发展和变化等因素适时调整。公共危机事件的发生和发展不是一个停滞不前的模式，它有可能消除也可能恶化，作为一种物质保障，战略物资必须根据危机的发展变化动态调整储存物资。同时，社会是发展和变化的，新事物的出现可能淘汰了过去的物资，需要新的物资替代，所以战略物资必须实行动态管理。

国家物资储备与普通生产生活物资库存最大的区别在于国家物资储备主要是为了应付突发事件的发生，如救灾物资、战备物资等。国家物资储备关系国计民生和国家安全，所以国家物资储备信息系统就应该有安全库存预警功能，能够提示管理人员某种物资处于短缺状态或接近有效期，需要补充或轮换，应根据储备物资的发展，利用轮换、调拨、报废等时机及时更换物资，防止物资入库后的“终身制”，常储常新，减少浪费，形成一个储备物资结构不断优化、品种不断更新、质量不断提高、规模总量相对稳定的良性循环储备，把有限的经费和物资管理好、使用好。

三、政府储备物资内容分析

《政府储备物资准则》第二条指出：政府储备物资包括战略及能源物资、抢险抗灾救灾物资、农产品、医药物资和其他重要商品物资。

（一）战略及能源物资

战略及能源物资主要包括“战略物资”和“能源物资”。

1. 战略物资。战略物资概念始见于20世纪30年代。第二次世界大战爆发前，许多国家尤其是西方国家根据第一次世界大战的教训，从扩军备战的需要出发，积极储备或控制铝、铬、石油等重要物资，从而逐步形成了战略物资的概念。

何谓“战略物资”，目前国际国内还没有统一的认识，也没有一个公认的概念或定义。从众多相关研究成果分析来看，关于“战略物资”，可以从以下方面理解：①物资储备主体是政府，即政府出资、政府管理、统一调用、公益性；②持有的目的，用于国计民生、经济安全和国防安全；③物资储备形式；④为应付政治、经济和自然灾害等突发事件而进行的应急储备。

可见，政府战略物资储备是指政府对国计民生、经济安全和国防安全具有关键作用的重要物资和资源进行有目的有计划地储存或者积蓄，其目的是为了应付战争、严重自然灾害、经济失调、由于国际市场的大波动对国内经济引起冲击等紧急情况和其他意外不测事件的发生。

美国《战略和应急物资储备法》中，战略和应急物资是指：①在国家处于紧急状态时期，为供应美国在军事、工业和基本民用需求所需的物资；②在美国未发现或不能生产出数量足以满足此种需求的物资。[①]

国家战略物资储备是国家经济安全尤其是对外经济安全的重要保障。战略物资储备对于一个国家的军事安全、经济安全和社会安全具有十分重要的意义。[②]确保和提升战略储备的水平已成为各个国家直接实施宏观调控的基本手段和政策要求。

其一，从军事安全的角度，国家战略物资储备是有效应对现代化军事战争的重要物质基础。现代化军事战争不仅是科技的较量，还需要雄厚的能源等战略物资。

其二，从经济安全的角度，国家战略物资储备是有效化解全球性经济波动造成的负面影响、保持国内经济平稳健康发展的重要手段。在当前经济全球化的背景下，一国经济很容易受到世界经济波动的影响，为了有效防范和应对经济风险，必须加强国家战略物资储备。

其三，从社会安全的角度，国家战略物资储备是预防自然灾害、维护社会稳

---

① 郑俊峰：《开放经济下国家物资储备调控机制研究》，厦门大学博士论文，2009年。

② 肖京：《国家安全视角下的战略物资储备立法完善》，《中州学刊》，2016年11月15日。

定的重要手段。自然灾害具有突发性、不可预测性、大范围破坏性等特征，尤其是重大自然灾害对社会安全的影响巨大。一旦发生自然灾害，相应的战略物资储备不足会引起严重的社会动荡。

2. 能源物资。能源、材料和信息是人类社会发展的三大支柱。《中华人民共和国节约能源法》（2018 年修正）第二条指出：能源是指煤炭、石油、天然气、生物质能和电力、热力以及其他直接或者通过加工、转换而取得有用能的各种资源。根据不同的划分方式，能源也可分为不同的类型。世界能源委员会（World Energy Council，WEC）推荐的能源类型分为：固体燃料、液体燃料、气体燃料、水能、电能、太阳能、生物质能、风能、核能、海洋能和地热能。

人类社会要发展，需要消耗大量的能源。能源物资是人类社会赖以生存和发展的物质基础，是国民经济的支撑，未来国家命运取决于能源的掌控。

（二）抢险抗灾救灾物资

抢险，是指出现险情，采取紧急措施迅速抢救，以避免或减少损失。抗灾，是指灾害发生时，采取措施减轻灾害造成的损失。救灾，是指救济受灾的人民，消除灾害。救灾物资不同于一般的物资，它是在灾情时需要筹措的，以满足受灾地区和群众的需要。

《民政部、财政部关于印发中央救灾物资储备管理办法的通知》（民发〔2014〕221 号）规定：中央救灾物资是指中央财政安排资金，由民政部购置、储备和管理，专项用于紧急抢救转移安置灾民和安排灾民生活的各类物资。

抢险抗灾救灾物资主要包括：一是保障人民生活的物资，主要指粮食、食油和水、手电、帐篷等；二是工作物资，主要指处理危机过程中专业人员所使用的专业性物资，一般对某一专业队伍具有通用性，如应急发电设备；三是特殊物资，主要指针对少数特殊事故处置所需特定的物资，这类物资储备储量少，针对性强，如一些特殊药品。

一般来说，抢险抗灾救灾物资具有及时、专用和多变的特点。

一是及时性。救灾物资最主要的价值就体现在物资的送到是否及时，能够及时满足灾区人民需要的应急物资才能被称为有效。

二是专用性。救灾物资不同于一般的物资，救灾物资是专项专用的，比如灾区急需的血液或者为了防止疫情扩散的疫苗，都具有专用性，并且是普通物资无法取代的。

三是多变性。救灾物资要随着灾情的变化进行改变，前期、中期和后期需要的物资肯定有所区别和侧重，不能一刀切，随着灾情的扩散以及国家和社会的援助，救灾物资的种类不断变化，以满足实时救灾的需要。

救灾物资配送程序①如图 6－2 所示。

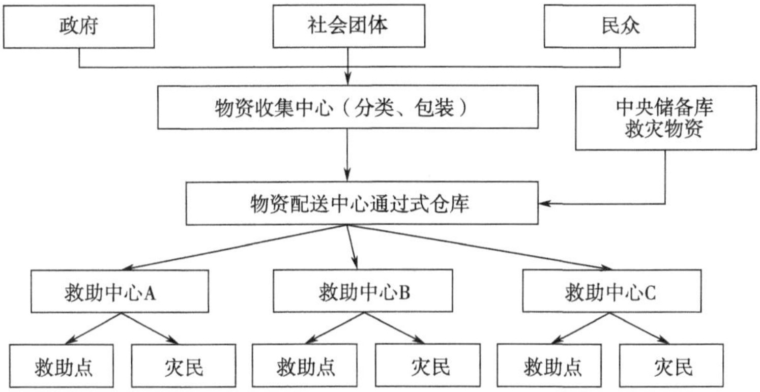

图 6－2　救灾物资配送

（三）农产品

《中华人民共和国农产品质量安全法》（2006）第二条指出：“本法所称农产品，是指来源于农业的初级产品，即在农业活动中获得的植物、动物、微生物及其产品”。

《全国人大法律委员会关于〈中华人民共和国农产品质量安全法〉（草案）审议结果的报告》进一步明确了农产品的概念：“本法所称农产品，仅指来源于农业的初级产品，即在农业活动中直接获得的未经加工的以及经过简单处理（分拣、清洗、切割、冷冻、包装等）的植物、动物、微生物及其产品，不包括工业生产活动中以农产品为原料加工、制作的产品。”

根据国家财政部、国家税务总局颁布的《关于印发农业产品征税范围注释的通知》（财税字〔1995〕52 号）规定，农产品是指种植业、养殖业、林业、牧

① 胡文杰，刘佳：《大规模灾害救灾物流系统研究》，《中国商界》（下半月），2009 年 3 月 15 日。

业、水产业生产的各种植物、动物的初级产品及初级加工品，具体包括种植、饲养、采集、编织、加工以及捕捞、狩猎等行业的产品。

农产品种类复杂、品种繁多，主要有粮食、油料、木材、肉、蛋、奶、棉、麻、烟、茧、茶、糖、畜产品、水产品、蔬菜、花卉、果品、干菜、干果、食用菌、中药材、土特产品以及野生动植物原料等产品。

按照国际公认和国内普遍认可的观点，农产品是指动物、植物、微生物产品及其直接加工品，包括食用和非食用两个方面。日常农产品市场中所涉及的农产品多指食用农产品，包括鲜活农产品及其直接加工品。①

（四）医药物资

医药物资，顾名思义是指与医疗和药物相关的物质资料，如医疗救护车、隔离救护车、监测仪器、医疗器械、应急药品、氧气机、高压氧舱、洗胃设备、输液设备、输氧设备、特种医疗救护装备等。医药物资储备，是指政府为了确保在发生灾情、疫情及突发事故时药品、医疗器械的及时有效供应，维护社会稳定，所进行的医药储备。

按照储备功能和作用的不同，医疗物资分为战略储备和经济储备。战略储备是指国家为了应对战争、灾荒和其他突发事件，保障国家安全、社会稳定，而在平时有计划地进行的药品物资的储备；经济储备则多是为调控市场药品物资供给与需求进而影响价格水平所进行的药品物资的储备。按照储备管理权限与出资人的不同，医疗物资分为中央储备和地方储备。中央储备是国家职能的体现，由中央财政资金直接支付，或采取银行贷款财政贴息的方式予以支持，主要用以调控和保障全国性市场供给；地方储备则是地方政府为保证本地区经济安全和市场稳定，依据本地实际有针对性地进行的物资储备，其资金来源地方财政予以支出或贴息。中央医药储备主要负责储备重大灾情、疫情及重大突发事故和战略储备所需的特种药品、专项药品及医疗器械；地方医药储备主要负责储备地区性或一般灾情、疫情及突发事故和地方常见病防治所需的药品和医疗器械。

医药物资储备是政府职能部门履行社会管理和公共服务职能，确保发生重大灾情、疫情等突发公共事件时医药物资及时有效供应的保障体系，是突发公共事

---

① 许莹：《农产品广告投放及消费者反应研究——基于浙江水果市场的实证》，浙江大学博士论文，2007 年。

件物资应急保障行动方案的重要组成部分。

（五）其他重要商品物资

其他重要商品物资是指除上述战略及能源物资、抢险抗灾救灾物资、农产品、医药物资以外的商品物资。

四、政府储备物资与存货关系的剖析

从资产物质形态看，政府会计主体控制的政府储备物资与其占有、使用的存货具有一定的相似性，但政府储备物资在功能作用、管理方式、资金来源、业务流程等方面与存货存在显著差异，如表6－2所示。

表6－2　政府储备物资与存货关系

比较内容	存货	政府储备物资
功能作用	自身耗用或出售	满足特定公共需求（如政府维护社会经济稳定、确保国家安全、部署发展战略、应对各类突发事件等）
管理模式	直接储存	委托存储，承储单位按照行政管理部门要求进行实际储存和日常管理，行政管理和存储执行相分离
资金来源	部门预算资金	部门预算资金、银行专项贷款
业务流程	采购、存储和发出	根据特定文件规定进行采购、存储、保管、轮换、发出等，发出物资收回往往具有不确定性
使用方式	自主使用	经批准后使用

五、政府储备物资信息的作用

储备机制具有自我融资和自我结算的特性，可以解决基本金融货币问题，所以储备机制被认为是解决供求失衡最原始和唯一真实而自然的方法。政府储备物资是政府资产的重要组成部分，对于保障国家安全、服务国计民生具有重要意义：

（1）通过政府储备物资的核算，使巨额的政府储备物资在政府会计主体资产负债表中得到全面反映。

（2）通过政府储备物资的核算，可以提供政府会计主体持有物资的总量、结构信息。

（3）通过政府储备物资的核算，明确政府储备物资的收储资金来源，除来源于部门预算资金外，还存在来源于银行专项贷款等情况。

（4）政府储备物资会计准则的相关规定，既明确了代储单位对代储政府储备物资的核算报告责任，又避免了在政府资产负债表中对政府储备物资的重复报告。

（5）无论何种原因形成的政府物资储备，都需要进行科学管理。物资储备管理体制和运行机制、储备物资品种与数量选择的方法、物资储备绩效评价、信息化管理等方面的内容。

（6）政府物资储备是宏观调节经济手段。无论是基于自然灾害、局部战争的“保急需”，还是一般性的物资调拨，都具有实在性和灵敏性的特点和长处，能起到立竿见影效果，在政府宏观调控中起到稳定和平衡作用。

（7）国家物资储备的战略目标是积极运用物资储备调控手段，发挥物质力量的特殊调控作用，有效缓解能源和重要原材料的供求矛盾，化解中断风险，保障经济健康、稳定、持续发展。按照经济学思想，建立物资储备旨在通过阻止问题的发生或缓解已经发生问题最终获得净收益。因此，考核物质储备的绩效，必须计算物资储备的成本和收益，评估物资储备政策的直接和间接社会经济影响，以确认物资储备政策作用的绩效。①

第二节　政府储备物资的确认问题研究

不管政府储备资产形式如何、持有目的如何，作为政府资产予以确认时，应明确两个问题：一是确认主体；二是确认标准。

一、政府储备物资确认主体

新公共管理理论认为，政府负责提供公共产品并不等于一定要依靠政府雇员或政府所有的设施直接生产。② 政府的职责是确保在需要时市场有足够的物资。公共产品的生产、管理等，除了由政府自己承担的直接生产方式之外，还有其他很多种方式，如特许经营、签约外包等。公共产品的生产者也可以是其他非政府

① 姜在君：《国家物资储备管理理论与方法研究》，武汉理工大学博士论文，2007 年。

② 吕恒立：《论公共产品的私人供给》，《天津师范大学学报》，2002 年第 3 期，第 1－6 页。

组织、社区，甚至是私人企业和个人。而且很多公共产品（如公共设施的维护以及公共交通服务等）由非政府组织承担生产，比由政府自己承担更有效率。公共产品的生产由政府直接生产的单一生产模式走向多元主体竞争合作的生产模式，既能够提高质量、降低成本，还可能使政府规模最终缩减下来。

具体到国家物资储备，这些物资的管理究竟采取政府直接管理，还是政府付费向服务提供主体购买，或者采取其他方式，需要根据情况区别对待。

《政府储备物资准则》第五条分别规范了涉及政府储备物资储备管理的两类会计核算主体，即履行政府管理职能的会计主体和受托代储物资的会计主体。

（一）履行政府管理职能的会计主体

《基本准则》强调政府资产一定是能够被政府会计主体“控制”的经济资源，对于政府储备物资而言，如何将“控制”一词明晰化、具体化至关重要。政府储备物资的管理往往涉及多个层级的部门和单位，依据职责分工的不同可分为行政管理部门和基层承储单位。行政管理部门针对政府储备物资收储、存储保管、更新（轮换）、动用等负有组织管理责任；基层承储单位按照行政管理部门的指令执行政府储备物资各项具体运作，负有代储责任，并对资产安全负责。由此可见，本质上能够对政府储备物资实施“控制”的是负有组织管理责任的行政管理部门，而不是负责具体执行和运作的基层承储单位。

（二）受托代储物资的会计主体

为应对战争和突发事件的需要，政府通过委托企业进行物资储备，实施动态化管理，以达到满足应急需求、提高动员保障效率的目的。代储的实质在于，政府将物资储备计划通过市场购买等方式转化为企业动态储备，实现物资储备的计划手段与市场手段的结合。

《基本准则》强调对政府储备物资不负有行政管理职责但接受委托具体负责执行其存储保管等工作的政府会计主体，应当将受托代储的政府储备物资作为受托代理资产核算。在受托代储物资过程中，受托代储物资的会计主体通常只是从委托方收到受托资产，并按照委托人的意愿将资产转赠给指定的其他组织或者个人，或者按照有关规定将资产转交给指定的其他组织或者个人，本身并不拥有受托资产的所有权和使用权。它只是在物资转移过程中起中介作用，无权改变受托代储物资的用途或者受益人。

需要说明的是，受托代储物资与接受物资捐赠有本质的差别。政府会计主体接受捐赠物资，获得了捐赠资产，并拥有了捐赠资产的所有权和使用权；而受托代储物资是委托人捐赠给指定的组织和个人的，作为受托方的政府组织本身并没有导致净资产的增加。同时，资产转给指定的组织和个人时，通常也不是以政府组织的名义赠予受赠人的，它仍然是以委托人的名义赠予受赠人的。因此，政府会计主体在进行会计处理时，应当将受托代理交易业务与捐赠业务相区分。实务中，有些政府组织将受托代理业务视同捐赠处理，实际上虚增了捐赠收入和净资产，不利于如实反映政府组织的财务状况和运营绩效。

二、政府储备物资确认标准

把握政府储备物资确认标准，是在政府会计众多资产核算实务中正确区分出政府储备物资资产项目并予以合理计量、记录的重要前提。

《公共部门主体通用目的财务报告概念框架》指出，确认某一会计要素的条件是：该事项满足要素的定义；该事项可以以满足质量特征且符合财务报告信息限制的方式计量。

《政府储备物资准则》第六条指出，政府储备物资同时满足下列条件的，应当予以确认：①与该政府储备物资相关的服务潜力很可能实现或者经济利益很可能流入政府会计主体；②该政府储备物资的成本或者价值能够可靠地计量。

笔者认为，关于政府储备物资确认标准应从以下几个方面认识：

第一，应符合政府储备物资的定义。《现代汉语词典》指出：定义是对于一个事物的本质特征或一个概念的内涵和外延的确切而简要的说明。要确认政府储备物资，该物资必须符合政府储备物资的定义。定义能够指出政府储备物资的主体和性质——政府会计主体，体现政府储备物资依据和目的——满足实施国家安全与发展战略、进行抗灾救灾、应对公共突发事件等特定公共需求，概述政府储备物资的范围、对象和要求——战略及能源物资、抢险抗灾救灾物资、农产品、医药物资和其他重要商品物资，指明政府储备物资作用和职能——保障国家安全、服务国计民生。

《政府储备物资准则》所称的政府储备物资，是指政府会计主体为满足实施国家安全与发展战略、进行抗灾救灾、应对公共突发事件等特定公共需求而控制的，同时具有下列特征的有形资产：①在应对可能发生的特定事件或情形时动用；②其购入、存储保管、更新（轮换）、动用等由政府及相关部门发布专门的管理制度规范。政府储备物资主要包括战略及能源物资、抢险抗灾救灾物资、农产品、医药物资和其他重要商品物资，通常情况下由政府会计主体委托承储单位存储。企业以及纳入企业财务管理体系的事业单位接受政府委托收储并按企业会计准则核算的储备物资，不适用本准则。

第二，政府会计主体确认的储备物资必须是其能够加以控制的。衡量一项资产是否应该作为政府会计主体储备物资予以确认，有一个重要的标志，那就是政府会计主体是否能够加以控制。国际会计理事会《财务报告概念框架》（2018）指出：控制是经济资源与主体之间的连接。如果主体拥有现实能力主导一项经济资源的使用且可能获得该经济资源带来的经济利益，主体即控制了该经济资源。国际公共部门会计准则委员会（IPSASB）制定的《公共部门主体通用目的财务报告概念框架》指出：控制，即“对资源的控制权，包括：主体能够使用资产所产生的各项利益，包括服务潜能或经济利益，以及资源产生的现金流；或主体能够在资源所产生利益的使用性质和方式上指导其他方。”在评估主体是否控制一项资源时，应当评估是否存在下列控制迹象：①法定所有权；②能够使用资源，或者反过来说，能够拒绝或限制对资源的使用；③有措施确保资源的使用是为了实现主体的目标；④对资源产生的服务潜能和经济利益有可强制执行的权利。

第三，受托代储的政府储备物资，该主体不确认为政府储备物资。对政府储备物资不负有行政管理职责但接受委托具体负责执行其存储保管等工作的政府会计主体，应当将受托代储的政府储备物资作为受托代理资产核算，因为受托代储的政府储备物资不符合控制政府储备物资的标准。

第四，政府会计主体因从事受托代理业务而获得受托代理资产时，不应当确认收入，因为受托代理交易不会增加政府会计主体的净资产，不符合收入确认的标准。

第三节　政府储备物资的计量问题研究

会计计量是财务会计中的一个核心问题，它始终贯穿于会计体系的整个行为过程之中，没有计量也就无所谓会计。在现代会计计量理论中，会计计量有初始计量和后续计量。

一、政府储备物资初始计量研究

所谓政府储备物资的初始计量，就是确定政府储备物资的入账价值，回答的是哪些支出应计入政府储备物资成本的问题。政府储备物资入账价值的确定是政府储备物资会计的一项重要内容。

（一）政府储备物资初始计量的原则

《政府储备物资准则》第七条指出了政府储备物资初始计量的原则，即政府储备物资在取得时应当按照成本进行初始计量。该条内容包含三层含义：

1. 计量时点。在此应从三个方面认识计量：

一是形式上，会计计量表现为“一组操作”“一种活动”，抑或将其理解为“一个过程”“一种行为”。①

二是计量的环节为初始计量。单独就计量而言，会计计量是对会计确认对象量的方面给予货币性的估价。会计确认既然有初始确认和再确认，根据质与量的关系，会计计量也就必然存在初始计量和再计量（后续计量）两种（或称两个阶段）。①初始计量是以确认对象实际始发的数量关系为依据的计量，如原始计量中的各项金额。初始计量的功能是有助于忠实地陈报相关的信息。②再计量是根据历史变化和管理要求，按照一定的计量属性及其数量关系所做的估价，如按权益法计算的对外投资的份额分享被投资方增加的所有者权益的金额。通过后续计量，使财务报表不仅需要反映政府储备物资的初始取得成本，而且需要反映政府储备物资在会计期间的价值变动情况。

三是计量的本质是对政府会计主体在一定时期控制的政府储备物资予以货币量化。

四是根据准则规定，政府储备物资的初始计量通常使用两种计量方法，即以成本为基础的计量（如购入政府储备物资）、现行市场价格（含公允价值，如接

---

① 赵德武：《会计计量理论研究》，西南财经大学出版社 1997 年版，第 35 页。

受捐赠政府储备物资）进行计量。[1]

2. 初始计量成本。在营利组织中，成本计价显然用于计算“产品销售成本”这个项目数字，成本和账面价值（销售价格，作者解释）的差异应该作为一个独立的收益（或损失）项目来列示。[2] 这里的“成本”是政府会计主体“获得某一特定资产（在本节是指政府储备物资）或某一资产组所需的以货币表示的经济代价”[3]。

大部分资产都按照取得的成本进行初始计量，在买卖发票和已付支票等资料中可以很方便地找到取得成本的计量依据。之所以要按照取得成本对资产进行初始计量，因为买方相信所购入的资产是能够带来未来经济利益流入（增加未来的现金流入或者减少现金流出），流入金额至少等于资产的购买价格，否则买方就会发生损失，也就不会愿意买入这项资产了。这说明，成本实质上就是所交易资产预期未来经济利益大小的最低限。

3. 政府储备物资取得的方式不同，其成本组成内容不尽相同。

（1）政府会计主体购入的政府储备物资，其成本包括购买价款和政府会计主体承担的相关税费、运输费、装卸费、保险费、检测费以及使政府储备物资达到目前场所和状态所发生的归属于政府储备物资成本的其他支出。

（2）政府会计主体委托加工的政府储备物资，其成本包括委托加工前的物料成本、委托加工的成本（如委托加工费以及按规定应计入委托加工政府储备物资成本的相关税费等）以及政府会计主体承担的使政府储备物资达到目前场所和状态所发生的归属于政府储备物资成本的其他支出。

（3）政府会计主体接受捐赠的政府储备物资，其成本按照有关凭据注明的金额加上政府会计主体承担的相关税费、运输费等确定。没有相关凭据可供取得，但按规定经过资产评估的，其成本按照评估价值加上政府会计主体承担的相关税费、运输费等确定。没有相关凭据可供取得、也未经资产评估的，其成本比照同类或类似资产的市场价格加上政府会计主体承担的相关税费、运输费等确定。

（4）政府会计主体接受无偿调入的政府储备物资，其成本按照调出方账面

---

① 乔元芳：《初始计量和后续计量的理论辨析和初步结论（下）——〈财务报告概念框架〉最新国际动态之四》，《新会计》，2014 年 8 月 28 日。

② 约翰·B. 坎宁：《会计中的经济学》，立信会计出版社 2014 年版，第 170 页。

③ 埃尔登·S. 亨德里克森：《会计理论》，立信会计图书用品社 1987 年版，第 205 页。

价值加上归属于政府会计主体的相关税费、运输费等确定。

需要说明的是，政府会计主体取得政府储备物资发生的仓储费用、日常维护费用和不能归属于使政府储备物资达到目前场所和状态所发生的其他支出，不计入政府储备物资成本。

考虑到实务中有一些政府储备物资没有纳入政府会计主体的会计核算，或者部分政府储备物资按照其他资产类别进行核算，《政府储备物资准则》对存量资产在本准则首次执行日的会计处理原则是：对于应当确认为政府储备物资、但已经确认为存货或其他资产类别的资产，政府会计主体应当在本准则首次执行日按该资产账面价值重新分类为政府储备物资；对于应当确认但尚未入账的存量政府储备物资，政府会计主体应当在本准则首次执行日按照历史成本—评估价值—重置成本三个层次依次判断，确定其初始入账成本。

（二）购入政府储备物资的计量

目前，我国政府储备物资状况可形象地称为“纵横交错的网状分布模式”，并具有“纵向统领、横向细化”的特点[①]：①纵向统领。我国救灾物资储备形成了中央政府救灾物资储备与地方政府救灾物资储备的基本统领格局。②横向细化。中央及地方各级政府在政府储备的基础上把一部分物资交给企业，政府与企业横向合作，与其签订储备协议，由企业负责物资的储备管理，以保障政府有应急需要的时候使用。这种政府与企业的公私合作构建了我国灾害物资救助保障的有效通道。

按照《政府会计制度》的要求，政府会计主体购入的政府储备物资，其成本包括购买价款和政府会计主体承担的相关税费、运输费、装卸费、保险费、检测费以及使政府储备物资达到目前场所和状态所发生的归属于政府储备物资成本的其他支出。

（三）委托加工政府储备物资的计量

如同企业会计主体从外部购入存货需要将其送往外部单位进行加工一样，政府会计主体持有的政府储备物资有时也需要委托外单位进行加工，将一种储备物

① 方印，张海荣，许莎：《我国救灾物资储备协议探究》，《防灾科技学院学报》，2017 年 12 月 15 日。

资制成另一种具有特定性能的储备物资（如将木材加工成木箱、钢材加工成专用工具等），以满足应急活动的需要。

政府会计主体委托外部加工物品发出后，委托加工材料的实物脱离原单位发往外单位，所有权虽仍属于原单位，但存放地点和保管责任都转移至加工单位。其资金占用无论是加工前还是加工后，都仍保留在原单位的储备资金之中，不曾改变。物品经过加工不仅实物形态、性能发生了变化，使用价值也随之变化，储备物资加工过程中要消耗材料，还要发生各种费用支出等，从而使委托加工物品的成本相应增加。

政府会计主体委托加工的政府储备物资，其成本包括委托加工前物料成本、委托加工的成本（如委托加工费以及按规定应计入委托加工政府储备物资成本的相关税费等）以及政府会计主体承担的使政府储备物资达到目前场所和状态所发生的归属于政府储备物资成本的其他支出。

例如，某政府会计主体以成本 70 000 元的一批甲材料委托加工制作成防汛抗旱物资，材料出库运往加工单位。该行政单位通过单位零余额账户支付加工费用 20 000 元、运输费用 5 000 元，并将加工完成的储备物资验收入库时，政府储备物资初始成本为 95 000 元。

（四）接受捐赠、无偿调入和盘盈政府储备物资的计量

接受捐赠、无偿调入和盘盈也是政府会计主体无偿取得政府储备物资所有权的一种方式。捐赠的基本特征在于无偿性，这也是捐赠有别于财产其他转让方式的显著标志，它具有无偿、自愿、公益性的特征。无偿调入是指经过主管部门批准，将储备物资由其他政府会计主体调拨转入本政府会计主体管理与核算，而不需要由调入单位支付任何代价的调拨方式。盘盈是指政府会计主体在财产清查时，发现储备物资实存数大于其账簿结存数量。

1. 接受捐赠政府储备物资。政府会计主体接受捐赠的政府储备物资，其成本按照有关凭据注明的金额加上政府会计主体承担的相关税费、运输费等确定。没有相关凭据可供取得，但按规定经过资产评估的，其成本按照评估价值加上政府会计主体承担的相关税费、运输费等确定。没有相关凭据可供取得、也未经资产评估的，其成本比照同类或类似资产的市场价格加上政府会计主体承担的相关税费、运输费等确定。

2. 无偿调入政府储备物资。政府会计主体接受无偿调入的政府储备物资，其成本按照调出方账面价值加上归属于政府会计主体的相关税费、运输费等确定。

3. 盘盈政府储备物资。政府会计主体盘盈的政府储备物资，其成本按照有关凭据注明的金额确定。没有相关凭据，但按规定经过资产评估的，其成本按照评估价值确定。没有相关凭据、也未经资产评估的，其成本按照重置成本确定。

二、政府储备物资后续计量的研究

（一）关于政府储备物资后续计量的基本认识

按照现代资产计量理论的要求，应从完整的时空观来反映会计主体资产或负债的价值状况，将会计计量分为初始计量和后续计量。前已述及，初始计量是对储备物资业务活动发生时的数量加以衡量、计算和确定，以便在复式簿记系统中能被记录，转化为货币表现的财务信息；后续计量则要衡量和确定该交易与事项的货币数量在初始计量后的变动情况，以反映政府会计主体财务状况及变动的财务成果。

后续计量是会计计量完整过程的一部分，后续计量的主要内容为政府储备物资发出成本的计算，包括因动用储备物资而转销其成本、无偿调拨政府储备物资、对外销售政府储备物资转销其账面余额、政府储备物资更新或轮换。

美国在 1984 年 12 月发布的第 5 号财务会计概念公告《企业财务报表的确认和计量》中指出了会计计量的概念，即“对于一项资产或负债，确认不仅要记录该项目的取得和发生，还要记录其后发生的变动，包括从财务报表中予以取消的变动。”

需要说明的是，一般来说，以历史成本计量为中心的传统会计计量侧重的是初始计量——传统会计环境稳定少变、资产形态单一，大部分资产和负债在初始计量后，其价值基本不变，原则上不需要后续计量。除非存在两种情况：同质资产的销售和处置；按历史成本计量资产的折旧和耗用。但是，这两种情况并非是严格意义上的后续计量，它只是对原始价值的调整。

无论是初始计量还是后续计量，最终确定的均是应予记录和报告的各会计要素的金额，但初始计量与后续计量的时点不同、复杂程度也不同。如初始计量时只需要选择计量单位和计量属性便可得到计量结果，而后续计量时除要选择计量单位和计量属性外，还需要考虑一定的计量方法。

（二）政府储备物资发出成本的核算方法

政府会计主体应当严格执行国家有关法律法规、规章、规范性文件、标准规范，严格执行政府储备物资出库指令，接受有关部门和单位监督，保证国家储备物资数量准确、质量合格、储存安全。

《政府储备物资准则》第十四条指出：政府会计主体应当根据实际情况采用先进先出法、加权平均法或者个别计价法确定政府储备物资发出的成本。计价方法一经确定，不得随意变更。

（三）政府储备物资列支原则

通常，导致政府会计主体资产发生增减变化的原因主要有：业务活动领用、出售、捐赠、无偿调拨、置换等，但基于政府储备物资的特殊性，其增减变动情况有别于存货，列支原则也与其他资产不同，主要表现在以下方面：

1. 动用政府储备物资会计处理的一般原则。政府储备物资在发出时分为预期收回和预期不能收回两种情况。预期不能收回，也就是政府储备物资的对外捐赠和无偿调出（发出后一律不收回）、将不需储备的物资出售等方式，这几种情况可以参照现行《政府会计制度》中的账务处理。预期能够收回时，则要分情况讨论：①预期未使用物资的收回。这种情况下，政府主体在发出物资时仅能初步估计物资需求数量，在使用结束后，可能存在未使用物资的收回。②预期使用后具有回收价值的可重复回收物资的收回。可重复使用的物资在使用后可能还有回收价值，按规定经过清洗、消毒、维护、修理等处理后应予以回收。预期收回的政府储备物资在现有制度中并未做出任何说明，这也是制定政府储备物资具体准则时需要明确说明的核算重点。

因动用而发出无须收回的政府储备物资，政府会计主体应当在发出物资时将其账面余额予以转销，计入当期费用，即“业务活动费用”科目。政府会计主体因动用而发出需要收回或者预期可能收回的政府储备物资的，应当在按规定的质量验收标准收回物资时，将未收回物资的账面余额予以转销，计入当期费用，即“业务活动费用”科目。

2. 轮换。所谓政府储备物资轮换，是指为了保证储备物资处于良好的技术状态，在一定的范围、规模、时间和布局内，通过物资储备方式的改变，或采取储新发旧、加快流动等多种方法，将临近储存期限的储备物资通过一定的方式予以处理，同时补充新的储备物资，维持储备总量不变。

目前，我国政府储备的物资仍然以政府的实物储备为主。各级政府会计主体已经建立了较多的物资储备库，并存储了大量不同种类的物资。但由于突发事件的发生是小概率事件，一些储备物资可能储备多年都不会被使用，如果不对储备库的物资进行及时的轮换更新，一方面将导致大量的物资腐烂，造成资源浪费，另一方面，当灾害发生时，可能由于储备库物资的质量水平达不到救灾需求而影响应急救援。为了保证突发事件发生后，政府储备库所储备的应急物资质量水平能够符合救灾需求，在储备期间必然要对物资进行轮换更新，即当储备库的物资价值损耗达到一定程度时将其进行处置，并购进同等数量、同等规格的新物资进行替换。

政府储备物资轮换业务活动涉及储备新的物资和发出旧的物资两个方面。政府会计主体采取销售采购方式对政府储备物资进行更新（轮换）的，应当将物资轮出视为物资销售，政府会计主体对外销售政府储备物资的，应当在发出物资时将其账面余额转销计入当期费用，并按规定确认相关销售收入或将销售取得的价款大于所承担的相关税费后的差额做应缴款项处理；将物资轮入视为物资采购，政府会计主体购入的政府储备物资，其成本包括购买价款和政府会计主体承担的相关税费、运输费、装卸费、保险费、检测费以及使政府储备物资达到目前场所和状态所发生的归属于政府储备物资成本的其他支出。

3. 调拨。储备物资调拨和调剂均为资产处置的一种方式。“无偿调拨（划转）”与“资产调剂”的区别主要表现在其行为主体不同，资产调剂的主体是财政部门或主管部门，而无偿调拨（划转）的主体是事业单位。对事业单位来讲，一种是被动的调剂，一种是主动的转让。从审批程序来看，由于资产调剂是财政部门或主管部门为主进行的，事业单位无须报批，但财政部门或主管部门应认真调研，并听取事业单位的意见。无偿调拨（划转）则是事业单位提出的申请，应履行报批手续。从结果上看，“资产调剂”是一种资产配置方式，“无偿调拨（划转）”是单位无偿调出资产，相当于无偿转让，是一种资产处置行为。

储备物资调拨管理主要是为了实现应急保障的需求而进行的物资再次分配，

应急保障库存物资调拨主要为政府会计主体的内部调拨，通过应急保障库存物资调拨管理，将物资相对多余的政府部门应急保障库中的物资调拨到物资相对短缺的应急保障库内，既可以保证物资相对多余应急保障库管理成本、管理程度的降低，又可以保证物资相对短缺应急保障库能够满足实际应急保障的需求。

储备物资调拨和对外捐赠也都是资产的无偿转让行为，其结果表现为资产、净资产的减少。无偿性、非交换性属于两者的共同特征。但对外捐赠是单位自愿转让资产行为，无偿调出不一定是单位的自愿行为。有时，财政部门和单位的主管部门根据单位的发展状况、提供公共服务的质量、数量要求以及提高现有资产潜在效能等目的，运用调剂手段，对资产进行调入或调出，以优化单位资产配置、提高资产利用率和财政资金使用效益。

政府会计主体因行政管理主体变动等原因而将政府储备物资调拨给其他主体的，应当在发出物资时将其账面余额予以转销。

4. 对外销售。政府会计主体持有政府储备物资的职能是防备战争、灾荒、国民经济重大比例失调等状况。运作流程主要包括采购、仓储、运输、配送等环节，各环节对保证物资及时准确传送、提高应急保障效果、降低物流成本起到关键作用。可见，销售物资不是政府会计主体持有物资的主要目的。通常，物资积压、过时、性能减弱，以及政府会计主体分立、撤销、合并、隶属关系改变等原因，使政府会计主体持有的储备物资需要销售处置。

当政府会计主体对外销售政府储备物资时，应当在发出物资时将其账面余额转销，计入当期费用，并按规定确认相关销售收入或将销售取得的价款大于所承担的相关税费后的差额做应缴款项处理。

5. 报废、毁损和盘亏。资产报废、毁损和盘亏属于资产处置范畴，是指资产占用单位转移、变更和核销其占有、使用的资产部分或全部所有权、使用权，以及改变资产性质或用途的行为。政府储备物资承储单位在保管期内对储备物资数量、质量和储存安全负责。

政府储备物资报废、毁损的，政府会计主体应当按规定报经批准后将报废、毁损的政府储备物资的账面余额予以转销，确认应收款项（确定追究相关赔偿责任的）或计入当期费用（因储存年限到期报废或非人为因素致使报废、毁损的）；同时，将报废、毁损过程中取得的残值变价收入扣除政府会计主体承担的相关费用后的差额，按规定做应缴款项处理（差额为净收益时）或计入当期费用（差额为净损失时）。

政府储备物资盘亏是指政府会计主体资产经过清查盘点后，其实际数量、价值少于账面数量、价值。政府会计主体应当按规定报经批准后将盘亏的政府储备物资的账面余额予以转销，确定追究相关赔偿责任的，确认应收款项；属于正常耗费或不可抗力因素造成的，计入当期费用。

第四节　政府储备物资的信息披露

政府储备物资信息披露的目的是为了向信息使用者提供与政府储备物资决策有用的信息，《政府储备物资准则》第二十二条在规范政府储备物资核算应披露的信息时，也贯彻了这一原则，同时又考虑到信息披露的成本与效益原则。

政府会计主体应当在附注中披露与政府储备物资有关的下列信息：

一是各类政府储备物资的期初和期末账面余额（明细见表6－3）。政府会计主体通过各类政府储备物资的期初和期末账面余额，了解政府储备物资增减变动情况。

二是期末尚未收回的政府储备物资的账面余额。政府会计主体因动用而发出需要收回或者预期可能收回，但期末尚未收回的政府储备物资的账面余额。

三是发出政府储备物资成本确定的方法。政府会计主体确定发出政府储备物资成本所采用的方法，如先进先出法、加权平均法或者个别计价法等。

四是其他有关政府储备物资变动的重要信息。

表6－3　政府储备资产明细表　　单位：万元

项目	年初数	本年增加	本年减少	年末数
战略储备物资				
综合物资				
成品油				
火工物资				
天然铀				
其他				
粮、棉、糖、肉、药				

续表

项目	年初数	本年增加	本年减少	年末数
粮食				
棉花				
食糖				
肉				
医药				
自然灾害救助物资				
防汛抗旱储备物资				
森林（草原）防火储备物资				
城市排水防涝设备物资				
应急储备物资				
石油				
其他储备物资				
合计				

第七章 会计调整准则

众所周知，财务报表是反映会计主体某一期间的运营成果和某一特定日期的财务状况的报告文件。规范政府会计主体向外提供会计信息、满足内部和外部会计信息使用者的需要一直是建设会计准则所追求的目标。但有时由于经济业务或事项的不确定性、会计估计的基础发生变化、会计人员对会计事项的处理不当（可能存在会计方法、程序的不当，或者运用的会计政策不符合会计准则和会计制度的要求），导致会计调整时有发生。概括地讲，会计调整是指对已经做出会计处理的事项按规定进行的调整，包括会计政策变更、会计估计变更、会计差错更正和报告日后事项。具体来说，会计调整是指政府会计主体按照法律、行政法规和政府会计准则制度的要求，或者在特定情况下对其原采用的会计政策、会计估计，以及发现的会计差错、发生的报告日后事项等所做的调整。

无论从企业会计准则还是国际公共部门会计准则的经验来看，关于会计政策、会计估计变更、会计差错更正和报告日后事项（统称“会计调整”）的会计规范处理，都是政府会计准则体系的重要组成部分。统一明确的会计调整规则，对尽可能减少专业判断、提高准则的可操作性、提升会计信息质量有重要的作用。统一会计调整的要求有助于建立健全政府会计准则体系，规范各类会计调整事项处理，确保政府会计标准体系内在协调的一致性。

2018 年 10 月财政部颁发了《政府会计准则第 7 号——会计调整》（以下简称《政府会计调整准则》），共七章 23 条，自 2019 年 1 月 1 日起施行。内容包括：

第一章为总则，主要规定本准则制定依据，会计调整、会计政策、会计估计、会计差错、报告日后事项等基本概念，以及具体会计政策和会计估计的确定程序等。

第二章为会计政策及其变更，主要规定会计政策及其变更的确认、追溯调整法和未来适用法在会计政策变更中的应用等。

第三章为会计估计变更，主要规定会计估计变更的确认、未来适用法在会计估计变更中的应用。

第四章为会计差错更正，主要规定本期发现的会计差错以及报告日后期间发现的会计差错的会计处理。

第五章为报告日后事项，主要规定报告日后调整事项的会计处理和非调整事项的披露。

第六章为披露，主要规定财务报表附注中应当披露的与会计调整相关的内容。

第七章为附则，主要规定本准则的例外事项和生效日期。

《政府会计调整准则》框架结构如图 7 - 1 所示。

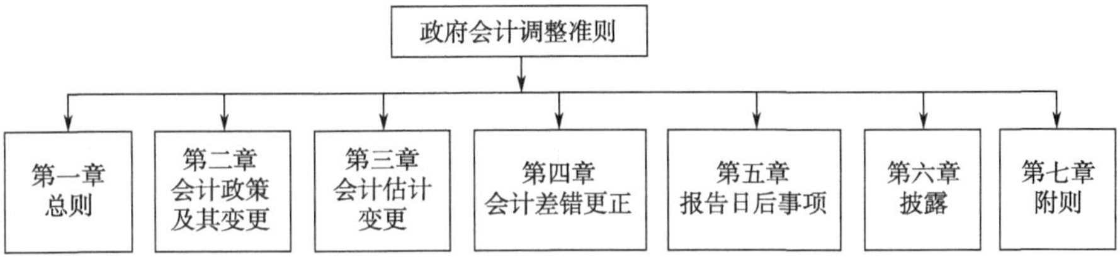

图 7 - 1　会计调整准则框架

第一节　会计政策及其变更的研究

一、会计政策的内涵

“会计政策”是由“会计”和“政策”复合而成的概念。其中：政策包括三个方面的含义：①政策是某一主体制定的，有意识地用以指导、影响某一方面工作的产物；②政策有预定的目标，并通过主体某一方面的活动直接或间接地予以贯彻实施；③政策是介于理论与实践之间的，即由正确的理论为指导，以现实状况为依据而制定的准则、规章、方法和措施。①

将政策引入会计领域便形成了会计政策概念。《政府会计调整准则》第二条指出：会计政策是指政府会计主体在会计核算时所遵循的特定原则、基础以及所采用的具体会计处理方法。

《国际公共部门会计准则第 3 号——会计政策、会计估计变更和差错》（以下简称《国际公共部门会计调整准则》）将会计政策定义为：主体在编报财务报表时采用的具体原则、基础、惯例、规则和做法。

可见，两者虽然在文字表述上有所不同，但实质是相同的，说的都是对业务事项会计处理的原则、方法和程序。会计政策的特点表现在以下方面：

---

① 黄菊波，杨小舟：《试论会计政策》，《会计研究》，1995 年 11 月 15 日。

第一，会计政策的选择性。会计政策是在允许的会计原则、计量基础和会计处理方法中做出指定或具体选择。由于政府会计主体经济业务的复杂性和多样化，某些业务事项在符合会计原则和计量基础的要求下可以有多种会计处理方法，即存在不止一种可供选择的会计政策。例如，确定发出存货的实际成本时，可以在先进先出法、加权平均法或者个别计价法中进行选择。

第二，会计政策的强制性。在我国，会计准则和会计制度属于行政法规，会计政策所包括的具体会计原则、计量基础和具体会计处理方法由会计准则或会计制度规定，具有一定的强制性。政府会计主体必须在法规允许的范围内选择适合本政府会计主体实际情况的会计政策。即政府会计主体在发生某项经济业务时，必须从允许的会计原则、计量基础和会计处理方法中选择出适合本政府会计主体特点的会计政策。

第三，会计政策的层次性。会计政策包括会计原则、计量基础和会计处理方法三个层次，三者之间是一个具有逻辑性、密不可分的整体，通过这个整体，会计政策才得以应用和落实。

二、会计政策的内容

迄今为止，会计政策的内容似乎难以穷举。根据《政府会计调整准则》，会计政策是指政府会计主体在会计核算时所遵循的特定原则、会计基础以及所采用的具体会计处理方法。

（一）会计处理原则

这里所讲的“原则”，是指导政府会计主体会计核算的具体原则，或称之为“特定原则”。特定原则，是指政府会计主体按照政府会计准则制度所制定的、适合于本政府会计主体的会计处理原则，而非一般会计原则（会计信息质量要求）。

（二）会计基础

这里所讲的“会计基础”，是指为了将会计原则应用于业务或者事项而采用的基础，主要是计量基础（计量属性），包括历史成本、重置成本、现值和公允价值等。

（三）具体会计处理方法

具体会计处理方法，是指政府会计主体从政府会计准则制度规定的诸多可选择的会计处理方法中所选择的、适合于本政府会计主体的会计处理方法。

三、会计政策的变更

无论是哪个国家的会计准则，也无论是哪个政府会计主体的会计准则，一直都致力于这样一个重要目标，即提高实质相似会计主体编制的财务报表的可比性。可比性是增强会计信息有用性的信息质量要求之一。

在一般情况下，政府会计主体采用的会计政策应力求一致，不宜轻易变更，否则，势必削弱会计信息的可比性，使会计报表使用者在比较会计主体运营业绩时发生困难。但是，也不能认为会计政策不能改变，实际上，客观情况发生变化时，改变会计政策就成为必要。

（一）会计政策变更的内涵

会计学不是一门精密科学。专业的判断需要应用一套原理、概念和目标来明确使用环境，这就意味着必须做出选择。一致性和可比性是会计信息质量的两个基本特征。为了达到这些信息质量要求或特征，一旦做出了会计决策，就要逐年坚持贯彻下去，但这并不意味着会计方法将不会发生变化，变化的环境要求我们做出更合适的新会计方案。

（二）会计政策变更的前提条件

政府会计主体采用的会计政策，在每一会计期间和前后各期应当保持一致。《政府会计调整准则》规定，政府会计主体满足下列条件之一的，可以变更会计政策：

1. 法律、行政法规或者政府会计准则及制度等要求变更。

2. 会计政策变更能够提供有关政府会计主体财务状况、运行情况等更可靠、更相关的会计信息。

需要说明的是，政府会计主体发生的有些经济业务或者事项，看似会计政策变更，但不属于会计政策变更：①本期发生的经济业务或者事项与以前相比具有本质差别而采用新的会计政策。②对初次发生的或者不重要的经济业务或者事项采用新的会计政策。③会计政策变更应采用的方法。

（三）会计政策变更的处理方法

国际公共部门会计准则规定，会计政策变更能够提供更可靠、更相关的会计信息的，应当采用追溯调整法处理，但确定该项会计政策变更累积影响数不切实可行的，应当从可追溯调整的最早期间期初开始应用变更后的会计政策。在当期期初确定会计政策变更对以前各期累积影响数不切实可行的，应当采用未来适用法处理。考虑到“不切实可行”的规定需要会计人员有相当的专业判断，为了简化实务操作，《政府会计调整准则》适当简化了追溯调整法的会计处理，且没有引入“不切实可行”的规定。对于会计政策变更的影响或者累积影响数不能合理确定的，要求政府会计主体均采用未来适用法进行处理。

1. 追溯调整法。追溯调整法是指对某项经济业务或者事项变更会计政策时，视同该项经济业务或者事项初次发生时即采用变更后的会计政策，并以此对财务报表相关项目进行调整的方法。

采用追溯调整法时，政府会计主体应当将会计政策变更的累积影响调整最早前期有关净资产项目的期初余额，其他相关项目的期初数也应一并调整；涉及收入、费用等项目的，应当将会计政策变更的影响调整受影响期间的各个相关项目。

会计政策变更的累积影响，是指按照变更后的会计政策对以前各期追溯计算的最早前期各个受影响的净资产项目以及其他相关项目的期初应有金额与现有金额之间的差额；会计政策变更的影响，是指按照变更后的会计政策对以前各期追溯计算的各个受影响的项目变更后的金额与现有金额之间的差额。

政府会计主体按规定编制比较财务报表的，对于比较财务报表可比期间的会计政策变更影响，应当调整各该期间的收入或者费用以及其他相关项目，视同该政策在比较财务报表期间一直采用。对于比较财务报表可比期间以前的会计政策变更的累积影响，政府会计主体应当调整比较财务报表最早期间所涉及的期初净资产各项目，财务报表其他相关项目的期初数也应一并调整。

2. 未来适用法。会计政策变更的影响或者累积影响不能合理确定的，政府会计主体应当采用未来适用法对会计政策变更进行处理。

未来适用法，是指将变更后的会计政策应用于变更当期及以后各期发生的业务或者事项，或者在会计估计变更当期和未来期间确认会计估计变更的影响的方法。

采用未来适用法时，政府会计主体不需要计算会计政策变更产生的影响或者累积影响，也无须调整财务报表相关项目的期初数和比较财务报表相关项目的金额。

政府会计主体应当按照政府会计准则制度的规定对会计政策变更进行处理。政府会计准则制度对会计政策变更未做出规定的，通常情况下，政府会计主体应当采用追溯调整法进行处理。

考虑到实务中预算会计涉及的会计政策变更和会计估计变更情形很少，即使存在，一般也是法定政策变更，因此《政府会计调整准则》关于会计政策变更、会计估计变更的会计处理原则仅适用政府财务会计。

第二节 会计估计及其变更的研究

一、会计估计

（一）会计估计的含义和特点

会计估计，是指政府会计主体对结果不确定的业务或者事项以最近可利用的信息为基础所做的判断，如固定资产、无形资产的预计使用年限等。

政府会计主体进行会计核算，总是力求保持会计核算的准确性，但由于不确定因素的影响，许多财务报表项目不能精确地计量，而只能加以估计。例如，发生的坏账、固定资产残余价值、无形资产摊销年限等，都需要进行估计。通过合理地进行会计估计，不仅有助于政府会计主体为会计信息使用者提供客观、公允的财务报表，也有助于管理者了解政府会计主体的真实财务状况和运营结果，进而做出正确的决策。

可见，会计估计是进行会计核算和相关信息披露过程中不可避免的重要活动。会计估计有如下特点；

1. 会计估计的前提是经济活动存在不确定性因素。在会计核算中，政府会计主体总是力求保持会计核算的准确性，但有些经济业务本身具有不确定性，例如固定资产和公共基础设施的折旧年限等，因而需要根据经验做出估计。同时，采用权责发生制基础编制财务报表这一事实本身也使得有必要充分估计未来经济业务或事项的影响。可以说，在进行会计核算和相关信息披露的过程中，会计估计是不可避免的。

2. 利用最近可利用的信息或资料是会计估计的基础。政府会计主体在会计核算中，由于运营活动中内在的不确定性，不得不经常进行估计。一些估计的主要目的是确定资产或负债的账面价值，例如，坏账准备、预计负债；另一些估计的主要目的是确定将在某一期间记录的收益或费用的金额，例如，某一期间的折旧、摊销的金额。政府会计主体在进行会计估计时，通常应根据当时的情况和经验，以一定的信息或资料为基础进行。但是，随着时间的推移和环境的变化，进行会计估计的基础可能会发生变化，因此，进行会计估计所依据的信息或资料不得不经常发生变化。由于最新的信息是最接近目标的信息，以其为基础所做的估计最接近实际，所以进行会计估计时应以最近可利用的信息或资料为基础。

正如在沙拉拉诉格恩瑟纪念医院案件中肯尼迪法官宣称的那样："财务会计并不是一门精确的科学，它讨论的很多问题都不存在确切的答案，人们需要接连不断地进行估计、做出主观判断……一般公认会计原则（GAAP）并不是对现有会计规则进行清晰的编撰，也不是有关会计规则的百科全书。它不是具有同一渊源的规则群，相反，它是指在一个特定时期内人们可以接受的会计实务，这些会计实务可能表现为惯例、规则或会计处理流程。由于缺乏统一的权威渊源，要想确定某一特定的会计原则是否属于'一般公认'的，是非常困难的"。① 因此，提高会计准则的制定质量亦是提升会计准则法律效力的有效途径之一。

3. 会计估计的结果不会削弱会计核算的可靠性。会计估计是政府会计主体经济活动中不可避免的，合理的会计估计是会计核算中必不可少的部分，它不会削弱会计核算的可靠性。

（二）会计估计的内容

下列各项属于常见的、需要进行估计的项目：

1. 坏账。即因账龄期长或其他原因造成回收困难甚至无法收回而需要提取

① 刘燕：《会计法》，北京大学出版社 2001 年版，第 31 页。

坏账准备或做坏账核销的估计。

2. 存货遭受毁损、全部或部分陈旧过时以及市价下跌，需估计存货价值或应估计提取存货跌价准备。

3. 固定资产的耐用年限与净残值的估计。

4. 无形资产的受益期，即除土地使用权以外的无形资产的受益年限的估计。

5. 长期待摊费用的分摊期间。

6. 收入确认中的估计等。

合理地进行会计估计，不仅有利于会计主体编制客观、公允的会计报表，而且有利于管理当局了解会计主体的真实情况，制定切合实际的政策。

二、会计估计变更

（一）会计估计变更的原因及其条件

政府会计主体进行会计估计，往往是在一定的经验和现有信息、资料的基础上对未来所做的判断。随着时间的推移，政府会计主体有可能取得新的信息，积累更多的经验，表明以往会计估计不再适用，在这种情况下，政府会计主体需要对会计估计进行修订，即会计估计发生变更。政府会计主体据以进行会计估计的基础发生了变化，或者由于取得新信息、积累更多经验以及后来的发展变化，可能需要对会计估计进行修订。会计估计变更应以掌握的新情况、新进展等真实、可靠的信息为依据。

会计估计变更，是指由于资产和负债的当前状况及预期未来经济利益和义务发生了变化，从而对资产或负债的账面价值或者资产的定期消耗金额进行调整。

综上所述，可以看到，会计估计变更的原因主要有：

1. 赖以进行估计的基础发生了变化。政府会计主体进行会计估计，总是依赖于一定的基础。如果其所依赖的基础发生了变化，会计估计也应相应发生变化。例如，政府会计主体的某项无形资产摊销年限原定为 10 年，以后发生的情况表明，该资产的受益年限已不足 10 年，相应调减摊销年限。

2. 取得了新的信息、积累了更多的经验。政府会计主体进行会计估计是就现有资料对未来所做的判断，随着时间的推移，政府会计主体有可能取得新的信息，积累更多的经验，在这种情况下，政府会计主体可能不得不对会计估计进行修订，即发生会计估计变更。例如，原来政府会计主体根据当时能够得到的信息，对应收账款每年按其余额的5%计提坏账准备，现在掌握了新的信息，判定不能收回的应收账款比例已达15%，政府会计主体改按15%的比例计提坏账准备；又如，政府会计主体原对固定资产采用平均年限法按15年计提折旧，后来根据新得到的信息，固定资产经济使用寿命已经下降，从而缩短了折旧年限。

需要说明的是，会计估计变更并不意味着以前期间的会计估计是错误的，只是由于情况发生变化，或者掌握了新的信息、积累了更多的经验，使得变更会计估计能够更好地反映政府会计主体的财务状况和运行情况。如果以前期间的会计估计是错误的，则属于会计差错，按会计差错更正的会计处理办法进行处理。

（二）会计估计变更的处理方法

《政府会计调整准则》第十二条指出，政府会计主体应当对会计估计变更采用未来适用法处理。就是说在会计估计变更当年及以后期间，采用新的会计估计，不改变以前期间的会计估计，也不调整以前期间的报告结果。会计估计变更采用未来适用法的处理方法是：

1. 如果会计估计的变更仅影响变更当期，有关估计变更的影响应于当期确认。例如，政府会计主体原按应收账款余额的5%提取坏账准备，由于政府会计主体不能收回应收账款的比例已达10%，政府会计主体改按应收账款余额的10%提取坏账准备。这类会计估计的变更只影响变更当期，因此，应于变更当期确认。

2. 如果会计估计的变更既影响变更当期又影响未来期间，有关估计变更的影响在当期及以后各期确认。例如，可计提折旧的固定资产，其有效使用年限或预计净残值的估计发生了变更，常常影响变更当期及资产以后使用年限内各个期间的折旧费用。因此，这类会计估计的变更应于变更当期及以后各期确认。

【例7-1】2019年12月31日，A科研事业单位购进试验用设备一台，价值160 000元，估计使用年限为8年，按直线法计提折旧。2024年初由于新技术的发展等原因，需要对原估计的使用年限和净残值做出修正，修改后该设备的耐用年限为2年。

A单位对上述估计变更的处理方式如下：不调整以前各期折旧，也不计算累积影响数，变更日以后发生的会计事项改按新估计使用年限提取折旧。

按原估计，每年折旧额为20 000元，已提折旧4年，共计80 000元，固定资产净值为80 000元，则第5年相关账户的期初余额如下：

固定资产　　160 000

减：累计折旧　　80 000

固定资产净值　　80 000

改变估计使用年限后，2024年起每年计提的折旧费用为40 000元（80 000 ÷ 2）。2024年不必对以前年度已提折旧进行调整，只需按重新预计的使用年限和净残值计算确定的年折旧费用，编制会计分录如下：

借：业务活动费用　　40 000

　　贷：固定资产累计折旧　　40 000

需要说明的是，政府会计主体对某项变更难以区分为会计政策变更或者会计估计变更的，应当按照会计估计变更的处理方法进行处理。

三、会计估计变更的披露

《政府会计调整准则》规定，政府会计主体应当在财务报表附注中披露以下与会计估计变更相关的信息：

（1）会计估计变更的内容和理由，包括变更的内容、变更日期以及为什么要对会计估计进行变更。

（2）会计估计变更对当期和未来期间的影响数。同时，如果会计估计变更的影响数不易确定，披露其理由。

第三节　会计差错更正的研究

一、会计差错的概念

会计差错，是指政府会计主体在会计核算时，在确认、计量、记录、报告等方面出现的错误，通常包括计算或记录错误、应用会计政策错误、疏忽或曲解事实产生的错误、财务舞弊等。

关于会计差错概念，可从以下方面认识：

（1）产生会计差错的环节，包括确认、计量、记录、报告等。众所周知，无论在哪个核算环节，也无论出于何种目的和行为，只要存在会计差错，都势必破坏会计信息质量，甚至影响报表使用人的决策。

（2）会计差错产生的原因有主观方面也有客观方面。客观上的原因包括经济业务更加复杂，财务工作量加大，对会计事项的不确定性因素的判断和会计估计难以准确；主观上的原因包括有些会计主体列报虚假业务、篡改记录、隐瞒事实、钻政策漏洞，为的是实现一己私利。

二、会计差错产生的原因

（一）计算或记录错误

计算或记录错误通常是由于工作疏忽或精神疲劳、注意力不集中等原因导致的。

1. 账户的分类以及计算错误。例如，政府会计主体把预付给出包工程的款项计入“预付账款”账户，导致账户分类上的错误，并导致在资产负债表上流动资产合计数与固定资产合计数的错误。

2. 政府会计主体漏记已完成的经济业务，或者提前确认尚未完成的经济业务。例如，政府会计主体采用托收承付销售产品一批，托收手续已办妥，货款尚未收到，商品销售收入确认条件均已满足，但政府会计主体在期末时未将实现的销售收入及时入账。

3. 对事实的疏忽和误解，日常抄写差错、记账发生错误等，如误登账目、账页，数字错位、科目记错、借贷方向记反，重记漏记某笔业务等。

（二）会计估计上的差错

由于经济业务中不确定因素的影响，政府会计主体在进行会计核算时经常需要做出估计，但由于操作有误，会计估计会发生差错。例如，政府会计主体在计算固定资产折旧时多估计或少估计了预计使用年限，导致会计估计错误。

（三）应用会计政策错误

政府会计准则或制度规定，政府会计主体应当按照会计准则和会计制度规定的原则和方法进行核算。也就是说，政府会计主体实际上是从会计准则和会计制度规定的会计政策中进行选择。但是，政府会计主体在具体执行过程中有可能由于各种原因而采用会计准则和会计制度等会计规范所不允许的会计政策。例如，按照负债准则关于借款费用的规定，为购建固定资产而发生的借款费用，在固定资产达到预定可使用状态前发生的，在满足一定条件时应予资本化，计入所购建固定资产的成本；在固定资产达到预定可使用状态后发生的，计入当期损益。如果政府会计主体的固定资产达到预定可使用状态后发生的借款费用计入该项固定资产的价值，予以资本化，则属于采用了会计准则所不允许的会计政策。此外，政府会计主体也可能采用法律或会计准则等行政法规、规章所不允许的会计政策。例如，按照增值税暂行条例及其实施细则的规定，购进非经营性活动所用固定资产的进项税不予抵扣，其增值税专用发票上注明的增值税额应记入购进固定资产成本。如果政府会计主体购进的此类增值税非应税项目所用的固定资产进项税额抵扣了增值税应税项目的税额，属于采用法律或会计准则等行政法规、制度不允许的会计政策。

（四）疏忽或曲解事实产生的错误

按照《现代汉语词典》的解释，疏忽是指不注意或不重视，曲解是指错误地解释客观事实或别人的意愿，即歪曲原意，做错误的解释或理解。例如某单位在盘点固定资产时，由于无法查明损失原因，直接做意外事故报损。

（五）财务舞弊

1. 财务舞弊的概念界定。按照《现代汉语词典》的解释，舞弊是“用欺骗的方式做违法乱纪的事情”①。按照韦伯斯特词典（Webster's Dictionary）的定义，舞弊是指“欺骗或误导的行为”。《舞弊检查与预防》一书作者将舞弊定义为：“舞弊是指借助于人类智慧所能及的各种诡计、技巧、骗局、掩饰等手段致使他人蒙受损失的行为。”② 美国注册舞弊检查师协会（ACFE）将舞弊行为分为三种类型：一是滥用资产，包括盗取或挪用机构的资产；二是腐败，指员工利用其在公司经济业务中的影响而违背对雇主的义务以获取私利，典型的例子包括回扣、投标操纵等；三是虚假财务报告。按照 ACFE 数据，滥用资产是最普遍的舞弊手段，占舞弊案例的 90% 左右；腐败居中，占舞弊案例的 30% 左右；虚假财务报

---

① 张苏彤：《法务会计研究》，中国时代经济出版社 2009 年版。

② Albrecht & Albrecht：Fraud Examination & Prevention，Thomson 2004. p5.

告占比最低，大概仅占 8%，不过其导致的损失一般远高于其他舞弊。[①]

舞弊行为运用在财务活动中，便形成了财务舞弊的概念。什么是财务舞弊，美国注册会计师协会（AICPA）在《审计准则公告》第 16 号对财务舞弊是这样定义的："财务舞弊是指故意编造虚假财务报告，如管理人员蓄意虚报，管理人员的会计信息舞弊、盗用资产或公款。"中国注册会计师协会（CICPA）在《独立审计具体准则第 8 号——错误与舞弊》对舞弊是这样定义的："舞弊，是指导致会计报表产生不实反映的故意行为。"

可见，财务舞弊行为不是孤立存在的，而是人的趋利行为和特定制度背景下的产物，是一种以获取不正当的利益为目的，采用欺骗性手段故意谎报财务事实的行为，本质上是一种违法的经济行为。

2. 舞弊的特征和表现形式。故意性错误是舞弊的本质特征，表现为应做未做和不应做而做所导致的错误。舞弊行为形形色色，通常是行为过失人采取专门手段或钻法律、法规、政策、规章、制度等空子，有意制造错误，表现形式为：伪造、变造记录或凭证；侵占资产；隐瞒或删除经济业务或事项；记录虚假的经济业务或事项；蓄意使用不当的会计政策。这进一步印证了舞弊是以达到掩盖或掩饰事实真相、欺骗和蒙混过关目的的故意性行为。

3. 错误与舞弊。区别错误与舞弊的关键是看造成财务报表错报漏报的行为是否故意。与错误不同，舞弊行为通常含有蓄意掩饰事实的动机。

错误，在财务会计中也称为差错，通常是指当事人在计算、整理、制证、填单、登账、编表、保管及其相关业务处理中，由于客观原因与非主观故意所造成的行为过失。错误的特征有以下几个方面：在原因上是非主观因素所致的；在动机上是非故意所为的，它无不良动机和企图；在手段上具有偶然性和随意性，不是采取特定手段所为的；在性质上属于一种行为过失。

应该指出的是，人们通常将错误分为无意错误与故意错误。无意错误，是专指行为过失人事先并不知道是错误或不可避免，它未经计划预谋，属于不自觉性的错误或典型性错误，它没有特定目的，且对过失人而言，实施该行为时是愿意避免而无力避免或不可避免的错误。故意错误，是指主观性错误，是行为过失人明知故犯或有预谋、有计划地制造出的错误，它是过失行为人主观故意所为，已

① 党红：《舞弊那些事儿》，《首席财务官》，2014 年 12 月 10 日。

超出了错误范畴，属于舞弊的范围。

将舞弊与错误混为一谈，是舞弊者期望的结果，也是其狡辩与强词夺理、躲避处理处罚的目的。错误成为舞弊者避重就轻、掩盖舞弊真正目的的一个托词。现实中，不掌握一定的判别差错与舞弊的鉴别知识，很难将其区分清楚，极易让舞弊者逃脱处罚。

三、关于会计差错重要性的判断标准

对于会计差错更正，现行政府会计准则和国际公共部门会计准则均分别重要性和非重要性做出不同规定，但并未在准则中明确重要性的判断标准。为了提高可操作性，《政府会计调整准则》第十四条对重要性标准进行了规定，即“重大会计差错，是指政府会计主体发现的使本期编制的报表不再具有可靠性的会计差错，一般是指差错的性质比较严重或者差错的金额比较大。该差错会影响报表使用者对政府会计主体过去、现在或者未来的情况做出评价或者预测，则认为性质比较严重，如未遵循政府会计准则制度、财务舞弊等原因产生的差错。通常情况下，导致差错的经济业务或者事项对报表某一具体项目的影响或者累积影响金额占该类经济业务或者事项对报表同一项目的影响金额的10%及以上，则认为金额比较大。”此外还规定，政府会计主体滥用会计政策、会计估计及其变更，应当作为重大会计差错予以更正。

可见，重大会计差错一般是指差错的性质比较严重或差错的金额比较大。该差错会影响报表使用者对政府会计主体过去、现在或者未来的情况做出评价或者预测，则认为性质比较严重，如未遵循政府会计准则制度、财务舞弊等原因产生的差错。

四、会计差错的更正

政府会计主体会计差错处理不仅包括会计差错的账务更正，而且需要综合考虑部门综合预算、年度决算、结余资金管理、制度建设和责任追究等一系列问题。

根据《政府会计调整准则》的规定，对会计差错更正的一般原则如下。

（一）本期发现的会计差错

政府会计主体在本报告期（以下简称“本期”）发现的会计差错，应当按照以下原则处理：

1. 本期发现的与本期相关的会计差错，应当调整本期报表（包括财务报表和预算会计报表，下同）相关项目。

2. 本期发现的与前期相关的重大会计差错。根据《政府会计调整准则》的标准，导致差错的经济业务或者事项对报表某一具体项目的影响或者累积影响金额占该类业务或者事项对报表同一项目的影响金额的10%及以上，属于重大会计差错。

本期发现的与前期相关的重大会计差错更正要求有：

（1）一般情况下，重大会计差错如影响收入、费用或者预算收支的，应当将其对收入、费用或者预算收支的影响或者累积影响调整发现当期期初的相关净资产项目或者预算结转结余，并调整其他相关项目的期初数；如不影响收入、费用或者预算收支的，应当调整发现当期相关项目的期初数。经上述调整后，视同该差错在差错发生的期间已经得到更正。

需要指出的是，在对重大前期差错进行会计处理中，现行企业会计准则和国际公共部门会计准则采用“追溯重述法”，虽然追溯重述法与追溯调整法概念不同，但会计处理方法一致。为了减少新概念的出现，增强政府会计准则的可理解性，《政府会计调整准则》对于重大前期差错更正未引入“追溯重述法”，也没有引入“追溯调整法”，而是对相关会计处理方法直接做出规定。

此外，考虑决算报告经人大批准后不应再做调整，《政府会计调整准则》关于预算会计前期重大会计差错的处理没有要求调整可比期间的预算结转结余。

（2）例外情况是，与前期相关的重大会计差错的影响或者累积影响不能合理确定的，按照下面“非重大会计差错”的规定进行处理。

3. 本期发现的与前期相关的非重大会计差错，应当将其影响数调整相关项目的本期数。

（二）报告日至报告批准报出日之间的会计差错

政府会计主体在报告日至报告批准报出日之间的会计差错，应当按照以下原则处理：

1. 属于报告期以前期间的重大会计差错，应当视同本期发现的与前期相关的重大会计差错规定处理。

2. 属于报告日至报告批准报出日之间发现的报告期间的会计差错及报告期以前期间的非重大会计差错，应当按照报告日后事项中的调整事项进行处理（详见本章第四节）。

五、会计差错更正对财务报表的影响

政府会计主体按规定编制比较财务报表的，对于比较财务报表期间的重大会计差错，应当调整各该期间的收入或者费用以及其他相关项目；对于比较财务报表期间以前的重大会计差错，应当调整比较财务报表最早期间所涉及的各项净资产项目的期初余额，财务报表其他相关项目的金额也应一并调整；对于比较财务报表期间和以前的非重大会计差错，以及影响或者累积影响不能合理确定的重大会计差错，应当调整相关项目的本期数。

第四节　报告日后事项

现行会计调整准则中没有明确提出“资产负债表日”这一概念，而是借鉴《国际公共部门会计准则第 14 号——报告日后事项》的规定，采用了“报告日后事项”。

一、报告日后事项的内涵

报告日后事项，即资产负债表日后事项，是指自报告日（年度报告日通常为 12 月 31 日）至报告批准报出日之间发生的需要调整或说明的事项，包括调整事项和非调整事项两类。

第一，通常政府会计主体期末编制的财务报表是按照某些业务或事项结账时（资产负债表日）存在状况编制的。但在实际工作中，有些经济业务或事项是在资产负债表日以后、财务报告批准报出日之前发生，而且这些经济业务或事项对政府会计主体报告期的财务状况、运营成果以及现金流量可能会产生较大的影响。为了使财务报告的使用者能够全面、客观地了解政府会计主体的财务信息，就必须评价这些业务或事项，以确定这些业务或事项是否应调整将要报出的报告期的财务报告，或仅仅在附注中进行说明即可，以便使用者能够获取与公布日最为相关的可以利用的信息。可见，资产负债表日后事项不仅能够为政府会计主体

资产的存在状况提出新的判断依据，还会影响政府会计主体的收益评价情况，有利于投资者审时度势，判断政府会计主体风险，判断在财务报表报出之前又真实发生并且发生情况和当初预估情况有所出入、影响政府会计主体的财务情况，从而有利于会计信息使用者客观、真实地了解政府会计主体的财务状况和运行情况，以便做出正确的判断和决策。

第二，政府会计主体所从事的各种运营活动是一个连续不断的过程。按照会计分期的要求，政府会计主体应分期提供会计报表，会计报表一般是按照某些事项当时存在的状况编制的，但是由于编制的会计报表从资产负债表日至报表公布日之间，有可能发生一些对报表内容发生影响的会计事项，从而需要对报表进行调整或补充说明，目的是有助于对报表的理解和运用。

出于管理和控制的目的，会计要求定期编制会计报表以反映政府会计主体的财务状况和运行情况，即要求人为地将这一连续的过程划分成等间隔的会计期间。显然，这种划分是必要的，但是某些会计事项并不能在某一会计期间内最终完成。所以，在编制会计报表时，只能根据当时所取得的证据，对这些会计事项做出判断和估计。随着时间的推移和生产经营过程的延续，必然会出现一些新的证据和事项，证明原来的判断和估计有所偏差，这就需要进行调整和补充说明，以保证会计信息的客观性和相关性。

第三，按照会计分期假设的要求，政府会计主体应于每一会计年度终了编制财务报告，其各项指标是根据年度经营状况编制的。有些项目可能出现难以准确判断只能依靠估计加以确认的情况，而在财务报告报出时又取得了新的或进一步的证据，证明原来的估计有错，因此应对原来的估计加以修订。有些事项为资产负债表日后新发生的，对财务报表资料有直接影响，为提高财务报告反映信息的有用性，应以附注加以说明。由此可见，资产负债表日后事项是为了使资产负债表日提供的会计信息更加准确、有用而需要调整或说明的事项。

二、与报告日后事项相关概念的辨析

（一）报告日

报告日，即资产负债表日，它有广义狭义之分。广义报告日包括会计年末和会计中期期末。我国的会计年度采用公历年度，即 1 月 1 日至 12 月 31 日。因此，年度资产负债表日是指每年的12月31日，中期资产负债表日是指各会计中期期末，包括月末、季末、半年末。例如，第一季度的资产负债表日是3月31日，半年的资产负债表日是6月30日等。狭义报告日指的是结账日期，即结账和编制资产负债表的日期。在我国会计年度中，资产负债表日一般是指每年12月31日。

（二）财务报告批准报出日

财务报告批准报出日，通常是指对财务报告的内容负有法律责任的单位或个人批准财务报告对外公布的批准日期。对于公司制企业，财务报告批准报出日是指董事会批准财务报告报出的日期。对于非公司制企业，财务报告批准报出日是指经理（厂长）会议或类似机构批准财务报告报出的日期。对于行政事业单位，财务报告批准报出日需要在同级人大审批之后。

（三）资产负债表日后事项的涵盖期间

资产负债表日后事项涵盖的期间，是指自资产负债表日次日起至财务报告批准报出日止的一段时间，具体是指：报告年度次年的1月1日或报告期下一期间的第一天至经批准财务报告对外公布的日期。财务报告批准报出以后、实际报出之前又发生与资产负债表日后事项有关的事项，并由此影响财务报告对外公布日期的，应以再次批准财务报告对外公布的日期为截止日期。

（四）报告日后事项

报告日后事项，是指自报告日（年度报告日通常为12月31日）至报告批准报出日之间发生的需要调整或说明的事项，包括调整事项和非调整事项两类。

1. 调整事项。资产负债表日后调整事项，是指对资产负债表日已经存在的情况提供了新的或进一步证据的事项。

如果资产负债表日及所属会计期间已经存在某种情况，但当时并不知道其存在或者不能知道确切结果，资产负债表日后发生的事项能够证实该情况的存在或者确切结果，则该事项属于资产负债表日后事项中的调整事项。调整事项所提供新的追加证据有助于对资产负债表日存在情况做出新的估计。其主要特点有：①相关情况在资产负债表日或之前已经存在，资产负债表日后得到新的或进一步证据；②对依据资产负债表日存在状况编制的财务报告产生重大影响。报告日以后获得新的或者进一步的证据，有助于对报告日存在状况的有关金额做出重新估计，应当作为调整事项。

2. 非调整事项。资产负债表日后非调整事项，是指表明资产负债表日后发生的情况的事项。资产负债表日后非调整事项的发生虽然不影响资产负债表日的存在情况，但在资产负债表日后发生而需要调整相关的资产或负债时，其影响可能是重大的，不加以说明将会影响财务会计报告使用者做出正确估计和决策。其主要特点有：①相关情况在资产负债表日或之前并未发生或存在，完全是在资产负债表日后发生的；②对理解和分析财务会计报告有着重大影响。

调整事项与非调整事项既有联系又存在一定差别，这两类事项的共同点在于：调整事项和非调整事项都是在资产负债表日后至财务会计报告批准报出日之间存在或发生的，对报告年度的财务会计报告所反映的财务状况、经营成果都将产生重大影响。区别在于调整事项存在于资产负债表日或以前，资产负债表日后提供了证据对以前已存在的事项所做的进一步说明；非调整事项是在资产负债表日尚未存在，但在财务会计报告批准报出日之前发生或存在。

三、调整事项

（一）调整事项的主要内容

调整事项包括已证实资产发生了减损、已确定获得或者支付的赔偿、财务舞弊或者差错等。

1. 已证实资产发生了减损。在资产负债表日或资产负债表日以前，政府会计主体根据当时的资料判断某项资产可能发生了损失，但没有最后确定是否会发生。在年末结账时，按照当时最佳的估计金额反映在会计报表中，在资产负债表日至财务会计报告批准报出之前，取得了新的证据能证明某项资产已经发生了损失或减值，这时就应对资产负债表日所做的估计予以修正。

2. 已确定获得或者支付的赔偿。

3. 财务舞弊或者差错。在报告日或报告日以前，政府会计主体发现的属于资产负债表所属期间或以前期间存在的财务报表舞弊或差错，该财务报表舞弊或差错应当作为资产负债表日后调整事项，调整报告年度或报告中期财务报告相关项目的数字。

（二）调整事项处理原则

《政府会计调整准则》指出，报告日以后发生的调整事项，应当如同报告所属期间发生的事项一样进行会计处理，对报告日已编制的报表相关项目的期末数或者本期数做相应的调整，并对当期编制的报表相关项目的期初数或者上期数进行调整。

由于调整事项是资产负债表日后获得了新的或进一步证据的事项，该事项影响了会计报表编制过程中的内在估计，从而影响了依据资产负债表日存在状况编制的财务会计报告的信息相关性和有用性，对此，政府会计主体应当就调整事项，对资产负债表日所确认的相关资产、负债和净资产，以及资产负债表日所属期间的相关收入、费用等进行调整，同时也要调整资产负债表日已编制的财务报表。

四、非调整事项

（一）非调整事项的主要内容

报告日以后才发生或者存在的事项，不影响报告日的存在状况，但若不加以说明，将会影响报告使用者做出正确估计和决策，这类事项应当作为非调整事项在财务报表附注中予以披露，如自然灾害导致的资产损失、外汇汇率发生重大变化等。

1. 自然灾害导致的资产损失。在资产负债表日至财务会计报告批准报出日之前发生的自然灾害导致的资产损失，是不可抗力所造成的。但这一事项对企业财务状况所产生的影响如果不加以披露，有可能使财务会计报告使用者产生误解，导致其做出错误的决策。因此，自然灾害导致的重大资产损失应作为一个非调整事项在会计报表附注中进行披露。

2. 外汇汇率发生重大变化。由于编制者已经在报告日按照当时的资产价格、税收政策、外汇汇率对有关账户进行调整，一般来说，不对报告日财务报表的数字进行调整。但是，如果报告日后资产价格、税收政策、外汇汇率发生重大变化，应对由此产生的影响在会计报表附注中进行披露。

（二）非调整事项的处理原则

报告日后发生的非调整事项是报告日以后才发生或存在的事项，不影响报告日存在状况，不需要对报告日编制的会计报表进行调整。但由于事项重大，如不加以说明，将会影响财务报告使用者做出正确估计和决策，因此应当在会计报表附注中加以披露，即在会计报表附注中说明。说明事项的性质、内容，以及对财务状况和业务活动情况的影响，以补充报告日编制的财务会计报告的信息。如无法估计其影响，应当说明无法估计的理由。

五、报告日后披露

《政府会计调整准则》规定，政府会计主体应当在附注中披露与报告日后事项有关的下列信息：

（1）财务报告的批准报出者和批准报出日。按照有关法律、行政法规等的规定，政府组织的主管部门或其他方面有权对报出的财务报表进行修改的，应当披露这一情况。

（2）每项重要的报告日后非调整事项的内容及其估计对政府会计主体财务状况、运行情况的影响，无法做出估计的，应当说明原因。

此外，鉴于财政总预算会计及部门决算工作的特殊要求，《政府会计调整准则》在附则部分规定，财政总预算会计中涉及的会计调整事项，按照《财政总预算会计制度》和财政部其他相关规定处理。单位预算会计涉及的会计调整事项，按照部门决算报告制度的有关要求进行披露。

第八章
负债准则

政府负债是政府部门以各种信用形式筹集资金、缓解财政支出压力、顺利履行各类政府职能的重要手段，也是引发财政危机、威胁一国财政安全的主要因素。要加强对政府负债的管理，控制财政风险，高质量的政府负债会计与财务报告信息是重要的前提保证。[①]

在现代社会，任何政府都具有双重主体身份，即经济主体和公共主体。当政府以经济主体身份参与社会活动时，政府与企业、个人等经济主体在法律上处于平等的地位，拥有相应的权利与义务。随着政府活动范围的不断扩大，财政支出日益增多，国家仅靠税收不能满足日益增长的财政支出需要，政府需要作为债务人，与债权人之间按照有偿原则发生信用关系来筹集财政资金（借入债务资金），增加政府可支配的资金，以调度社会资金、弥补财政赤字、调控经济的运行。目前，政府会计主体负债的产生途径有三个：①当政府会计主体已经收到客户交来的现金，但还没有履行确认收入所需履行的合同责任时，负债可能产生，如预收的账款等；②当政府会计主体在其运营周期或当期已经使用了商品或劳务，但还没有向供应商付款时，负债可能产生，如应付款或应计负债；③当政府会计主体向银行、金融机构和社会公众筹集债务资金时，负债可能产生，如国内外借款等。

负债是一把“双刃剑”，一方面，政府通过发行债券或借款等形式筹措资金代替税收，使政府不需要通过立法来增加政府资金，以暂时维持或增加公共支出；另一方面，大量的负债规模和复杂的债务结构增大了政府还债的风险。

从会计角度全面核算并提供可靠的政府负债信息，有助于政府会计信息使用者全面了解政府的负债情况、债务风险和偿债压力，评价政府偿债能力，有助于政府相关部门加强政府债务风险管理。为此，财政部在遵循《政府会计准则——基本准则》的前提下，借鉴企业会计准则的经验，充分考虑政府会计的特点，于2018年11月15日发布了《政府会计准则第8号——负债》。《政府会计准则第8号——负债》立足于建立政府负债的一般性会计处理规范，充分考虑了政府会计主体的业务特点及其面临的政策环境，在负债确认计量方法、借款费用处理等方面，与企业会计准则规定有一定差别。

《政府会计准则第8号——负债》（以下简称《负债准则》）共七章37条，

---

① 李元，杨薇钰：《政府负债会计的会计政策选择原则论析——以美国联邦政府为例》，《财经理论与实践》，2007年11月25日。

自 2019 年 1 月 1 日起施行。内容包括：

第一章总则，主要规定了《负债准则》的制定依据、负债的定义和确认条件、负债的分类等。

第二章举借债务，主要规定了举借债务的概念、内容、确认和计量，以及借款费用的概念及其会计处理。

第三章应付及预收款项，主要规定了应付及预收款项的概念和类别、各类应付及预收款项的确认和计量。

第四章暂收性负债，主要规定了暂收性负债的概念和类别、各类暂收性负债的确认和计量。

第五章预计负债，主要规定了预计负债的概念、确认和计量。

第六章披露，主要规定了各类政府负债的披露要求。

第七章附则，规定了本准则的生效时间。

《负债准则》的框架结构如图 8 –1 所示：

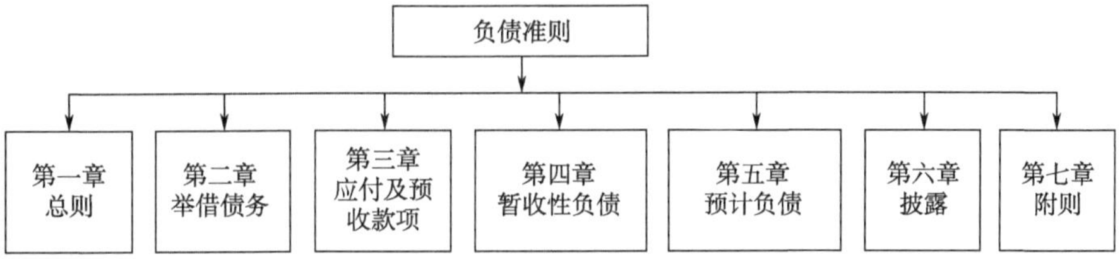

图 8 –1 《负债准则》框架

第一节　政府债务与政府会计负债

一、政府债务的界定

政府债务与政府会计负债是一对相互联系但又不相同的概念。债务问题涉及政府债务、企业债务、家庭债务等诸多方面，并和经济发展关系密切，需要全面深入分析才能看清“庐山真面目”。

（一）相关概念辨析

1. 债务、财政债务和政府债务。“债务”一词，按照《现代汉语词典》的解释，是指债户（借债的人）所负还债的义务。《中华人民共和国民法通则》第八十四条规定，债是按照合同的约定或者依据法律的规定，在当事人之间产生的特定的权利和义务关系。享有权利的人是债权人，负有义务的人是债务人。法定意义上的债务是依据合同的约定或者法律规定而产生的，因此受到法律保护，债务人必须按照合同的约定或法律的规定履行义务。① 若从经济学角度看，“债务”就是一方行为主体与另一方行为主体在发生的经济交往事务中所形成的债权债务关系。

财政债务有狭义和广义之分，狭义上的财政债务是财政部门以财政的名义发行的债券和举借的债务。广义上的财政债务指政府债务②，包括财政部门的财政债务和其他政府部门的准财政债务。

随着社会的发展，债务的形式也逐渐发生变化，形成了多形式、多内容的债务类别。按债务的主体分类，债务的主体是指义务承担主体，即债务人。债务按债务人可分为政府债务、企业债务和个人债务。其中，政府债务（或称公共债务）是一个广泛使用、内涵丰富但含糊不清的概念。政府债务界定问题是研究政府债务核算与披露的基础，如果不清楚什么是政府债务，就无法进一步探讨如何更准确地核算和披露政府债务问题③，政府会计负债准则问题也就无从谈起。对于政府债务，各种定义如下：

财政债务通常指政府债务，即各级政府机关、事业单位或其他组织向国（境）内外承借或担保的，以财政资金为主要还款来源的债务。④

国际会计师协会把“政府债务”定义为：能带来某种形式的经济利益且由过去事件引起的一种现行的政府债务，解决这些负债要导致政府资金的流出。

政府债务是指政府应该直接承担的债务，主要包括政府自身存续活动产生的负债以及实施公共管理职能产生的公债。⑤

政府债务是以政府为债务主体，利用国家信用形式，通过贷款或发行债券等手段而形成的一种特殊的债权债务关系。⑥

---

① 陈均平：《中国地方政府债务的确认、计量和报告》，中国财政经济出版社 2010 年版。
② 财政部会计准则委员会：《政府绩效评价与政府会计》，大连出版社 2005 年版。
③ 陈璐璐：《我国政府债务核算与披露问题研究》，《预算管理与会计》，2010 年 1 月。
④ 求知：《我国财政债务核算及披露问题研究》，《预算管理与会计》，2005 年 11 月。
⑤ 高培勇：《论举借国债的经济作用机制》，《经济研究》，1996 年 9 月。
⑥ 财政部干部教育中心组：《现代预算制度研究》，中国财经出版传媒集团 2017 年版，第 219 页。

2. 公债、公共债务和国债。

（1）公债。“公债”起源于英文单词“public debt”。按照国际权威审计机构INTOSAI（2000）的概念，公债是“直接由公共机构承担的负债或其他承诺。公共机构主要包括：中央政府或联邦政府；州、省、市、区域和其他地方政府或主管机关；拥有和控制的公营机构和企业；被认为具有公共性质的实体”。这一定义表明，西方国家的公债既包含了中央政府的债务，又包含了地方各级政府的债务。

公债在我国的发展相对较慢，且由于法律上限制了地方政府独立发行债务的权限，所以很多学者普遍认为公债一般是指国债。刘星等（2005）对公债的定义，即“国家以债务人的身份向国内和国外筹借的各种借款，称为公债，或称为国债”。可见，在当时特定的财政制度下，我国公债即中央政府债务或国家债务，并不包括地方政府债务。国家以债务人的身份向国内和国外筹借的各种借款称为公债，或称为国债。①

在经济社会中，行为主体按资源的产权归属可分为两大部分，一是公共部门，二是私人部门。公债是政府为筹措财政资金，以国家信用方式，向国内外投资者所举借的债务。② 公债是一个特殊的财政范畴。公债的发行是政府运用信用方式将一部分已作分配、并已有归属的国民收入集中起来，作为政府收入的必要补充；公债资金的运用是政府将集中起来的公债资金，通过财政支出的形式进行再分配。因此，从这个意义上讲，公债是对国民收入的一种再分配。

与公债相对应的概念是“私债”。私债是指私人和企业举借的债务。公债与私债之间的区别在于，除举债主体不同外，两者发行的依据或担保物也有所不同。私债一般以私人和企业的财产或收益为担保，而公债是以政府的信誉做担保。这样说来，公债是一个统称，它包括中央政府发行的国家公债（简称“国债”）和地方政府发行的地方债。

（2）公共债务。公共债务是指广义上的政府债务，包括财政部门的财政债务、财政部门以外的政府关联组织的准财政债务，以及公共突发事件引致的政府支出责任。狭义上的财政债务是财政部门以财政名义发行的债券和举借的

---

① 王雁玲，阮哈建：《政府债务理论研究综述》，《商业时代》，2012 年 2 月 29 日。

② 李红霞，姚东旭：《财政学》（第三版），中国财政经济出版社 2017 年版，第 190 页。

债务。①

具体来说，公共债务是指各级政府机关、事业单位或其他组织，以财政收入为主要还款来源，由于向国内外或境内外承借或担保以及处理经济社会生活中的各种突发事件等原因，而负有直接或间接偿还责任的债务，如国债、各种直接或间接的外债、国有银行坏账及国有企业破产所导致的或有及隐性债务等。②

由于公共部门主要包括政府、公共企业、公共事业三大组成部分，且政府部门又有中央政府和地方政府之分，因此，公共债务概念的内涵和外延事实上包含四个层次，如图 8－2 所示。

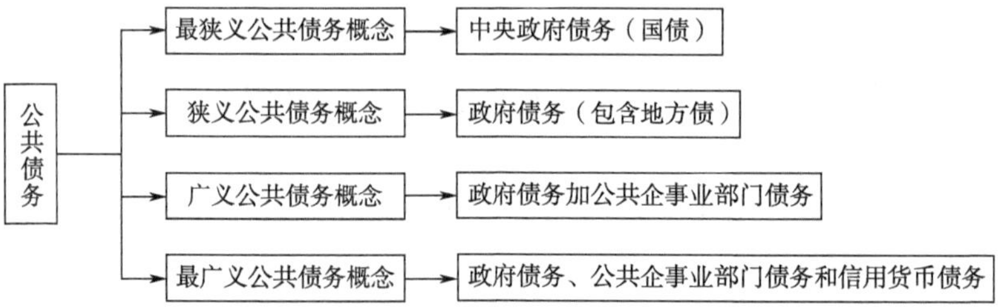

图 8－2　公共债务层次

（3）国债。在我国，国债是指中华人民共和国财政部代表中央政府发行的以人民币支付的国家公债，包括具有实物券面的有纸国债和没有实物券面的记账式国债。③

（二）政府债务的界定

在现代社会，政府（或国家）是一个双重主体：既是一个经济主体，也是一个公共主体。作为经济主体，政府与企业、个人等经济主体在法律上处于平等的地位，拥有相应的权利与义务，它维护的是政府自身的公共产权。④ 政府在其运营过程中承担的政治、经济责任和义务，便形成了政府的债务。

① 王瑶：《公共债务会计问题研究》，厦门大学博士论文，2007 年。
② 财政部会计准则委员会：《政府绩效评价与政府会计》，大连出版社 2005 年版。
③ 《中华人民共和国国债托管管理暂行办法》。
④ 刘尚希：《财政风险：一个分析框架》，《经济研究》，2003 年 5 月 5 日。

国际货币基金组织公布的《政府财政统计手册》（GFSM）和《公共部门债务统计指引》（PSDS）（2011）对政府债务的界定包括以下几点：

（1）政府债务是公共债务的一个组成部分。

（2）从政府资产负债表的角度界定政府债务。

（3）鼓励各级政府监测和度量或有负债。

（4）对显性或有负债和隐性或有负债进行了说明。

（5）政府债务包括中央政府债务和地方政府债务。

（三）政府债务的分类

1. 外债和内债。我国政府性债务包括外债和内债两个部分。政府外债是指向国际金融组织、北欧投资银行和外国政府贷款，向国际金融组织贷款搭配使用的联合融资。它由财政部代表中国政府统一借入，再通过各级政府对下逐级转贷或者转贷给有关金融机构和债务人。

政府内债是指国家发行的国债及转贷债务和地方政府及其职能部门等直接发生的债务，包括：①国债转贷债务；②地方清理农村合作基金和城市信用社、供销合作股金，向中央专项借款；③农业发展基金借款；④政府发展社会经济和公共事业向信托公司融资的债务，包括政府及其职能部门、由财政拨款的学校和医疗等事业单位、政府所属基础设施型投融资公司直接借入的一般债务和专项债务；⑤粮食企业亏损挂账；⑥行政事业单位为所属事业单位发展向银行举借的债务；⑦社会保障资金缺口；⑧地方政府部门拖欠企业工程建设项目款。政府内债前三项和政府外债是通过财政借款的显性直接债务，政府内债④至⑧项属于隐性直接债务。①

2. 中央政府债务和地方政府债务

（1）中央政府债务。中央政府债务是由中央政府发行与偿还的债务，也称作国债。国债收入列入中央预算，由中央政府安排支出和使用，还本付息也由中央政府承担，用于实现中央政府的职能。

（2）地方政府债务。地方政府债务以债券为主，包括一般债券、专项债券、项目收益专项债券。一般债券主要以一般公共预算收入偿还，相应地，发行一般

---

① 全国预算与会计研究会会计课题三组：《政府性债务核算引入权责发生制的研究》，《预算管理与会计》，2009 年 3 月 5 日。

债券应当重点披露本地区生产总值、财政收支、债务风险等财政经济信息，以及债券规模、利率、期限、具体使用项目、偿债计划等债券信息；专项债券以对应的政府性基金或专项收入偿还；项目收益专项债券是实现项目收益与融资自求平衡的专项债券品种。

3. 显性债务和隐性债务、直接负债和或有负债。按照世界银行专家汉娜·波拉克科娃（Hana Polackova Brixi，1998）博士提出的政府负债矩阵①，对政府负债给出了最广义的界定，进行了最广泛的分类，并为后来政府负债的研究奠定了基础。

汉娜博士认为，政府负债矩阵中的负债是广义的负债，是由法律、合同以及政府道义所确认的支出责任，开创性地将政府或有负债纳入政府债务的范畴，将政府债务研究从直接负债拓展到或有负债区域。直接负债是政府在任何条件下都需要偿还的义务，或有负债是政府在特定条件下需要偿还的义务。② 每一种负债均具有以下四个特征中的两个：显性的与隐性的、直接的和或有的。

（1）显性负债，是指建立在某一法律或合同基础之上的政府负债。当债务到期时，政府具有偿付的法定义务。典型的政府显性负债是政府发行的债券、举借的国内外各种借款以及政府担保的贷款等。

（2）隐性负债，是指政府一种道义上的偿付责任，这种负债不以某一法律或合同为基础，而是产生于公众预期、政治压力和社会理解意义上的应由政府承担的义务。比如，在许多国家，法律没有规定政府对未来公共养老金缺口、未投保的自然灾害的受害人、无存款担保但发生了偿付危机时的银行的存款人提供救助，但政府往往会出于各种社会和政治压力而被迫出面拯救。显性负债与隐性负债是基于是否具有法律依据来划分的，前者是政府承担的法定的支出责任，后者是政府出于道义承担的推定的支出责任。

（3）直接负债，是指任何情况下都会产生的责任，因而相对比较确定。根据某些基本变量的估计，可以对直接负债进行预测。也就是说，它是政府在任何

① Hana Polackova Brixi、马骏主编，梅鸿译/校：《财政风险管理：新理念与国际经验》，中国财政经济出版社 2003 年版，第 45 ~ 46 页。

② Hana Polackova Brixi、马骏主编，梅鸿译/校：《财政风险管理：新理念与国际经验》，中国财政经济出版社 2003 年版，第 45 ~ 46 页。

情况下都要承担的债务，不依附于任何事件，是可以预测的。比如，法律规定的养老金补助，其规模就可以根据养老金标准、领取资格以及未来人口和经济发展等因素进行预测。

（4）或有负债，是指在某些不确定性的事件发生的前提下才会实现的责任。一般而言，或有事件发生的概率以及履行未来责任所需的财政支出规模难以预测。也就是说，或有事件是否发生，以及即使或有事件发生了，政府承担多大的支出责任都是不确定的。比如，政府担保的贷款，被担保人是否会出现还款困难是不确定的，可能发生，也可能不发生；即使被担保人出现了还款困难，政府为此需要承担多大的连带责任也是不确定的。或有负债需要通过未来不确定事件的发生或不发生来证实。

如果我们将负债的显性与隐性、直接与或有的特征，与政府债务主体相结合，就形成了中央政府和地方政府的债务矩阵，如表 8－1 和表 8－2 所示。①

表 8－1　中央政府债务矩阵

债务	直接负债	或有负债
显性负债	1. 国债 2. 政府主权外债 3. 借款	1. 政府担保的外债 2. 政府担保的国内债务（公共部门发行的债券、国债投资配套资金等） 3. 政策性银行和担保公司的不良资产 4. 资产管理公司的不良资产 5. 国有粮棉流通企业的亏损挂账
隐性负债	1. 政府的社会保障计划 2. 公共项目未来的支出 3. 国债投资项目资金缺口	1. 国有银行不良资产 2. 为深化国有银行改革而需要继续付出的成本，如对国有银行改制的注资等 3. 国有企业未弥补的亏损 4. 政府未担保的外债（金融机构、国内企业等） 5. 对地方政府财政危机的救助

① 资料来源于财政部网站："财政部统一制定的地方政府债务统计项目简表"（http：//www. mof. gov. cn/）。

表8－2　地方政府债务矩阵

直接显性债务	或有显性债务
（1）外国政府贷款	（1）政府担保的外国政府贷款
（2）国际金融组织贷款	（2）政府担保的国际金融组织贷款
（3）国债转贷资金	（3）政府担保的中外合资融资租赁公司特定贷款
（4）农业综合开发借款	（4）政府担保的国内金融组织贷款
（5）解决地方金融风险专项借款	（5）政府担保的向单位借款
（6）国内金融组织其他借款	（6）政府担保的向个人借款
（7）向单位借款	（7）粮食企业亏损挂账
（8）向个人借款	（8）拖欠企业离退休人员养老金
（9）拖欠工资	（9）其他

二、政府会计负债

政府债务是政府会计核算的对象，构成了政府会计负债内容。但两者并非完全一致，政府债务范围广泛、形成原因复杂，与政府会计上的负债具有相同内容，也有一定的区别。从会计角度，某一会计对象作为负债予以核算，一是要符合负债会计的定义，二是符合负债确认的条件。

（一）负债的概念和确认

负债通常被视为与资产相对应的那个方面，因此它经历了与资产概念类似的演进过程，它的定义往往是资产定义的“镜像”。[①] 具体地说，与“余额观”相对应，负债是“根据会计规则或原则被恰当地结转下期的贷方余额”；与“价值观”相对应，负债是“负资产”；与“利益观”相对应，负债是“未来经济利益的牺牲”；与“资源观”相对应，负债是“含有经济利益的资源的流出”；与“权利观”相对应，负债是“转移经济利益的义务”。

《负债准则》第二条指出：负债是指政府会计主体过去的经济业务或者事项形成的，预期会导致经济资源流出政府会计主体的现时义务。其中：现时义务，是指政府会计主体在现行条件下已承担的义务。未来发生的经济业务或者事项形成的义务不属于现时义务，不应当确认为负债。

① 杨宇：《财务会计要素研究》，厦门大学博士论文，2007年。

《负债准则》第三条指出，符合准则规定的负债定义的义务，在同时满足以下条件时，确认为负债：第一，履行该义务很可能导致含有服务潜力或者经济利益的经济资源流出政府会计主体；第二，该义务的金额能够可靠地计量。

（二）政府会计负债的分类

1. 政府会计负债的基本分类。对负债进行分类是研究负债性质和作用的一种科学方法。《国际公共部门会计准则第 1 号——财务报表的列报》将负债分为流动负债和非流动负债。《基本准则》第三十四条指出：政府会计主体的负债按照流动性，分为流动负债和非流动负债，可谓政府会计负债的基本分类。

（1）流动负债。《国际公共部门会计准则第 1 号——财务报表的列报》指出：当某项负债符合以下标准之一时，应划分为流动负债：①预期能在主体正常经营周期中清偿；②主要为交易目的而持有；③在报告日后 12 个月内到期清偿；④主体不能无条件将负债的清偿延期到报告日后至少 12 个月。

通常情况下，与所有的负债类似，流动负债的债权人、偿付金额、到期日一般是确定已知的。政府负债的流动性越强或偿还期限越短，政府面临的偿债压力越大，债务违约风险也越大。

从理论上讲，应该按照为了清偿债务的未来现金流出的现值（在本章的后面介绍）而记录流动负债。但在会计实践中，往往按照其到期价值记录流动负债。短期负债的现值和到期价值通常相差不大，所以这种相似的方法是可行的。

（2）非流动负债。政府会计主体全部负债扣除流动负债后的部分，称为非流动负债。非流动负债作为一种长期稳定的借款方式，已经成为当今会计主体获取资金的主要来源。并且，因为其有着充足的偿还时间、合理的利息率等特点，受到了我国大部分单位的青睐与喜爱。

2. 政府会计负债的其他类别。《基本准则》将政府会计主体的负债按照流动性分为流动负债和非流动负债。由于我国政府会计主体负债的成因比较复杂，不同经济业务或事项所形成的负债使得政府会计主体面临不同程度的偿债压力，并带来不同程度的债务风险，《负债准则》在遵循《基本准则》将负债按流动性分类的基础上，还对负债进行如下划分：

（1）按照负债偿还时间和金额基本确定与否，负债分为：偿还时间和金额基本确定的负债；由或有事项形成的预计负债。

（2）按照政府会计主体的业务性质及风险程度，将偿还时间与金额基本确定的负债进一步划分为：融资活动形成的举借债务及应付利息；运营活动形成的应付及预收款项；运营活动形成的暂收性负债。

这一划分有助于按照负债的类别揭示不同程度的偿债压力和债务风险，促进相关方面更加科学地开展政府会计主体的债务风险分析和管理。例如，融资活动形成的举借债务是政府会计主体因资金短缺而主动举借的债务，受债务合同或协议的约束，使政府会计主体面临的偿债压力较大；运营活动形成的应付及预收款项是政府会计主体在运营过程中因购买了商品、接受服务或履行公共职能等应付而未付的款项，这类负债需要政府会计主体在未来运用自身的资产或服务来偿还，但其在偿还期限和偿还方式方面，相对于举借债务具有更大的弹性，使政府会计主体面临的偿债压力相对较小；运营活动形成的暂收性负债是政府会计主体暂时收到、随后应上缴或者退还、转拨给其他方的款项，这类负债由暂收的款项来偿还，因而使政府会计主体未来面临的偿债压力很小，基本不存在债务风险。

此外，按照负债产生的原因，可以将流动负债分为经营活动中的自发性负债、短期外部融资负债、顾客或客户的预付款、政府会计主体自行决定的负债、外部实体强行征收的负债。① 按照负债金额和债权人是否确定，可将负债分为金额已知、债权人已知负债，债权人已知、但金额需做估计负债，债权人未知、金额需做估计负债，由于或有损失而产生的负债。②

（三）政府会计负债的职能

从会计角度来理解的公共债务只是在会计记录上可观测到的政府负债事项。由于会计记录的对象都是客观事实，且是过去或现在已经发生的，以此认定的公共债务都是“事后的”，如政府财政部门及其他部门发行的各种债券、借款和拖

① E. 理查德·布朗利二世，肯尼斯·R. 查理斯，马克·E. 哈斯金斯：《公司财务报告》（原书第4版），机械工业出版社2005年版，第255页。

② 拜瑞·J. 爱普斯顿，艾巴斯·阿里·莫扎：《国际财务报告准则解释与应用》（修订版），人民邮电出版社2008年版，第465页。

欠，其他公共机构和公共企业的负债等。

从会计学的角度来看，没有发生的债务事项是不能进入会计记录的，因此，按照会计标准认定的债务都是一种“历史债务”，或叫作“客观债务”。如果仅仅是针对经济主体而言，例如像企业、公司等，这无疑是可行的。但政府不只是一个经济主体，同时还是一个公共主体，这种双重性使政府债务的认定变得复杂起来。作为公共主体，政府的使命就是防范和化解公共风险，维护社会的公正与公平，这就必须承担大量的“推定债务”，或者说“道义上”的债务，而这类债务只有到了发生的时候才能真正确定，由未来特定事件的发生来证实。这就意味着作为经济主体，政府面临的债务是相对确定的，适用于会计学上的债务认定标准。但作为公共主体，在日益复杂且不确定性程度不断增大的经济、社会中，政府面临的“不确定性债务”将越来越多，不能仅仅从会计学角度来认定。不论是已经发生的还是尚未发生，但支出的责任已经记在了政府的头上，政府随时准备清偿这笔债务，其结果一样是导致未来财政资源的流出。

（四）政府会计负债的主体

《负债准则》所规范的负债是指各类政府会计主体所承担的负债，其对政府会计主体的界定与《基本准则》保持一致，即包括各级政府、各部门、各单位。其中，各部门、各单位是指与本级政府财政部门直接或者间接发生预算拨款关系的国家机关、军队、政党组织、社会团体、事业单位和其他单位。另外，军队、已纳入企业财务管理体系的单位和执行《民间非营利组织会计制度》的社会团体不适用《负债准则》。这与其他文件或资料中的政府债务或政府性债务主体的范围可能不完全一致。

三、政府会计负债信息的作用

及时反映政府负债情况、防范财政风险，是预算会计改革目的之一。

《负债准则》所规范的负债为满足会计上的负债定义及确认条件、纳入会计账簿核算并列入政府会计主体的个别或合并资产负债表中的负债，包括举借债务、应付及预收款项、暂收性负债和由或有事项形成的预计负债。这一负债构成的界定与国际通行会计惯例相一致。通过《负债准则》，从会计角度全面核算并提供可靠的政府负债信息，有助于政府会计信息使用者全面了解政府的负债情况、债务风险和偿债压力，评价政府偿债能力，有助于政府相关部门加强政府债务风险管理。

第二节　政府举借债务的确认与计量问题研究

举借债务是指政府会计主体通过融资活动借入的债务，包括政府举借的债务以及其他政府会计主体借入的款项。政府举借的债务包括政府发行的政府债券，向外国政府、国际经济组织等借入的款项，以及向上级政府借入转贷资金形成的借入转贷款。其他政府会计主体借入的款项是指除政府以外的其他政府会计主体从银行或其他金融机构等借入的款项。

一、借款费用的确认

（一）借款费用的内容

对借款费用进行严格的定义和对借款费用范围的界定，是对借款费用进行确认和计量的前提。

借款费用，是指政府会计主体因举借债务而发生的利息及其他相关费用，包括借款利息、辅助费用以及因外币借款而发生的汇兑差额等。其中：

1. 借款利息，是指政府会计主体向银行或其他金融机构等借入资金发生的利息、发行债券发生的利息，以及承担带息债务应计的利息等。

2. 辅助费用，是指政府会计主体在举借债务过程中发生的手续费、佣金等费用。

3. 汇兑差额，是指由于汇率变动导致市场汇率与账面汇率出现差异，对外币借款本金及其利息的记账本位币金额所产生的影响金额，即折合差额。

（二）借款费用确认的基本原则

关于借款费用的确认原则问题，主要集中在政府会计主体每期发生的借款费用是应该费用化直接计入当期费用，还是应该资本化计入相关资产的成本。

1. 借款费用的资本化。借款费用资本化是指将借款费用计入相关资产成本的方法。借款费用资本化观点认为，如果政府会计主体为购建固定资产等工程项目借入专门借款并使用了借款资金，而且要使该资产达到可使用状态需要经过较长时间，发生在该资产支出上的借款费用应当资本化，构成资产成本的组成部分。借款费用资本化的确认与计量需要考虑以下几个因素：

（1）工程项目建设期间借款费用的处理。工程项目建设期间是指自工程项目开始建造起至交付使用时止的期间。政府以外的其他政府会计主体为购建固定资产等工程项目借入专门借款的，对于发生的专门借款费用，应当按照借款费用减去尚未动用的借款资金产生的利息收入后的金额，属于工程项目建设期间发生的，计入工程成本；不属于工程项目建设期间发生的，计入当期费用。

（2）非正常中断借款费用的处理。工程项目建设中，有时会因某些原因而导致其建设活动中断。工程项目建设的中断可分为两类：一类是正常中断，即所发生的中断是使所购建的固定资产达到预定可使用状态所必需的程序，或者由于可预见的不可抗力因素（本地普遍存在的不利天气，如雨季或台风季节等原因）导致施工停顿；一类是非正常中断，如由于劳动纠纷导致工程中断，由于发生安全事故而导致工程中断，由于改变设计图纸导致工程中断，由于资金周转困难无法继续投入而导致工程中断等。

工程项目中断的原因不同，其借款费用的处理原则也不同。《负债准则》关于借款费用资本化的具体规定如下：

第一，政府以外的其他政府会计主体为购建固定资产等工程项目借入专门借款的，对于发生的专门借款费用，应当按照借款费用减去尚未动用的借款资金产生的利息收入后的金额，属于工程项目建设期间发生的，计入工程成本。

第二，工程项目建设期间发生非正常中断且中断时间连续超过 3 个月（含 3 个月）的，政府会计主体应当将非正常中断期间的借款费用计入当期费用。如果中断是使工程项目达到交付使用所必需的程序，中断期间所发生的借款费用仍应计入工程成本。

2. 借款费用的费用化。借款费用的费用化是指将会计主体所发生的借款费用（不论作何用途）一律计入其他费用。费用化观点认为，将所有借款费用于发生的当期确认为费用，计入当期损益，可以避免相同的资产因筹资方式不同而出现不同的价值，可以提高会计信息的可比性。

《负债准则》关于借款费用化的具体规定如下：①政府会计主体因举借债务所发生的除为购建固定资产等工程项目借入专门借款外的借款费用（包括政府举借的债务和其他政府会计主体的非专门借款所发生的借款费用），应当计入当期费用。②不属于工程项目建设期间发生的，计入当期费用。③对于一级政府用于公益性资本支出所发行的政府债券，如收费公路专项债券等，《负债准则》未要求将相关借款费用资本化，而是计入当期费用。

这种处理主要基于以下考虑：一是政府债券借款费用资本化的会计主体难以确定。政府债券由政府财政部门统一发行，借款取得的资金拨付建设部门使用，举借债务和使用资金的会计主体不同，且使用资金的建设部门可能涉及政府、企业等各类主体。二是政府债券借款费用资本化在实务中难以操作。政府债券的利息由财政部门统一计算和支付，建设部门既不负责支付债券利息，也难以掌握利息的计提、支付时点和金额信息。

【例8-1】M政府会计主体2×19年1月1日正式动工兴建一幢科研大楼，工期预计为1年零6个月，工程采用出包方式，分别于2×19年1月1日、2×19年7月1日和2×20年1月1日支付工程进度款。

为建造科研大楼，M政府会计主体于2×19年1月1日专门借款2 000万元，借款期限为3年，年利率为6%。另外，在2×19年7月1日又专门借款4 000万元，借款期限为5年，年利率为7%。借款利息按年支付。

上述借款中，第一笔在2×19下半年有500万元6个月的闲置期、第二笔在2×19下半年有2 000万元6个月的闲置期；在2×20的上半年两笔借款有500万元6个月的闲置期。

闲置借款资金均用于固定收益债券短期投资，该短期投资月收益率为0.5%。

科研大楼于2×20年6月30日完工，达到预定可使用状态。

由于使用了专门借款建造大楼，而且大楼建造支出没有超过专门借款金额，因此M政府会计主体2×19年、2×20年为建造应予资本化的利息金额计算如下：

（1）确定借款费用资本化期间为2×19年1月1日至2×20年6月30日。

（2）计算在资本化期间专门借款实际发生的利息金额：

2×19 年专门借款发生的利息金额 = 2 000 × 6% + 4 000 × 7% × 6/12 = 260（万元）

2×20 年 1 月 1 日 ~ 6 月 30 日专门借款发生的利息金额 = 2 000 × 6% × 6/12 + 4 000 × 7% × 6/12 = 200（万元）

（3）计算在资本化期间内利用闲置的专门借款资金进行短期投资的收益：

2×19 年短期投资收益 = 500 × 0.5% × 6 + 2 000 × 0.5% × 6 = 75（万元）

2×20 年 1 月 1 日至 6 月 30 日短期投资收益 = 500 × 0.5% × 6 = 15（万元）

（4）由于在资本化期间，专门借款利息费用的资本化金额应当以其实际发生的利息费用减去将闲置的借款资金进行短期投资取得的投资收益后的金额确定，因此：

公司 2×19 年的利息资本化金额 = 260 − 75 = 185（万元）

公司 2×20 年的利息资本化金额 = 200 − 15 = 185（万元）

二、政府债券

（一）应付政府债券

应付政府债券是指政府财政采用发行政府债券方式筹集资金而形成的负债，包括应付短期政府债券和应付长期政府债券。政府发行债券筹集的资金在使用上和税收一样，主要应用于社会公共服务领域，如环境保护设施、国防装备和设施、公共行政设施、道路、桥梁等。

（二）政府债券的种类

1. 中央政府债券和地方债券。目前，我国的政府债券按照发行主体，分为中央政府债券和地方债券。

中央政府债券，包括国内发行的国债和在国际上发行的主权债券。发行国债收入列入中央预算，由中央政府安排支出和使用，还本付息也由中央政府承担。

省、市地方政府发行的债券，又称地方债券，它分为由地方政府直接发行和债转贷两种方式。其中，债转贷是指中央政府增发一定数量的国债，通过财政部将国债资金转贷给省级政府用于地方的经济和社会发展建设项目，省级人民政府根据建设项目的特点，决定和落实还款资金的来源，在本省范围内统借、统筹、统还，省级财政部门作为省级政府的债权债务人的代表，负责对财政部的还本付息工作。

地方债券由地方政府发行和偿还的债务，其债务收入列入地方预算，由地方政府安排使用，还本付息也由地方政府承担，但地方债券的发行范围并不局限于本地区。2015 年起实施的新预算法规定，经国务院批准的省、自治区、直辖市的预算中必需的建设投资的部分资金可以在国务院确定的限额内，通过发行地方政府债券举借债务的方式筹措。

地方发行的债券包括一般债券和专项债券。地方政府专项债券（以下简称“专项债券”）是指省、自治区、直辖市政府（含经省级政府批准自办债券发行的计划单列市政府）为有一定收益的公益性项目发行的、约定一定期限内以公益性项目对应的政府性基金或专项收入还本付息的政府债券。专项债券采用记账式固定利率附息形式。专项债券期限为 1 年、2 年、3 年、5 年、7 年和 10 年，由各地综合考虑项目建设、运营、回收周期和债券市场状况等合理确定，但 7 年和 10 年期债券的合计发行规模不得超过专项债券全年发行规模的 50%。① 专项债券是地方政府债券的一个新品种，在还款来源、项目管理、信息披露等方面与一般债券有较大区别。

我国的地方政府债务并不单纯指以债券为存在形式的显性债务，还包括大量通过融资平台借贷、担保等融资方式产生的隐性债务。

2. 定期债券和不定期债券。政府债券按偿还期限是否确定，可分为定期债券和不定期债券。

定期债券是指政府发行的严格规定有还本付息期限的国债，如发行期限在 1 年以内的国债，为短期国债；发行期限在 1 年以上、10 年以下的国债（包含 1 年但不含 10 年），为中期国债；发行期限在 10 年以上的国债（含 10 年），为长期国债。不定期国债是指政府发行的不规定还本付息期限的国债。

3. 面值发行的政府债券、溢价发行的政府债券和折价发行的政府债券。政府债券按照发行方式，有按面值发行、溢价发行和折价发行三种。其中，以债券的票面金额作为发行价格，为面值发行；按高于债券面额的价格发行债券，为溢价发行；按低于债券面额的价格发行债券，为折价发行。

政府发行债券筹集的资金可以用于环境保护设施、国防装备和设施、公共行

---

① 财政部：关于印发《地方政府专项债券发行管理暂行办法》的通知（财库〔2015〕83 号）。

政设施等提供纯公共服务的领域，道路、桥梁等混合产品的提供领域。短期国债收入可用于经常性的财政开支，同样可用于社会保障方面的支出。国债收入在使用上和税收一样，主要应用于社会公共需要领域，最终依靠税收来偿还，而非依靠具体项目运作的商业利润来偿还。

政府发行债券筹集资金是一把“双刃剑”，在增加各级政府的财务资源的同时，也加大了各级政府的偿债风险。为了实现适度负债、保持适当的短期偿债能力和长期偿债能力、控制偿债风险的管理目标，政府会计应根据地方政府举借债务的特点采用科学的方法，对其进行确认、计量、记录和报告，全面、客观、及时地反映政府举借债务的情况。

对于举借债务，政府会计主体应当在与债权人签订借款合同或协议并取得举借资金时确认为负债。举借债务初始确认为负债时，应当按照实际发生额计量。政府会计主体应当按照借款本金（或债券本金）和合同或协议约定的利率（或债券票面利率）按期计提举借债务的利息。属于流动负债的举借债务以及属于非流动负债的分期付息、一次还本的举借债务，应当将计算确定的应付未付利息确认为流动负债，计入应付利息；对于其他举借债务，应当将计算确定的应付未付利息确认为非流动负债，计入相关非流动负债的账面余额。

【例8－2】2×19年×月，中央财政对国内平价发行5年期国债600亿元，每年付息一次，年利率为5%，收到国债资金600亿元；支付银行代理发行费用0.6亿，从发行收入中扣除。则，当月政府负债增加600亿元，年末确认应付利息30亿元，年末政府负债共计630亿元。

三、借入款项

（一）借入款项的内容

举借债务中的借入款项是指向外国政府、国际经济组织等借入的款项。

1. 从外国政府、国际经济组织等借入的款项。政府会计主体从外国政府、国际经济组织等借入的款项，即主权外债或外债，分为政府主权外债和地方政府主权外债。其中：政府主权外债，是指以中华人民共和国名义向世界银行、亚洲开发银行等国际金融组织或外国政府所举借的，再由财政部、转贷银行或其他转贷机构向地方政府或相关部门转贷的债务。地方政府主权外债是由省、市、县三级地方政府授权机构代表（主要是财政部门）分别代表本级政府向上一级政府转贷举借的、以地方政府信用保证对外偿还的债务。

2. 向上级政府借入转贷资金。向上级政府借入转贷资金简称“借入转贷款”，是指某级政府财政部门从上级政府借入资金，转贷给下级政府财政的款项，包括：①应付长期政府债券（国债）转贷款，是由中央发行国债，再转贷给地方政府使用而发行的债券；②应付地方政府债券转贷款，是地方政府财政从上级政府财政借入的地方政府债券转贷款的本金和利息，由此获得的资金就是地方政府债券转贷资金。

3. 应付主权外债转贷款，是指政府财政从上级政府财政借入的主权外债转贷款的本金和利息。其中：主权外债转贷款涉及两个方面内容：一是主权外债，二是转贷款。

一般意义的转贷款，是指某一机构或组织既作为债务人对外签订贷款协议，取得债务（借入）资金；又作为债权人，将此资金转贷给另一机构或组织的借入并贷出资金的活动。

4. 从国内银行或其他金融机构等借入的款项，是指除政府以外的其他政府会计主体根据国家法律或国务院特别规定，从国家银行借入的款项。

（二）借入款项的确认与计量

对于借入款项，初始确认为负债时应当按照借款本金计量。借款本金与取得的借款资金的差额应当计入当期费用。

【例 8-3】某省财政 20×9 年 1 月获得国际金融组织五年期的项目贷款 150 000 000 元，年利率 4.5%，采用外方将贷款资金转入财政部门资金账户的方式，该贷款项目的管理费率为贷款金额的 1.2%，管理费 1 800 000 元（150 000 000×1.2%）在支付贷款时直接扣除。

1 月份省财政负债 150 000 000 元（借入款项——本金），存入财政专户的其他财政存款 148 200 000 元（150 000 000－1 800 000）。20×9 年末省政府财政确认借入外债的应付利息 6 750 000 元（150 000 000×4.5%），20×9 年末省财政资产负债表中负债项目下的借入款项金额 156 750 000 元。

第三节 应付及预收款项的确认与计量问题研究

政府会计主体在运营过程中因购买商品、接受服务或履行公共职能等应付而未付的款项，形成了运营活动中的应付及预收款项，需要政府会计主体在未来运用自身的资产或服务来偿还，但其在偿还期限和偿还方式方面，相对于举借债务一般具有更大的弹性，使政府会计主体面临的偿债压力相对较小。这类在运营活动中形成的应当支付而尚未支付的款项及预先收到但尚未实现收入的款项，包括应付职工薪酬、应付账款、预收款项、应交税费、应付国库集中支付结余和其他应付未付款项。

一、应付职工薪酬

（一）应付职工薪酬的界定

应付职工薪酬，是指政府会计主体为获得职工（含长期聘用人员）提供的服务而给予各种形式的报酬或因辞退等原因而给予职工补偿所形成的负债。职工薪酬包括工资、津贴补贴、奖金、社会保险费等。

首先应区分应付职工薪酬与职工薪酬的关系。职工薪酬是指政府会计主体为获得职工提供的服务或解除劳动关系而给予的各种形式的报酬或补偿。应付职工薪酬是指政府会计主体根据获得职工提供的服务等应付给职工的金额，它是政府会计主体享受职工提供服务而确认的一项流动性负债。

对于职工工资、奖金、津贴和补贴等货币性职工薪酬，政府会计主体应当在职工为其提供服务的会计期间，将实际发生的职工工资、奖金、津贴和补贴等，根据职工提供服务的受益对象，计入相关资产成本或当期损益，同时确认应付职工薪酬。

政府会计主体应当根据职工提供服务的受益对象，将下列职工薪酬分情况处理：①应由自制物品负担的职工薪酬，计入自制物品成本；②应由工程项目负担的职工薪酬，比照《负债准则》有关借款费用的处理原则计入工程成本或当期费用；③应由自行研发项目负担的职工薪酬，在研究阶段发生的，计入当期费用，在开发阶段发生并且最终形成无形资产的，计入无形资产成本。

政府会计主体按照有关规定为职工缴纳的医疗保险费、养老保险费、职业年金等社会保险费和住房公积金，应当在职工为其提供服务的会计期间，根据有关规定加以计算，在确认相关资产或费用的同时一并确认为负债。

（二）应付职工薪酬的确认

单位计提从事专业及其辅助活动人员的职工薪酬（含单位为职工计算缴纳的社会保险费、住房公积金，下同），借记“业务活动费用”“单位管理费用”科目，贷记“应付职工薪酬”科目；计提应由在建工程、加工物品、自行研发无形资产负担的职工薪酬，借记“在建工程”“加工物品”“研发支出”等科目，贷记“应付职工薪酬”科目；计提从事专业及其辅助活动之外的经营活动人员的职工薪酬，借记“经营费用”科目，贷记“应付职工薪酬”科目；因解除与职工的劳动关系而给予的补偿，借记“单位管理费用”等科目，贷记“应付职工薪酬”科目。

（三）应付职工薪酬的支付

单位向职工支付工资、津贴补贴等薪酬时，按照实际支付的金额，借记“应付职工薪酬”科目，贷记“财政拨款收入”“零余额账户用款额度”“银行存款”等科目；按照国家有关规定缴纳职工社会保险费和住房公积金时，按照实际支付的金额，借记“应付职工薪酬——社会保险费、住房公积金”科目，贷记“财政拨款收入”“零余额账户用款额度”“银行存款”等科目；从应付职工薪酬中支付的其他款项，借记“应付职工薪酬”科目，贷记“零余额账户用款额度”“银行存款”等科目。

（四）代扣款项的结算

单位按照税法规定代扣职工个人所得税时，借记“应付职工薪酬——基本工资”科目，贷记“其他应交税费——应交个人所得税”科目；从应付职工薪酬中代扣为职工垫付的水电费、房租等费用时，按照实际扣除的金额，借记“应付职工薪酬——基本工资”科目，贷记“其他应收款”等科目；从应付职工薪酬中代扣社会保险费和住房公积金，按照代扣的金额，借记“应付职工薪酬——基本工资”科目，贷记“应付职工薪酬——社会保险费、住房公积金”科目。

二、应付账款

应付账款，是指政府会计主体因取得资产、接受劳务、开展工程建设等而形成的负债。

应付账款是基于政府会计主体与客户双方在购销活动中，因取得物资或劳务与支付货款在时间上背离而产生的债务责任。由于应付账款一般在较短期限内支付，因此将应付账款列入资产负债表流动负债项目。应付账款与应付票据不同，虽然两者都是基于交易而引起的流动负债，但应付账款是尚未结清的债务，而应付票据是一种期票，是延期付款的证明。

对于许多政府会计主体来说，应付账款是一个重要的“永久性”资金来源，政府会计主体必须有效利用免费的资金。同时，政府会计主体也应及时筹措资金，按时偿还欠款，对于确实无法支付的应付款项，应按有关会计处理方法进行处理。

对于应付账款，政府会计主体应当在取得资产、接受劳务，或外包工程完成规定进度时，按照应付未付款项的金额予以确认。

政府会计主体收到所购物资或服务、完成工程但尚未付款时，按照应付未付款项的金额，借记“库存物品”“固定资产”等科目，贷记“应付账款”科目。涉及增值税业务的，按照取得增值税专用发票注明的税额，借记“应交增值税——应交税金（进项税额）”科目。

政府会计主体单位偿付应付账款时，按照实际支付的金额，借记“应付账款”科目，贷记“财政拨款收入”“零余额账户用款额度”“银行存款”等科目；单位开出、承兑商业汇票抵付应付账款时，借记“应付账款”科目，贷记“应付票据”科目。

政府会计主体无法偿付或债权人豁免偿还的应付账款，应当按照规定报经批准后进行账务处理，经批准核销时，借记“应付账款”科目，贷记“其他收入”科目。核销的应付账款应在备查簿中保留登记。

三、预收款项

预收款项是指政府会计主体按照货物、服务合同或者相关规定，向接受货物或服务的主体预先收款而形成的负债。

有时，政府会计主体根据合同预收客户部分货款，并承诺于收款后的一定日期向客户交付材料、物资或提供服务。若无法履行合同，政府会计主体必须如数退还预收的款项。与应付账款不同，预收账款负债不是以货币清偿，而是以货物偿付。同时，也与分期收款销售不同，预收账款时收款在先、提供货物或劳务在后，而分期收款是提供货物或劳务在先、收款在后。

对于预收款项，政府会计主体应当在收到预收款项时，按照实际收到款项的金额予以确认。政府会计主体预收购货单位的款项或收到补付的款项时，借记“银行存款”科目，贷记“预收账款”科目；销售实现时，按实现的收入和应交的增值税销项税额，借记“预收账款”科目，按照实现的营业收入，贷记“主营业务收入”科目，按照增值税专用发票上注明的增值税税额，贷记“应交增值税——应交税金（销项税额）”等科目；向购货单位退回其多付的款项时，借记“预收账款”科目，贷记“银行存款”科目。

四、应交税费

应交税费是指政府会计主体因发生应税事项导致承担纳税义务而形成的负债。

一般来说，政府会计主体的收入来自政府财政拨款，不需要缴纳税金，但在政府会计主体中，有些单位也可能发生应税行为，并需要按照税法规定缴纳相关税金，如政府会计主体存在一定经营活动，其经营收入需要缴纳增值税、城市维护建设税等。

对于应交税费，政府会计主体应当在发生应税事项导致承担纳税义务时，按照税法等规定计算的应交税费金额予以确认。政府会计主体缴纳的税费如表 8 - 3 所示。

表 8 - 3　政府会计主体缴纳的税费

税费种类	计税依据、税额计算、计税方法	列支渠道	
		财务会计	预算会计
1. 增值税	一般纳税人实行购进扣税法 增值税 = 销项税额 - 进项税额	应交增值税	事业支出、经营支出
	小规模纳税人实行简易计税法： 增值税 = 不含增值税价格 × 3%		事业支出、经营支出

续表

<table>
<tr><th rowspan="2">税费种类</th><th rowspan="2">计税依据、税额计算、
计税方法</th><th colspan="2">列支渠道</th></tr>
<tr><th>财务会计</th><th>预算会计</th></tr>
<tr><td>2. 车辆购置税</td><td>车辆购置税 = 购置车辆的不含增值税价格 ×10%</td><td>固定资产</td><td rowspan="2">行政支出、事业支出、经营支出</td></tr>
<tr><td>3. 车船税</td><td>车船税 = 不同计税单位 × 单位税额</td><td rowspan="5">业务活动费用、单位管理费用、经营费用</td></tr>
<tr><td>4. 城市建设维护税、教育费附加、地方教育费附加</td><td>城建税 = 增值税税额 × 税率（7%、5%、1%）</td><td rowspan="4">事业支出、经营支出</td></tr>
<tr><td>5. 房产税</td><td>房产税 = 计税余值 ×1.2%，或：房产税 = 租金收入 ×12%</td></tr>
<tr><td>6. 城镇土地使用税</td><td>实际占用土地面积</td></tr>
<tr><td>7. 印花税</td><td>印花税 = 应税合同记载金额 × 税率</td></tr>
<tr><td>8. 企业所得税</td><td>企业所得税 = 应纳税所得额 ×25%</td><td>所得税费用</td><td>非财政拨款结余</td></tr>
<tr><td>9. 个人所得税（扣缴义务人）</td><td>预扣预缴综合所得（工资薪金、劳务报酬）的个人所得税</td><td>业务活动费用、单位管理费用、经营费用</td><td>行政支出、事业支出、经营支出</td></tr>
</table>

五、应付国库集中支付结余

应付国库集中支付结余，是指国库集中支付中，按照财政部门批复的部门预算，政府会计主体（政府财政）当年未支而需结转下一年度支付款项而形成的负债。

《财政总预算会计制度》规定，预算收支核算以收付实现制为核算基础，财政支出以实际财政拨款数列报，对于跨年度安排及所需资金较大的项目，需要按项目进度分次拨付资金。对于已批复的预算，可能出现当年末实际支出数小于预算安排数的情况，从而形成结余。该部分结余实际上是应付已实施项目的必需资金而未付的部分，应根据“部分经济业务或者事项应当按照规定采用权责发生制核算”的要求，将其按照权责发生制基础列支并确认为应付款项。

对于应付国库集中支付结余，政府会计主体（政府财政）应当在年末，按照国库集中支付预算指标数大于国库资金实际支付数的差额予以确认。

六、其他应付未付款项

其他应付未付款项，是指政府会计主体因有关政策明确要求其承担支出责任等而形成的应付未付款项。

对于其他应付未付款项，政府会计主体应当在有关政策已明确其承担支出责任，或者其他情况下相关义务满足负债的定义和确认条件时，按照确定应承担的负债金额予以确认。

政府会计主体应当在支付应付款项或将预收款项确认为收入时，冲减相关负债的账面余额。

除因辞退等原因给予职工的补偿外，政府会计主体应当在职工为其提供服务的会计期间，将应支付的职工薪酬确认为负债，除本条第二款规定外，计入当期费用。

第四节　暂收性负债的问题研究

在运营活动中形成的暂收性负债，是政府会计主体暂时收到、随后应上缴或者退还、转拨给其他方的款项，这类负债由暂收的款项来偿还，因而使政府会计主体未来面临的偿债压力很小，基本不存在债务风险。

一、暂收性负债的内容

暂收性负债是指政府会计主体暂时收取，随后应做上缴、退回、转拨等处理的款项。它们是政府会计主体负债的有机组成部分。暂收性负债主要包括应缴财政款和其他暂收款项。

（一）应缴财政款

应缴财政款，是指政府会计主体暂时收取、按规定应当上缴国库或财政专户的款项而形成的负债，包括应缴国库款项和应缴财政专户的款项。

1. 应缴国库款项。应缴国库款项是指政府会计主体取得的按规定应当缴入国库的款项。应缴国库款主要包括：事业单位代收的纳入预算管理的基金、行政性收费收入、罚没收入、无主财物变价收入和其他按预算管理规定应上缴预算的款项。我国预算资金实行收缴分离的管理办法，即预算资金实行国库统一收付。预算资金直接缴入国库，财政专户管理的资金直接缴纳财政专户。但有时，单位（如实行集中缴库的单位）预算资金收纳和上缴之间存在时间差，因此产生应缴国库款负债义务或责任。

2. 特定资金与财政专户。根据财政部《财政专户管理办法》的规定，特定资金包括社会保险基金、国际金融组织和外国政府贷款赠款、偿债准备金、待缴国库单一账户的非税收入、教育收费、彩票发行机构和销售机构业务费、代管预算单位资金等。

为了加强财政资金的管理，财政部要求各级财政部门在商业银行及其他金融机构开设资金账户（财政专户），核算具有专项用途的财政资金。财政专户是指财政部门为履行财政管理职能，在银行业金融机构开设用于管理核算特定资金的银行结算账户。① 通过财政专户，将政府会计主体代行政府职能，依照国家法律、法规而收取、提取和安排使用的各项资金，按规定纳入财政专户管理。行政事业单位取得的纳入财政专户管理的资金，由财政部门建立的财政专户统一管理，实收“收支两条线”管理方式。收到各项收费时，必须上缴财政专户统一管理；使用这笔资金时，要向财政部门申请，经过审批后通过财政专户返还。

应缴财政专户款是指事业单位按规定应缴入财政专户的款项，比如：①高中以上学费、住宿费；②高校委托培养费；③党校收费；④教育考试考务费；⑤函大、电大、夜大及短训班培训费等。

需要说明的是，事业单位应缴国库款和应缴财政专户款，两者关系十分密切，均属于财政性资金，均需要上缴财政部门。但两者存在以下区别，如表 8 -4 所示。

表 8 -4　应缴财政款内容与区别

划分标志	应缴国库款	应缴财政专户款
资金的性质	纳入预算管理的财政性资金	纳入财政专户管理的财政性资金
缴纳账户	上缴财政国库账户	上缴财政专户
返还与否	上缴国库后不予返还	上缴财政专户后通过核拨返还

① 财政部：《财政专户管理办法》（财库〔2013〕46 号）。

非税收入收缴财政专户主要是为满足广大缴款人缴纳款项和执收单位核对账务需要设立的。由于传统的向国库经收处缴纳非税收入的做法不能提供缴款明细信息，无法满足执收单位管理需要，也不方便缴款人缴款，为此，根据收入收缴改革方案，财政部门在非税收入收缴代理银行设立专户，用于归集各项非税收入资金和匹配收缴信息（包括缴款人、执收单位、非税收入项目、金额等）。非税收入专户资金主要来自缴款人缴款，在完成信息匹配并确认收入后，纳入预算管理的资金要及时足额缴入国库，实行“收支两条线”；对教育收费、彩票发行费等按规定纳入财政专户管理的资金，则保留在财政专户，支出时，从财政专户拨付给预算单位。

（二）其他暂收款项

其他暂收款项，是指除应缴财政款以外的其他暂收性负债，包括政府会计主体暂时收取，随后应退还给其他方的押金或保证金、随后应转付给其他方的转拨款等款项。

其他暂收款项虽然与政府会计主体的专业及辅助业务活动无直接联系，但也是政府会计主体流动负债的重要组成部分，内容复杂、数额零星并时有发生。

二、暂收性负债的确认与计量

对于应缴财政款，政府会计主体通常应当在实际收到相关款项时，按照相关规定计算确定的上缴金额予以确认。

对于其他暂收款项，政府会计主体应当在实际收到相关款项时，按照实际收到的金额予以确认。

政府会计主体应当在上缴应缴财政款，退还、转付其他暂收款项时，冲减相关负债的账面余额。

第五节 预计负债的问题研究

一、或有事项和或有负债

政府会计主体在会计核算中经常会面临某些不确定情形，有些情形，其最终结果须以未来事件的发生或不发生加以证实。比如，某事业单位的研发活动对周围环境造成污染而被起诉，如无特殊情况，该单位很可能败诉。一旦败诉，单位必须支付一笔赔款。但在诉讼成立时，该单位因败诉将支出多少金额，或支出发生在何时，是难以确知的。按照权责发生制原则，该单位不能等到法院判决支付赔款时才确认因环境污染而产生的义务，应当在资产负债表日对赔款的可能性以及赔款数额的大小做出判断，以决定是否在当期确认赔款义务。这种不确定性情形即为或有事项。

或有事项，是指由过去的经济业务或者事项形成的，其结果须由某些未来事项的发生或不发生才能决定的不确定事项。未来事项是否发生不在政府会计主体控制范围内。政府会计主体常见的或有事项主要包括：未决诉讼或未决仲裁，对外国政府或国际经济组织的贷款担保、承诺（补贴、代偿），自然灾害或公共事件的救助等。

或有事项本身具有不确定性，它的发生可能导致服务潜力或经济利益流入政府会计主体，也可能导致服务潜力或经济利益流出政府会计主体。前者称为“或有资产”，如可能收到的赠予、捐赠、未决诉讼案件可能有利的结果等；后者则称为“或有负债”，如为其他单位提供债务担保、未决诉讼案件可能不利的结果等。或有负债是可能的损失，它取决于一个或多个未来事件的发生，以确认应付金额、付款人、付款日期或其存在性。也就是说，这些因素取决于或有事项。

《国际公共部门会计准则第 19 号——准备、或有负债和或有资产》指出：或有负债，指以下二者之一：

（1）因过去事项而产生的潜在义务，其存在仅能通过不完全由主体控制的一个或数个不确定未来事项的发生或不发生予以证实；

（2）因过去事项而产生，但因下列原因而未予确认的现时义务：①履行该义务并非很可能要求含有经济利益或服务潜力的资源流出主体；②该义务的金额不能够足够可靠地计量。

或有负债主要有两个基本特征：其一，基于过去或既有的事实，如法规、契约、承诺或惯例等，而非源自主观臆测；其二，发生与否尚不能确定，这点尤其有别于传统的现时义务负债。可见，或有负债是指金额和结果都具有不确定性的义务。

在对负债、预计负债、或有负债的阐述中，不难看出相关负债的差别程度，现以图 8 -3 归纳如下①：

① 丁远，埃韦尔·施托洛韦，米歇尔·J. 勒巴：《财务报告与分析——一种国际化视角》，机械工业出版社 2014 年版，第 431 页。

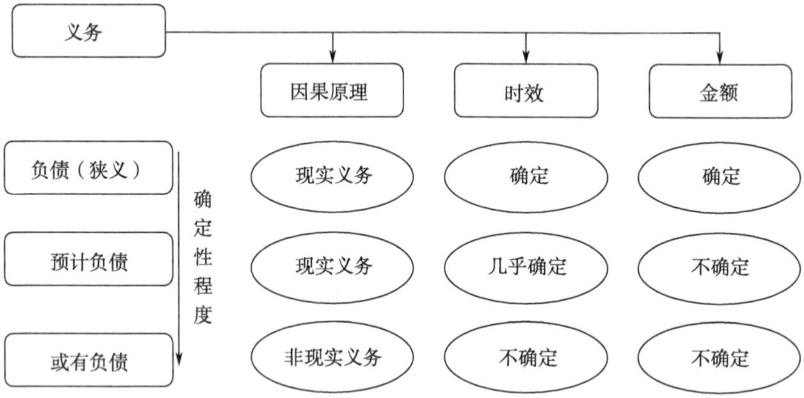

图 8-3　各类负债差异比较

或有负债最初是会计学应用的概念，也是企业对外公布财务报表所必须披露的重要内容。汉娜·波拉克科娃将其引入政府财政范畴，并在对政府所面临的负债进行特征分析的基础上，提出了显性与隐性负债、直接与或有负债的概念，并在此基础上得到了“财政风险矩阵”。

或有事项对政府会计主体的财务状况和运营成果产生了较大的影响。或有事项的潜在财务影响有多大、政府会计主体因此而承担的风险又有多少，这些都有必要通过财务报表予以反映，使财务报表使用者获得充分、详细的信息。

《负债的会计和报告》中指出：如果不对负债、或有事项和承诺做充分地和完全地揭示，政府以及政府财务报告的其他使用者就不能够对政府的财务状况做出现实的评价，而政府财务状况是做出令人满意的关于政府提供服务的质量和数量的决定基础。

二、预计负债的确认和计量

（一）预计负债的确认

或有事项形成了负债，并不意味着必然要在资产负债表内对所形成的负债予以确认，关键还要看所形成的负债是否符合负债的确认条件。《负债准则》指出，政府会计主体应当将与或有事项相关且满足会计准则规定的负债确认条件的现时义务确认为预计负债，二者之间的关系如图 8－4 所示。

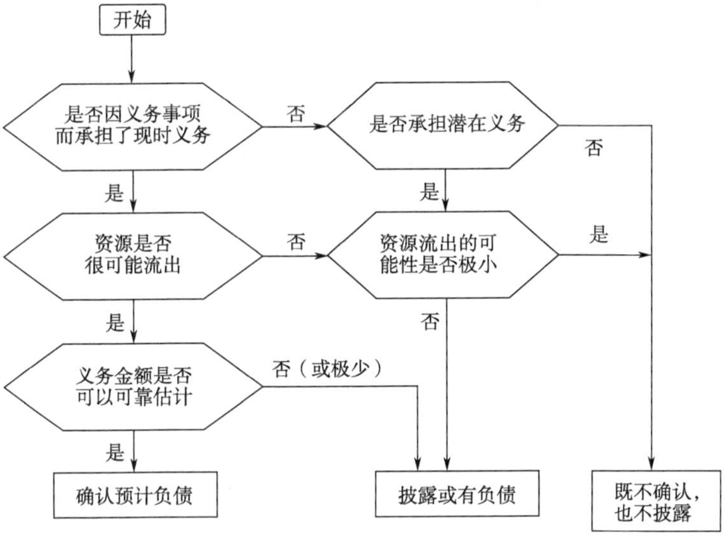

图 8－4　预计负债确认与或有负债披露

（二）预计负债的初始计量

与或有事项对应的现时义务导致经济利益流出政府会计主体的金额具有较大的不确定性，这就决定了金额只能是估计数。

《负债准则》规定，或有事项形成的义务，如果符合负债确认条件，那么对其所确认的金额应是清偿该负债所需支出的最佳估计数。理论上，正因为存在不确定性，对该或有事项所形成义务的金额的估计数可能会有多个。但是这些估计金额并不都可以作为所确认负债的金额，能够作为所确认负债金额的应是能代表最可能发生的支出金额，即最佳估计数，其目的在于使财务报表能真实地反映政府会计主体的财务状况和运营风险。

对于因或有事项而应予确认为负债义务的金额如何确定，准则分两种情况处理：一种情况是，对应义务的支出存在一个金额范围；另一种情况是，对应义务的支出不存在一个金额范围。在存在一个金额范围的情况下，本准则规定最佳估计数按该范围上、下限金额的平均数确定。比如说，存在一个 100 万元至 140 万元的金额范围，那么最佳估计数应是 120 万元。在不存在一个金额范围的情况下，最佳估计数的确定更加复杂。

预计负债应当按照履行相关现时义务所需支出的最佳估计数进行初始计量。所需支出存在一个连续范围，且该范围内各种结果发生的可能性相同的，最佳估计数应当按照该范围内的中间值确定。在其他情形下，最佳估计数应当分别下列情况确定：

1. 或有事项涉及单个项目的，按照最可能发生金额确定。

2. 或有事项涉及多个项目的，按照各种可能结果及相关概率计算确定。

政府会计主体在确定最佳估计数时，一般应当综合考虑与或有事项有关的风险、不确定性等因素。

政府会计主体清偿预计负债所需支出预期全部或部分由第三方补偿的，补偿金额只有在基本确定能够收到时才能作为资产单独确认。确认的补偿金额不应当超过预计负债的账面余额。

政府会计主体应当在报告日对预计负债的账面余额进行复核，有确凿证据表明该账面余额不能真实反映当前最佳估计数的，应当按照当前最佳估计数对该账面余额进行调整。履行该预计负债的相关义务不是很可能导致经济资源流出政府会计主体时，应当将该预计负债的账面余额予以转销。

三、政府会计或有负债与企业会计或有负债的差异

（一）或有负债的界定不同

《企业会计准则》对企业或有负债做出如下界定：或有负债是过去的交易或者事项形成的潜在义务，其存在仅通过不完全由企业控制的一个或数个未来不确定事项的发生或不发生予以证实；或者是过去的交易或者事项形成的现时义务，履行该义务不是很可能导致经济利益流出企业或该义务的金额不能可靠计量。

在政府或有负债方面，我国学者多采用汉娜·波拉克科娃对政府或有负债的界定和分类，即或有负债是由某一可能发生或不发生的偶然事件引起的负债，或有负债发生的概率以及政府需要偿付的金额数较难预测。政府或有负债分为或有显性负债和或有隐性负债：或有显性负债是在某一特定事件发生的条件下政府应履行的法定或合同约定的责任；或有隐性负债是在某一特定条件下政府承担的非法定性义务。

由此可见，企业或有负债和政府或有负债的界定存在较大的差异。企业或

有负债的概念既体现了“或有”这一本质特征，也考虑了会计核算的现实要求。对企业会计而言，企业的潜在义务一定是企业的或有负债，但即使企业承担了一项现时义务，该义务若不符合确认条件，即经济利益不是很可能流出或金额不能可靠计量，仍属于或有负债的范畴。与之相比，政府或有负债的界定是财政意义上的，它仅揭示出或有负债的“或有性”特征，却未能体现会计核算的特点。

（二）或有负债的边界不同

企业或有负债源于过去的交易或事项，这种交易或事项主要是由企业自身经营行为引起的。企业是自主经营、自负盈亏的法律主体，在承担和偿付或有负债时一般以法律或契约作为依据，因此，企业或有负债具有明确的边界，企业可以对之进行有效的控制。政府的责任边界较企业更为广泛，或有负债既可能源于政府行为所产生的交易或事项，也可能源于市场主体行为带来的风险和损失。作为公共部门，政府的职能是弥补市场的缺陷。当市场主体存在经营风险时，政府可能会为之提供各种担保。例如，当金融机构发生支付危机时，政府会提供最终的支付承诺；当国有企业经营不善时，政府会给予一定的财政补贴。这无疑大大增加了政府的或有负债和债务风险。因此，与企业或有负债相比，政府或有负债的边界更为模糊和广泛，这在一定程度上增加了核算和披露政府或有负债的难度。

第六节　负债的信息披露

作为政府财务信息披露中的重要部分，政府负债信息（尤其是或有负债）披露的质量高低对于正确反映政府会计主体财务状况具有十分重要的意义。如果负债信息披露不足，将会导致风险隐患的产生，因此需要将政府负债通过适当的方式进行反映和披露。

从已颁布的政府会计具体准则中，仅有《政府会计准则第 7 号——会计调整》和《政府会计准则第 8 号——负债》两部准则的披露采取与其他准则不同的做法，表现形式是披露需要分为两类内容进行规范。

一、非或有事项相关义务的披露

针对政府负债中的举借债务、应付及预收款项、暂收性负债和预计负债这类确定的负债义务，应披露下列有关信息：

（1）各类负债的债权人、偿还期限、期初余额和期末余额。

（2）逾期借款或者违约政府债券的债权人、借款（债券）金额、逾期时间、利率、逾期未偿还（违约）原因和预计还款时间等。

（3）借款的担保方、担保方式、抵押物等。

（4）预计负债的形成原因以及经济资源可能流出的时间、经济资源流出的时间和金额不确定的说明、预计负债有关的预期补偿金额和本期已确认的补偿金额。

二、或有事项相关义务的披露

随着我国市场经济的发展，或有事项这一特定的经济现象已越来越多地存在于政府会计主体的运营活动中，并对政府会计主体的财务状况和运营成果产生了较大的影响。或有事项对政府会计主体潜在的财务影响有多大，政府会计主体因此而承担的风险又有多少，这些都有必要通过会计报表予以反映，使会计报表使用者获得充分、详细的信息。因此，研究并规范或有事项的会计核算和相关信息披露显得尤为迫切和必要。

或有负债作为潜在义务，由于不符合负债的定义，因而不能确认；当或有负债确定为特定的现时义务时，符合负债的定义，却不符合负债的条件，因而也不确认为负债。或有负债虽然不予确认，但作为会计主体的现实义务或潜在义务，内在的风险和不确定性是显而易见的，它的存在可能会导致会计主体利益流出，将来还可能对政府会计主体的财务状况或运行情况产生不利影响，因此从会计信息披露的充分性和完整性考虑，一般应在财务报表附注中披露有关或有负债的信息。

通常，与或有事项相关内容的披露包括三个方面：一是因或有事项而确认的负债；二是或有负债的披露；三是或有资产的披露。由于预计负债符合负债确认标准，它直接按照负债的会计处理方法进行确认、计量、记录以及报告，但是由于其特殊性，它和其他负债项目分开列报。同时，为了增加财务报表的可理解性，需要在会计报表附注中披露相关信息。

《负债准则》规定，政府会计主体不应当将与或有事项相关的潜在义务或与或有事项相关的不满足负债确认条件的现时义务确认为负债，但应当按照准则规定进行披露。此类潜在义务或现时义务并不同时符合负债的定义和确认条件，因此不属于负债的范畴，但此类潜在义务或现时义务在未来有可能会转化为预计负债，增加政府会计主体的债务风险，为帮助会计信息使用者全面地掌握和分析政府会计主体的债务风险状况，《负债准则》对此类潜在义务或现时义务的披露提出了要求。

第一，政府会计主体不应当将下列与或有事项相关的义务确认为负债，但应当对该类义务进行披露：①过去的经济业务或者事项形成的潜在义务，其存在须通过未来不确定事项的发生或不发生予以证实，未来事项是否能发生不在政府会计主体控制范围内。潜在义务是指结果取决于不确定未来事项的可能义务。②过去的经济业务或者事项形成的现时义务，履行该义务不是很可能导致经济资源流出政府会计主体或者该义务的金额不能可靠计量。

第二，政府会计主体应当在附注中披露或有事项相关义务的下列信息：①或有事项相关义务的种类及其形成原因。②经济资源流出时间和金额不确定的说明。③或有事项相关义务预计产生的财务影响，以及获得补偿的可能性；无法预计的，应当说明原因。

需要说明的是，根据企业会计的目标和重要性原则的要求，企业负债准则对于或有负债的报表附注披露信息事项更加具体，如已贴现商业承兑汇票形成的或有负债；未决诉讼、仲裁形成的或有负债；为其他单位提供债务担保形成的或有负债；其他或有负债（不包括极小可能导致经济利益流出企业的或有负债）。此外，对未决诉讼的披露还做了特别规定，即在涉及未决诉讼、仲裁的情况下，如按要求披露全部或部分信息预期会对企业造成重大不利影响，企业无须披露这些信息，但应披露该未决诉讼、仲裁的形成原因，这与国际通行做法是一致的。

第九章 财务报表编制和列报准则

如果政府会计内容残缺不全，会计方法缺乏科学性、合理性，财务信息不能真实、完整地反映政府的财务状况，势必难以取信于民，也必将给政府财务资源提供者、监督机构及依赖政府财务信息作出各种决策的其他信息使用者造成误导。所以，“政府会计与财务报告能否真实、完整地反映政府的财务活动情况及财务状况比企业会计与财务报告的涉及面更广，影响面更大”①。

财务报表是财务会计确认和计量最终结果的体现，有关规范财务报表编制和列报的会计规定是会计准则体系的重要组成部分，国际公共部门会计准则和我国企业会计准则体系均对财务报表列报及合并财务报表进行了规范。

2015 年财政部出台的《政府会计准则——基本准则》对政府财务报表的内容和结构进行了原则性规定，明确要求政府会计应当根据相关规定编制合并财务报表。2017 年财政部出台的《政府会计制度——行政事业单位会计科目和报表》（以下简称《政府会计制度》）对行政事业单位个别财务报表的格式及填制说明进行了规定，但并未对财务报表编制的基本要求以及合并财务报表的编制和列报等进行规定。

2018 年 12 月 26 日，财政部发布了《政府会计准则第 9 号——财务报表编制和列报》（以下简称《财务报表编制和列报准则》），共四章 61 条，自 2019 年 1 月 1 日起施行，主要规范了政府会计主体财务报表的编制和列报，由正文和附录两部分组成，内容包括：

第一章为总则，主要规定本准则的制定依据、财务报表的概念和组成、本准则适用范围。

第二章为基本要求，主要从编制基础、可比性、重要性、流动性、会计期间等方面规定财务报表编制和列报的基本要求。

第三章为合并财务报表，分合并程序、部门（单位）合并财务报表、本级政府合并财务报表、行政区合并财务报表和附注五节内容，对各级次合并财务报表的概念、合并范围、合并程序和合并报表列示项目等进行了规定。

第四章为附则，主要规定本准则的未尽事项以及生效日期。

《财务报表编制和列报准则》框架结构如图 9 – 1 所示：

① 李建发：《论改进我国政府会计与财务报告》，《会计研究》，2001 年 6 月。

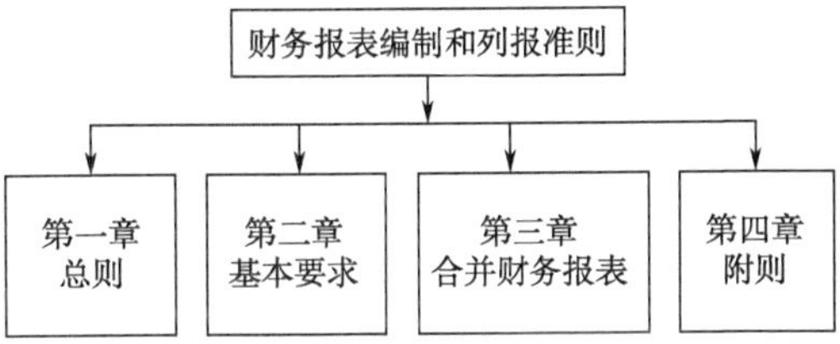

图 9－1　《财务报表编制和列报准则》框架

第一节　财务报表及其相关概念关系辨析

一、关于财务报表的认识

财务报表是对政府会计主体财务状况、运行情况和现金流量等信息的结构性表述。财务报表包括会计报表（如资产负债表、收入费用表、现金流量表）和附注，即“三表一注”。政府会计主体应当根据相关规定编制合并财务报表。

“复式簿记会计虽然已有 500 多年的历史，但它却仍然是财务报表结构的主体框架。”① 企业会计如此，政府会计也是如此。起初，财务报表是在营利组织中的应用，但在 18 世纪前 25 年里，人们开始编制政府的财务报表②，即财务报表已经在政府领域开始应用。

中华人民共和国的成立开启了中华民族发展的新纪元。1950 年 10 月，财政部召开第一次全国预算会计和金库制度会议，讨论并通过了《暂行总预算会计制度》《暂行单位预算会计制度》。同年 12 月，财政部颁布了《各级人民政府暂行总预算会计制度》和《各级人民政府暂行单位预算会计制度》，并从 1951 年开始实施。“这两个会计制度，首次为我国财政机关和行政、事业单位的会计工作确立了一套内容丰富、具体、体系较为完整的统一规范。”③ 两个制度堪称新中国预算会计体系和会计方法的奠基石。两个制度也分别对政府总预算会计报表和政府单位预算会计报表进行了规范，其所确定的预算会计报表基本框架在实践中证明符合中国国情，并一直沿用至今。

① 威廉·H. 比弗：《财务呈报——会计革命》，东北财经大学出版社 1999 年版，第 1 页。

② 加里·约翰普·雷维茨，巴巴拉·达比斯·莫里诺：《美国会计史——会计的文化意义》，中国人民大学出版社 2006 年版，第 32 页。

③ 杨纪琬：《中国现代会计手册》，中国财政经济出版社 1988 年版，第 2 页。

财务报表的内涵极为丰富，其基本特征为：

（1）财务报表应当是对外报告，其服务对象主要是各级人民代表大会常务委员会、债权人、各级政府及其有关部门、政府会计主体自身和其他利益相关者。专门为了内部管理需要的报告不属于财务报告的范畴。

（2）财务报表的目标是为财务报表使用者提供关于报告主体的有用信息［如政府会计主体的财务状况、运行情况（含运行成本）和现金流量等］，以反映政府会计主体公共受托责任履行情况，有助于财务报表使用者做出决策或者进行监督和管理。

（3）财务报表是一个系统文件，提供了全面信息。财务报表包括：①确认资产、负债和权益的财务状况表；②确认收益和费用的财务业绩表；③列示和披露相关交易或事项信息的其他报表和附注。

（4）财务报表是从报告主体整体的视角，而不是从主体现实的或潜在的投资者、贷款人或其他债权人等某一特定群体的视角来提供交易和其他事项的信息。

（5）财务报表按特定的时间期间（报告期间）编制，提供的信息包括：报告期末或报告期间已存在的资产和负债（包括未确认的资产和负债）以及净资产；以及报告期间的收入和费用。

总之，财务报表为使用者提供主体在报告日的资源和义务，以及在报告日之间的资源流量信息。这些信息有助于使用者评价主体继续以某一特定水准提供货物和服务的能力，以及未来需要向主体提供的资源，以保证主体能够继续履行提供服务的义务。

二、财务报表相关概念的辨析

在会计确认、计量、记录、报告等行为中，会计报告与其他活动有着密切的关系，几乎任何一个会计理论的变化都会对财务报告产生影响，财务报告理论的任何一点变化都会涉及相关理论。

在财务报告发展过程中曾经采用众多概念来界定会计主体对外提供财务信息的文件或资料的性质，如财务会计报告、财务会计报表、会计报表、财务报告、会计报告等称谓，并且彼此不做区分，相关法律对这一名词的使用也不尽一致。

（一）会计报告与财务报告

在会计学界，对于会计确认、计量和记录结果的报告有不同的提法。有的从会计的角度称之为“会计报告（accounting reports）”，有的则从财务的角度称它为“财务报告（financial report）”。“会计报告”一词也常出现在一些学术性文献中，如荆新教授在《非营利组织会计准则理论框架》一书中提到“会计报告”一词，并指出“编制会计报告是提供会计信息的基本工具”；赵建勇教授在《政府财务报告问题研究》一书中提到财务报告时说，“财务报告或称会计报告或财务会计报告，是财务会计工作的最终产品”。

关于会计报告与财务报告之间的关系，李建发教授在《政府会计论》一书中对此做了精辟的论述：从内容上看，会计报告与财务报告是相同的，但名称不同，所要表达的意思并不一样。“会计报告”要表达的应该是对会计这项活动的报告，而财务报告反映的是各单位财务方面的活动，即从价值的角度来核算和反映各单位的财务活动，会计只不过是对各单位的财务活动进行系统化和程序化的反映而已，会计报告实际上就是要反映这种经会计系统化和程序化处理的财务活动结果，而不是会计活动本身。“财务报告”所要表达的正是报告所反映的内容——各单位的财务活动。① 会计按其服务对象不同，可分为财务会计和管理会计，与之相适应，会计报告可分为财务会计报告和管理会计报告。可见，会计报告与财务报告的区别还是较明显的。

（二）会计报表与财务报表

会计报表是对会计工作最终产品的一般认识和表述，并且我国很长一段时期使用的是“会计报表”一词。该词对社会所起的作用是巨大的，产生的影响也是深远的。

新中国成立后，为了适应迅速恢复生产、进行经济建设的需要，国家规定在全国财政经济工作中建立统一的会计制度。1950 年 12 月，财政部制定颁发了《各级人民政府暂行总预算会计制度》和《各级人民政府暂行单位预算会计制度》，这两个制度均分为八章，其中一章为“会计报表”。从那时起，我国会计报表的称谓一直未改变，直至 2012 年修订的《事业单位会计准则》，开始将会计

① 李建发：《政府会计论》，厦门大学出版社 1999 年版，第 223 页。

报表改为“财务报表”。

20世纪60年代到90年代初，在我国会计领域极具影响力的《会计原理》一书曾经对会计报表做过如下定义“会计报表是统一用货币计量单位总括反映企业、事业、机关等单位在一定时期内经济活动和财务收支情况的报告文件。”[①]会计报表是根据会计账簿记录和有关资料，按照规定的报表格式，总括反映一定期间的经济活动和财务收支情况及其结果的一种报告文件。[②]会计报表根据服务对象的不同，分为对外提供的会计报表和对内提供的会计报表，后者是指单位根据管理需要编制的仅供内部管理使用的会计报表。

《事业单位会计准则》（2012）指出：财务报表是对事业单位财务状况、事业成果、预算执行情况等的结构性表述。《行政单位会计制度》（2013）指出：财务报表是反映行政单位财务状况和预算执行结果等的书面文件。《政府会计准则——基本准则》第五十一条指出，“财务报表是对政府会计主体财务状况、运行情况和现金流量等信息的结构性表述”。

（三）财务报告与财务会计报告

在以什么词汇来表示会计主体对外提供财务信息的那些文件方面，可以说，“财务报告”是一个最流行、被接受程度最高的词。[③]在政府会计领域的会计规范中也广泛地使用“财务报告”一词，如美国财务会计准则委员会第四辑《非营利组织编制财务报告的目的》、美国联邦政府《财务会计概念与准则公告》等。目前，我国《行政单位财务规则》《事业单位财务规则》《财政会计基本准则》以及其他政府会计标准均使用了“财务报告”一词。

“财务会计报告”一词在1999年10月全国人民代表大会常务委员会修订通过的新《中华人民共和国会计法》中正式出现；《事业单位会计准则》（2012）指出，财务会计报告是反映事业单位某一特定日期的财务状况和某一会计期间的事业成果、预算执行等会计信息的文件。

从国际范围来看，财务报告是一个比较通用的术语，但是在我国现行有关法

① 杨纪琬，娄尔行，葛家澍，赵玉珉，吴诚之：《会计原理》，中国财政经济出版社1987年版，第228页。

② 《全国会计人员继续教育系列教材（之三）》，经济科学出版社1999年版，第90页。

③ 余新培：《企业财务报告体系研究》，中国财政经济出版社2006年版，第14页。

律、行政法规中使用的是“财务会计报告”术语，是为了保持法规体系上的一致性，《基本准则》仍然沿用了“财务会计报告”的提法，同时又引入了“财务报告”的通用概念，并指出“财务会计报告”又称“财务报告”，并在所有具体准则的制定中统一使用“财务报告”的术语。①

（四）财务报告与财务报表

这里实际讲的是“报表”和“报告”的关系。有关研究显示，资产负债表作为会计报表体系中的首张会计报表，在复式簿记产生时既已萌芽，而“财务报表”一词使用并广泛流行于20世纪六七十年代以后。② 实务中，财务报表和财务报告经常混同使用。但是，财务报告与财务报表两个概念既有联系又有区别。国际财务报告准则（2008）《编制财务报表的框架》指出：“财务报表是财务报告程序的组成部分。全套财务报表通常包括资产负债表、收益表、财务状况变动表（此表有很多编制方法，例如，可以是现金流量表或资金流量表），以及作为财务报表必要组成部分的附注、其他报表和说明材料。财务报表还可能包括基于或源自上述报表并应随之一同阅读的附表和补充信息。”③ 葛家澍教授从狭义和广义对两者关系进行了揭示，如图9－2所示：

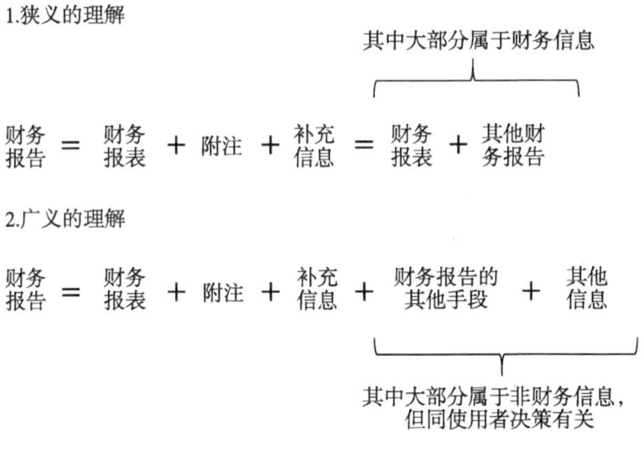

图9－2　狭义和广义的财务报告

① 财政部会计司：《企业会计准则讲解2008》，人民出版社，2009年。

② 高娟：《我国财务报告体系的改进：国际趋同下的思考》，《财务与金融》，2011年第5期。

③ 《国际财务报告准则2008》，中国财政经济出版社2008年版，第75页。

可见，财务报告提供的信息要比财务报表广泛得多，其采纳的手段和方式也比财务报表灵活。但财务报表概念的出现早于财务会计报告，两者是在不同时期，由于财务信息的使用者对信息需求的不同而产生的对财务信息披露或表述的两种不同概念表述。财务报表的种类、格式、项目和编制方法严格受各国会计准则或制度的约束。财务报表及其附注是财务会计报告的核心内容。如果没有财务报表，也就谈不上财务报告。

陈国辉教授指出："财务报表是财务报告的最初形式，从这个意义上讲，往往可以把财务报表等同于财务报告，它们具有基本相同的目的和作用。但是，尽管财务报表是财务报告的基本手段，却不是唯一的手段。其他财务报告也是补充提供财务信息和非财务信息的重要手段。"①

由于社会经济的迅速发展和管理水平、信息技术手段的提高，财务报表披露的信息已经无法完全满足有关方面对信息的需求。为了满足各类信息使用者对信息的需求，企业往往采用其他报告手段来披露诸如分析、预测等企业经营规划方面的信息，从而成为企业对外披露财务信息的一个重要组成部分，这是财务报表做不到的。

孙铮教授认为②，在会计实务中，财务报告与财务报表时常混用，实际上二者是有区别的。财务报表是财务报告的核心内容，财务报表是最基本的形式，但是财务报表不是财务报告的唯一形式，在财务报告中，还需要考虑提供用户决策所需要信息的财务报告的其他形式。

三、从财务报表到财务报告

不论是企业会计主体还是政府会计主体，其财务报告都是由财务报表逐渐演变而来的。这种变化首先是发生在企业会计领域。直到20世纪中期，典型的公司年度报告仍然只包括财务报表。此后，人们逐渐认识到财务报表内容的局限性，开始尝试在基本财务报表之外提供其他辅助性信息，从而使财务报表开始向财务报告转化。1978年11月，美国财务会计准则委员会（AFSB）发布了《论财务会计概念》第一辑《企业编制财务报告的目的》，它标志着财务报表正式向

① 陈国辉：《会计理论研究》（第二版），东北财经大学出版社2012年版，第146页。

② 孙铮：《财务会计理论》，中国财政经济出版社2007年版，第55页。

财务报告转化[①]，开启了在会计领域广泛使用“财务报告”概念的大门。在这个转化过程中，有诸多因素起了促进作用：首先，企业生产经营与投资活动日益复杂，使没有非货币性解释的财务报表的内容难以理解；其次，以历史成本为基础的传统财务报表信息越来越难以满足使用者的决策需要；再次，企业责任的扩大也促使企业拓展对外报告的内容。

前已述及，堪称新中国预算会计体系和会计方法奠基石的《各级人民政府暂行总预算会计制度》和《各级人民政府暂行单位预算会计制度》都设置了以“会计报表”称谓的独立一章。

2012 年《事业单位会计准则》明确提出财务报告概念，并指出“财务会计报告是反映事业单位某一特定日期的财务状况和某一会计期间的事业成果、预算执行等会计信息的文件。事业单位的财务会计报告包括财务报表和其他应当在财务会计报告中披露的相关信息和资料。”

从会计报表到财务报告的变化，不仅仅是概念的更替，更是社会环境等深层诸多原因影响的结果。一是自 2000 年以来，我国实施的国库集中收付、政府收支分类、部门预算等各项财政改革措施，对政府会计主体的预算编制、资金运转、资产管理等各方面产生了深刻的影响，同时也涉及政府会计核算方法的调整和改进，财务报告也要适应这些改革措施的需要进行调整和变迁。二是随着公共事业的发展，政府会计主体内外部环境发生了显著的变化。政府会计主体拥有资产的规模在扩大，管理要求在不断提升；政府会计主体债务规模、结构（内债、外债）、形式（显现、潜在、确定、或有）以及不确定性在影响着政府；政府会计主体财务资源的来源日益多样化（预算收支、其他财务收支）；政府支出在不断膨胀，如何控制支出、取得充分的控制信息就显得尤为重要。可见，这些因素的变化对提供信息方和使用信息方都会产生影响。提供的政府会计信息不仅全面，还要多样化，定量与定性信息、货币信息与非货币信息、财务信息与非财务信息等都应该成为会计信息的内容，仅以报表形式已经难以担当此项重任，提供报表之外相关的会计信息成为必然，会计报表向财务报告转变成为趋势。三是政府会计国际发展趋势、企业财务会计报告改革成果经验，为政府会计报告发展提供了可资借鉴的素材。

---

① 方红星：《公众公司财务报告架构研究》，中国财政经济出版社 2004 年版。

四、披露、列报和附注

披露、列报和附注是财务报告的重要组成部分。列报，是指交易和事项在报表中的列示和在附注中的披露。在财务报表的列报中，“列示”通常反映资产负债表等报表中的信息，“披露”通常反映附注中的信息。财务报告披露与财务报告确认，分别简称“披露”和“确认”，财务报表的编制属于再确认，而附注及其他财务报告或财务情况说明书属于披露。披露与确认相比，其特点表现如下：一是附注列于表外，仅适用于除财务报表内列报的一切表外表述的各种形式，因此，其数据、资料来源不一定来自日常会计记录；二是附注主要以文字而非数字来表达信息；三是附注侧重提供定性而非定量信息；四是附注对报表兼具基础和补充的作用。需要说明的是，附注既是对会计报表的补充说明，也是会计报表不可缺少的内容。许多情况下只有通过参阅报表附注，才能对财务报告有全面、准确的理解。一些在报表中以表格形式难以表达的内容，也需要通过报表附注加以反映。《基本准则》将附注定义为：“是对在资产负债表、收入费用表、现金流量表等报表中列示项目所做的进一步说明，以及对未能在这些报表中列示项目的说明。”

广义上讲，确认与披露同属于列报，但确认列报（财务报表上）与披露列报（附注及其他财务报告中）不在同一个层面：首先，披露的内容不需要全部来自日常记录，即不必完全依赖第一步确认；其次，披露规范的历史较近，1978 年美国 FASB 第一号概念公告才将财务报表拓展为财务报告，而其他财务报告不需要确认，甚至不需计量。因此，确认（表内列报）与披露（表外列报）有质的差别，披露可先于确认独立展开，并构成确认的必要补充。

第二节　政府财务报表的组成

《基本准则》指出，财务报表至少包括资产负债表、收入费用表和附注，政府会计主体可以根据实际情况自行选择编制现金流量表。

一、资产负债表和净资产变动表

（一）资产负债表

1. 资产负债表的历史沿革及其作用。资产负债表是反映政府会计主体在某一特定日期的财务状况的报表①，又称“财务状况表”。资产负债表是根据资产、负债和净资产之间的相互关系，按照一定的分类标准和顺序，将政府会计主体一定日期的资产、负债和净资产项目适当排列所形成的报告文件。通过资产负债表为其使用者提供政府会计主体某一日期所拥有或控制的经济资源、承担的负债义务以及投资者和债权人等享有权益的信息。

追溯历史，15 世纪意大利的企业为了报税以及终止合伙关系，在报告应税财产时就采用了资产负债表。② 在财务报表体系中，资产负债表是起始报表，它涵盖了一个企业的全部账户，同时也反映了每个账户的起始和终结，是企业期初、期末财务状况的集中体现。

1950 年 12 月，财政部正式制发了堪称新中国预算会计体系和会计方法奠基石的两本暂行预算会计制度，即适用于各级财政机关的《各级人民政府暂行总预算会计制度》和适用于各级各类行政事业单位的《各级人民政府暂行单位预算会计制度》，并从 1951 年开始施行。

1951 年，各级财政总预算会计报表分为日报、月报、季报、年报四类。其中，年报“以反映本级及所属总会计年度财政收支决算为目的，包括年度岁入岁出决算表、年度岁入岁出决算明细表、资产负债表、往来款项明细表等九种报表。”单位预算会计报表分为日报、月报、年报三类。其中，年报是以反映本级单位会计年度财务收支及库存之决算数字为目的，包括岁入决算表、岁出决算表、预算外收支决算表、资产负债表四种。可见，资产负债表在我国政府会计初创时期已作为重要会计报表之一。

在政府会计领域，资产负债表的作用主要表现在以下方面：

（1）资产负债表中的资产项目反映了各级政府、各部门、各单位所拥有的各种资源数量、结构及其偿还债务的能力，有助于预计各级政府、各部门、各单

---

① 《政府会计准则——基本准则（2015）》。

② A. C. 利特尔顿：《会计理论结构》，中国商业出版社 1989 年版，第 103 页。

位履行支付承诺的能力。

（2）资产负债表中的负债、净资产项目揭示了各级政府、各部门、各单位所承担的长短期债务的数量、偿还期限的长短，反映了各级政府、各部门、各单位的投资者对本政府会计主体资产所持有的权益。它有助于会计信息使用者了解政府会计主体资金来源的构成，分析各级政府、各部门、各单位的资金结构，了解各级政府、各部门、各单位所面临的财务风险。

（3）通过对资产负债表的分析，可以了解各级政府、各部门、各单位的偿债实力、投资实力和支付力。不同时期资产负债表中相同项目的横向对比和不同时期不同项目的纵向对比，还可以反映各级政府、各部门、各单位资金结构的变化情况及财务状况的发展趋向。

2. 资产负债表项目的分类与排列。现代财务报表的形式主要是以 19 世纪的英国经验为基础确立起来的。① 为帮助报表使用者分析、解释和评价资产负债表所提供的信息，需要对资产负债表上的项目按照它们的共同特征进行适当分类与排列。

《财务报表编制和列报准则》第九条指出："资产负债表中的资产和负债，应当分别按流动资产和非流动资产、流动负债和非流动负债列示。"资产负债表的各个项目一般按要素及其流动性的强弱、偿还的先后顺序分类排列，即各资产项目为一类，并按变现能力的强弱排列；各负债项目为一类，并按需偿还的先后顺序排列；净资产类项目是资产减去负债的差额，列于报表的最后。这种分类排列可直接将流动资产部分与流动负债部分相比较，便于反映政府会计主体的短期偿债能力。

3. 资产负债表的格式。为了提供清晰明了的信息，资产负债表不应仅是一张简单罗列资产、负债和净资产项目的表格，而应讲究内容的编排，以准确的标题、科学的分类和列示次序，表达各要素之间的关系。资产负债表的格式多种多样，账户式和报告式是资产负债表的两种主要格式。

（1）账户式资产负债表。账户式资产负债表分为左右两侧，资产放在表的左侧，负债和净资产放在表的右侧，有如 T 形账户的左右分列，故又称之为"账户式"。根据"资产 = 负债 + 净资产"的会计等式，报表的左右两侧明显地表现

① 迈克尔·查特菲尔德：《会计思想史》，中国商业出版社 1989 年版，第 105 页。

了资产与权益之间的平衡关系。我国财政总预算会计制度和政府单位会计制度的资产负债表采用账户式编报，如表 9－1 和表 9－2 所示。

表 9－1　财政总预算会计的资产负债表

编制单位：　　　　　　　　　　　年　月　日　　　　　　　　　　　单位：元

资产	年初余额	期末余额	负债和净资产	年初余额	期末余额
流动资产：			流动负债：		
国库存款			应付短期政府债券		
国库现金管理存款			应付利息		
其他财政存款			应付国库集中支付结余		
有价证券			与上级往来		
在途款			其他应付款		
预拨经费			应付代管资金		
借出款项			一年内到期的非流动负债		
应收股利			流动负债合计		
应收利息			非流动负债：		
与下级往来			应付长期政府债券		
其他应收款			借入款项		
流动资产合计			应付地方政府债券转贷款		
非流动资产：			应付主权外债转贷款		
应收地方政府债券转贷款			其他负债		
应收主权外债转贷款			非流动负债合计		
股权投资			负债合计		
待发国债			一般公共预算结转结余		
非流动资产合计			政府性基金预算结转结余		
			国有资本经营预算结转结余		
			财政专户管理资金结余		
			专用基金结余		
			预算稳定调节基金		
			预算周转金		
			资产基金		
			减：待偿债净资产		
			净资产合计		
资产总计			负债和净资产总计		

表 9－2　政府单位的资产负债表

编制单位：　　　　　　　　　　　　年　月　日　　　　　　　　　　　　单位：元

资产	期末余额	年初余额	负债和净资产	期末余额	年初余额
流动资产：			流动负债：		
货币资金			短期借款		
短期投资			应交增值税		
财政应返还额度			其他应交税费		
应收票据			应缴财政款		
应收账款净额			应付职工薪酬		
预付账款			应付票据		
应收股利			应付账款		
应收利息			应付政府补贴款		
其他应收款净额			应付利息		
存货			预收账款		
待摊费用			其他应付款		
一年内到期的非流动资产			预提费用		
其他流动资产			一年内到期的非流动负债		
流动资产合计			其他流动负债		
非流动资产：			流动负债合计		
长期股权投资			非流动负债：		
长期债券投资			长期借款		
固定资产原值			长期应付款		
减：固定资产累计折旧			预计负债		
固定资产净值			其他非流动负债		
工程物资			非流动负债合计		
在建工程			受托代理负债		
无形资产原值			负债合计		
减：无形资产累计摊销					
无形资产净值					
研发支出					
公共基础设施原值					

续表

资产	期末余额	年初余额	负债和净资产	期末余额	年初余额
减：公共基础设施累计折旧（摊销）					
公共基础设施净值					
政府储备物资					
文物文化资产					
保障性住房原值					
减：保障性住房累计折旧			净资产：		
保障性住房净值			累计盈余		
长期待摊费用			专用基金		
待处理财产损溢			权益法调整		
其他非流动资产			无偿调拨净资产		——
非流动资产合计			本期盈余		——
受托代理资产			净资产合计		
资产总计			负债和净资产总计		

（2）报告式资产负债表。报告式资产负债表又称垂直式资产负债表，它是运用“资产 = 负债 + 净资产”的会计等式，将资产负债表的项目自上而下排列，首先列示资产的数额，然后列示负债项目及金额，最后再列示净资产项目及数额。它形似向外报告政府会计主体的资产、负债和净资产的情况，着重突出表现政府会计主体资产与其资金来源的对应关系。报告式资产负债表结构（政府部门会计报表，选自“政府部门财务报告编制操作指南”），如表 9 -3 所示。

表 9 -3 政府部门的资产负债表

编制单位： 年 月 日 单位：万元

项目	附注	年初数	年末数
流动资产			
货币资金			
应收及预付款项			
应收利息			
应收股利			

续表

项目	附注	年初数	年末数
短期投资			
存货			
一年内到期的非流动资产			
非流动资产			
长期投资			
应收转贷款			
固定资产净值			
在建工程			
无形资产净值			
政府储备资产			
公共基础设施净值			
公共基础设施在建工程			
其他资产			
受托代理资产			
资产合计			
流动负债			
应付短期政府债券			
短期借款			
应付及预收款项			
应付利息			
应付职工薪酬			
应付政府补贴款			
一年内到期的非流动负债			
非流动负债			
应付长期政府债券			
应付转贷款			
长期借款			
长期应付款			

续表

项目	附注	年初数	年末数
其他负债			
受托代理负债			
负债合计			
净资产			
负债及净资产合计			

4. 资产负债表的编制。总体而言，资产负债表是根据政府会计主体总分类账的期末余额编制的。根据“表从账出”的原则，编制资产负债表应当以总分类账或有关明细账的期末余额为依据：资产负债表中有关资产类的项目，一般应根据各资产科目借方余额填列；资产负债表中的负债类项目和所有者权益项目，一般应根据各相应科目的贷方余额填列。与企业资产负债表相比，政府会计主体编制资产负债表要简化。其原因：一是没有减值抵减项目的计算，二是存货计价采用的方法相对简单，没有像企业那样对存货采用计划成本、零售价格法等。

（二）净资产变动表

1. 净资产变动表的性质。净资产变动表是反映行政事业单位在某一会计年度内净资产项目变动情况的报表。通过净资产变动表，可以反映行政事业单位净资产的构成内容、总额及其增减变动结果，分析净资产增减变动的原因，有助于报表使用者预测净资产发展趋势。

2. 净资产变动表的结构。净资产变动表的结构分为表头和基本内容两部分，其格式如表 9 - 4 所示。表头主要包括报表名称、编制单位、编制时期和金额单位等。

净资产变动表的基本内容以矩阵的形式列示：一方面，列示导致净资产变动的经济业务，即净资产变动的来源，对一定时期净资产的变动情况进行全面的反映（如本年盈余、无偿调拨净资产、归集调整预算结转结余、提取或设置专用基金、使用专用基金和权益法调整）；另一方面，按照净资产各组成部分（即累计盈余、专用基金、权益法调整）列示经济业务的变动对净资产各部分的影响。

表 9－4　净资产变动表

编制单位：　　　　年　　　　单位：元

项目	本年数				上年数			
	累计盈余	专用基金	权益法调整	净资产合计	累计盈余	专用基金	权益法调整	净资产合计
一、上年年末余额								
二、以前年度盈余调整（减少以“－”号填列）		——	——			——	——	
三、本年年初余额								
四、本年变动金额（减少以“－”号填列）								
（一）本年盈余		——	——			——	——	
（二）无偿调拨净资产		——	——			——	——	
（三）归集调整预算结转结余		——	——			——	——	
（四）提取或设置专用基金			——				——	
其中：从预算收入中提取	——		——		——		——	
从预算结余中提取			——				——	
设置的专用基金	——		——		——		——	
（五）使用专用基金			——				——	
（六）权益法调整	——	——			——	——		
五、本年年末余额								

（三）单位资产负债表、政府资产负债表和国家资产负债表关系辨析

政府资产负债表是国家资产负债表的重要组成部分。所谓国家资产负债表（National Balance Sheet），是指包括了政府、居民、非金融机构、金融机构等所有经济部门在内的资产负债信息。它反映了整个国民经济在某一特定时点上的资产和负债的总量规模、结构、国民财富及总体经济实力的状况。其中，各经济部门的资产负债表即为部门资产负债表。不少国家政府已经非常关注其中的“政府资产负债表”和“公共部门资产负债表”，用以判断政府和公共部门的净资产状

况，协助制定可持续的财政政策。①

二、收入费用表

（一）收入费用表的概念与作用

在我国政府会计领域，收入费用表是权责发生制报表。由于我国政府会计一直是预算会计基础，很长一段时间编制的是预算会计的“收入支出表”，没有编制收入费用表。

收入费用表是反映政府会计主体在一定会计期间运行情况的报表。利用该表可以全面反映政府会计主体运营活动发生的收入、费用情况，并通过收入与费用的比较，确定政府会计主体在某一会计期间运营活动的成果。具体来说，收入费用表的作用主要表现在以下方面：

1. 收入费用表可以反映政府会计主体过去的活动业绩，如公共成本的多少、服务质量高低、政策结果等情况。这些业绩会直接或间接地影响净资产发生增减变动，可见，收入费用表还可以向会计信息使用者报告其净资产的增加、使用、结存情况。

2. 利用收入费用表提供的收入、支出数据资料，以反映政府会计主体管理机构、管理者业绩，有助于考核管理者受托经济资源管理责任的履行情况。

3. 通过收入费用表可以了解政府会计主体盈余水平，判断政府会计主体的运营成果，考核政府会计主体的运营业绩，预测政府会计主体未来的运营与盈余发展趋势，为编制未来盈余预算、做出未来运营决策提供依据。

（二）收入费用表的格式

1. 单步式收入费用表。在这种格式下，将本期所有收入在一个类目下相加，本期所有费用在另一个类目下相加，再将两个类目的合计数相减，通过一次计算得出本期业务成果或业绩。该表的优点是结构简单，避免了可能使人误解或引起混乱的分类和配比顺序，被有些人认为具有现实性。但是，这种将全部收入和全部费用一次直接比较分析，缺少一些有用的中间资料，也往往有其不便之处。

---

① 余斌：《国家（政府）资产负债表问题研究》，中国发展出版社 2015 年版，第 21 页。

2. 多步式收入费用表。在这种格式下，按照收入或费用的构成因素和不同的构成内容，根据业务成果或业绩层次排列计算表。该表的好处在于：能向使用者提供较为详细的分类信息，有利于政府会计主体间及其自身前后期相应项目的比较。但是，多步式收入费用表将本期收入与费用原本总体性的比较人为地排列出先后顺序，并按顺序计算若干阶段性金额，容易使会计信息使用者产生对业务成果或业绩形成的错觉。

(三) 收入费用表“本期费用”项目的分类方法

《国际公共部门会计准则第1号——财务报表的列报》指出，主体应当基于费用的性质或其在主体中功能（视何者能够提供可靠且更相关的信息）对费用进行分类、做出分析，并在财务业绩表表内或附注中予以列报。

《财务报表编制和列报准则》第七条指出，性质或功能不同的项目，应当在财务报表中单独列报，但不具有重要性的项目除外。性质或功能类似的项目，其所属类别具有重要性的，应当按其类别在财务报表中单独列报。

我国企业利润表中本期费用是应用费用功能法。我国《企业财务会计报告条例》（国务院令第287号）第十条规定：“在利润表上，费用应当按照其性质分项列示。”《企业会计准则》（2006）规定，对于费用的列报，企业应当采用“功能法”列报，即按照费用在企业所发挥的功能进行分类列报。

收入费用表“本期费用”项目有两种方法可供选择：一是性质分析法；二是功能分析法。所谓性质分析法，是在收入费用表上将费用按其性质（如业务活动费用、单位管理费用等）分类反映。采用费用性质分类法编制的利润表的格式如表9－5所示。这种方式不需对费用按功能分类，所以简单易用。所谓功能分析法（或称销售成本法），是在利润表上将费用按功能进行划分，如分为销售成本、管理活动的成本等。按照这种方式，企业至少应将销售成本与其他费用分开披露。这种方式能够向财务报告的使用者提供比以上方式更为相关的信息，因此多数国家的利润表采用费用功能分类法。但如何将费用按照其功能进行分类，靠的是会计人员的判断，故而难免会带有随意性。

以上两种方法最显著的区别在于费用处理的途径不同：费用功能法损益表中期间费用按不同的功能单位分别列示；费用性质法中各费用项目按其性质在损益表中以总额反映。

（四）收入费用表的结构

就《政府会计制度》中的收入费用表而言，收入费用表由表头和正表两个部分构成。表头说明报表的名称、编制单位的名称、编制报表的日期和货币的计量单位等。

正表是收入费用表的核心，分为“项目”栏和“金额”栏两部分。

正表“项目”栏反映了行政事业单位全部收支相抵后运营成果各项指标的构成、分类和排列。该栏采取报告式形式，分为收入类和费用类两部分。收入类项目依次为财政拨款收入、事业收入、上级补助收入、附属单位上缴收入、经营收入、非同级财政拨款收入、投资收益、捐赠收入、利息收入、租金收入、其他收入；费用类项目依次为、业务活动费用、单位管理费用、经营费用、资产处置费用、上缴上级费用、对附属单位补助费用、所得税费用和其他费用。表内各项目之间关系如下：

本期收入－本期费用＝本期盈余

正表“金额”栏则反映了行政事业单位不同时期（月份、年份）各项收支及运营成果达到的水平以及结余情况，便于报表使用者分析、考核行政事业单位收支、结余情况。收入费用表结构如表9－5所示。

表9－5 收入费用表

编制单位： 年 月 单位：元

项目	本月数	本年累计数
一、本期收入		
（一）财政拨款收入		
其中：政府性基金收入		
（二）事业收入		
（三）上级补助收入		
（四）附属单位上缴收入		
（五）经营收入		
（六）非同级财政拨款收入		
（七）投资收益		
（八）捐赠收入		

续表

项目	本月数	本年累计数
（九）利息收入		
（十）租金收入		
（十一）其他收入		
二、本期费用		
（一）业务活动费用		
（二）单位管理费用		
（三）经营费用		
（四）资产处置费用		
（五）上缴上级费用		
（六）对附属单位补助费用		
（七）所得税费用		
（八）其他费用		
三、本期盈余		

三、现金流量表

（一）现金流量表概述

从历史来看，资金流量表远远晚于资产负债表和利润表。现金流量表的前身是“资金来源和运用表”和“财务状况变动表”，1987 年美国财务会计委员会要求以现金流量表代替财务状况变动表。国际会计准则委员会于 1989 年发布了第 7 号国际会计准则《现金流量表》。我国财政部于 1992 年发布的《企业会计准则》规定，企业可以编制财务状况变动表，也可以编制现金流量表。1998 年，财政部发布《企业会计准则——现金流量表》，要求所有企业从 1998 年起编制现金流量表，代替财务状况变动表。

在政府会计领域，我国首次要求编制现金流量表的会计标准是财政部 2010 年颁布的《医院会计制度》（财会〔2010〕27 号），2015 年《政府会计准则——基本准则》第五十一条指出：会计报表至少应当包括资产负债表、收入费用表和现金流量表，2017 年《政府单位会计制度》明确了现金流量表的格式及编制方法，《财务报表编制和列报准则》指出，政府会计主体可以根据实际情况自行选择编制现金流量表。

在现实经济活动中，“企业的经营，通常被描述为资金的周转，始于现金支出，终于现金收入”①，政府会计主体的运营也是如此。同时，企业和政府会计主体尽管创造收入的主要活动各异，但主体需要现金基本上出于同样的原因，它们需要现金来支付所耗费的物品和劳务，支付持续的债务和服务成本，以及在一些情况下减少债务规模。

在政府会计报表体系中，资产负债表虽然可以提供政府会计主体资产增减变动的结果，但无法直接提供与资产增减变动相对应的现金来源以及支付方式；收入费用表可以提供其本期盈余总额、结构及其变动信息，但无法直接通过该表反映政府会计主体日常活动、投资活动和筹资活动引起的现金增减变动情况；同样，净资产变动表可以反映当年累计盈余、专用基金、权益法调整及其净资产总额的增减变动，但无法反映该年度净资产各项目及其总额所导致的现金变化。总之，资产负债表、收入费用表和净资产变动表均无法反映政府会计主体日常活动、筹资活动和投资活动产生的净现金流量的详细信息，但通过现金流量表能够反映政府会计主体报告期内现金流入的来源、支出现金的项目以及报告日的现金余额等信息，有助于向财务报表使用者提供有关受托责任和决策制定的信息。其作用主要表现在以下方面：

1. 有助于主体财务报表使用者评价主体现金流量。现金流量表按照日常、投资、筹资活动对现金的流入与流出做出反映，说明政府会计主体是如何取得现金、如何使用现金的，借以对政府会计主体产生现金的现实能力做出评价。同时，由于过去的现金流量与未来的现金流量相关，是未来现金流量的预示，所以通过现金流量表还可以预测政府会计主体创造未来现金流量的能力，可以检查过去对现金流量预测的准确性。

2. 有助于评价主体是否遵循法律和规章（包括批准预算）。

3. 有助于做出是否向该主体提供资源或进行交易的决策。

---

① 美国财务会计准则委员会：《论财务会计概念》（中译本），中国财政经济出版社 1993 年版，第 38 页。

（二）现金流量表的基本理论

1. 现金、现金流量及现金流量的分类。

（1）“现金”的概念。现金流量表的“现金”是指现金和现金等价物。其中，现金包括库存现金、银行存款和其他货币资金。应注意的是，银行存款和其他货币资金中有些不能随时用于支付的存款，如不能随时支取的定期存款等，不应作为现金，而应列作投资；提前通知银行等金融机构可支取的定期存款，应包括在现金范围内。

现金等价物是指期限短、流动性强、易于转换成已知金额的现金，且价值变动风险很小的投资。所谓期限短，一般是指某项投资自取得日起 3 个月或者更短的时间内到期。权益性投资变现的金额通常不确定，因而不属于现金等价物。现金等价物虽然不是现金，但其支付能力与现金相差不大，可视为现金。

（2）现金流量。现金流量是指政府会计主体现金和现金等价物的流入和流出。但是，现金或者现金等价物之间的交易事项，如将库存现金转作活期存款、将活期存款转换为现金等价物等，在会计上等同视之，彼此之间的转换不构成现金流量交易或事项。

（3）现金流量的分类。根据政府会计主体业务活动的性质和现金流量的来源，《财务报表编制和列报准则》将政府会计主体一定期间产生的现金流量分为以下三类：

一是日常活动形成的现金流量。日常活动是指政府会计主体投资活动和筹资活动以外的所有交易和事项。一般而言，日常活动主要包括销售商品、提供劳务、购买商品、接受劳务、支付税费等活动。

日常活动的现金流量主要由决定政府会计主体净损益的交易和其他相关事项所形成。通过日常活动形成的现金流量，可以判明政府会计主体在不动用政府会计主体外部筹资的情况下，通过日常活动产生的现金流量是否足以偿还贷款，维持政府会计主体的生产日常、支付股利以及进行新的投资。此外，利用本期日常活动现金流量的结构与其他信息，还可以预测未来同类现金流量。

二是投资活动形成的现金流量。投资活动是指政府会计主体长期资产的购建和不包括在现金等价物范围内的投资及其处置活动。其中：长期资产是指固定资产、无形资产、在建工程、其他资产等持有期限在一年或一个营业周期以上的资产。其投资活动，既包括实物资产投资，也包括非实物资产投资；这里之所以将“现金等价物投资活动”置于投资活动之外，是因为属于现金等价物的投资视同现金。

投资活动的现金流量代表着政府会计主体为了获得未来的收益和现金流量而转出资源的程度，以及以前资源转出带来的现金流入的信息。

三是筹资活动形成的现金流量。筹资活动是指导致政府会计主体资本及债务规模和构成发生变动的活动。其中：资本主要是指财政资本性项目拨款收到的现金；债务包括向银行借款、发行债券以及偿还债务等。通常情况下，应付账款、应付票据等属于日常活动，不属于筹资活动。

提供筹资活动的现金流量信息有助于预测政府会计主体资本的提供者对政府会计主体现金流量的要求权，以及政府会计主体为获得资本而付出的代价。

需要说明的是，各类政府会计主体由于行业特点不同，对日常活动的认定存在一定差异。按政府会计主体活动分类来提供现金流量信息，有助于报表使用者评价这些活动对政府会计主体财务状况及现金的影响程度，以及估量现金和现金等价物的金额；同时，也有助于评价日常活动、投资活动和筹资活动三种活动内部或之间的重要联系。

2. 现金流量总额、净额和现金净流量。现金流量表中各项目的现金流量一般以总额表示。“总额”是指没有相互抵销的金额，也就是在现金流量表中要分别列示现金的流入量与流出量，这样可以全面揭示政府会计主体现金流量的方向、规模和结构。但对那些反映客户而非政府会计主体的活动（如代客户收取或支付的现金等），以及对周转快、金额大、期限短的项目的现金收入和现金支出，可以以净额列示。这是因为，这些现金流量项目在政府会计主体停留的时间短，政府会计主体加以利用的余地小，净额更能说明其对政府会计主体支付能力、偿债能力等的影响；如果对这些项目以总额表示，反而会对政府会计主体支付能力和偿债能力的评价、政府会计主体未来现金流量的评价等产生误导。

现金净流量是指现金流入与现金流出的差额。现金净流量可能是正数，也可能是负数。如果是正数，则为净流入；如果是负数，则为净流出。现金净流量反映了政府会计主体各类活动形成的现金流量的最终结果，即政府会计主体在一定时期内，现金流入大于现金流出，还是现金流出大于现金流入。

现金流量表结构如表 9 - 6 所示。

表 9-6　现金流量表

编制单位：　　　　　　　　　　　年　　　　　　　　　　　单位：元

项目	本年金额	上年金额
一、日常活动产生的现金流量：		
财政基本支出拨款收到的现金		
财政非资本性项目拨款收到的现金		
事业活动收到的除财政拨款以外的现金		
收到的其他与日常活动有关的现金		
日常活动的现金流入小计		
购买商品、接受劳务支付的现金		
支付给职工以及为职工支付的现金		
支付的各项税费		
支付的其他与日常活动有关的现金		
日常活动的现金流出小计		
日常活动产生的现金流量净额		
二、投资活动产生的现金流量：		
收回投资收到的现金		
取得投资收益收到的现金		
处置固定资产、无形资产、公共基础设施等收回的现金净额		
收到的其他与投资活动有关的现金		
投资活动的现金流入小计		
购建固定资产、无形资产、公共基础设施等支付的现金		
对外投资支付的现金		
上缴处置固定资产、无形资产、公共基础设施等净收入支付的现金		
支付的其他与投资活动有关的现金		
投资活动的现金流出小计		
投资活动产生的现金流量净额		
三、筹资活动产生的现金流量：		
财政资本性项目拨款收到的现金		

续表

项目	本年金额	上年金额
取得借款收到的现金		
收到的其他与筹资活动有关的现金		
筹资活动的现金流入小计		
偿还借款支付的现金		
偿还利息支付的现金		
支付的其他与筹资活动有关的现金		
筹资活动的现金流出小计		
筹资活动产生的现金流量净额		
四、汇率变动对现金的影响额		
五、现金净增加额		

四、附注

（一）附注的概念与作用

在会计领域，"附注"是财务报表附注的简称。从汉语字面来看，附注是"附"和"注"的合成词。根据《现代汉语词典》的解释，"附"有"附带""依附"含义；"注"有用文字来解释字句的含义。将"附"和"注"合起来的含义则是补充说明或解释正文的文字。以此推论，财务报表附注依附于财务报表，主表是根，附注是补充。财务报表附注是对报表项目、内容及其背景的附加解释和说明，目的是让报表使用者理解和应用会计报表。

《国际公共部门会计准则第 1 号——财务报表的列报》指出："附注，包含除在财务状况表、财务业绩表、净资产/权益变动表和现金流量表中列报的信息以外的信息。附注提供了对在这些报表中披露的项目的文字描述或明细资料，以及不符合在这些报表中确认的那些项目的信息。"

《基本准则》将附注定义为："是对在资产负债表、收入费用表、现金流量表等报表中列示项目所作的进一步说明，以及对未能在这些报表中列示项目的说明。"

附注与基本财务报表及其附表相比，具有以下特点：①附注主要以文字而非数字来表达信息；②附注侧重提供定性而非定量信息；③附注对报表兼具基础和补充的作用。当然，即使附注具有其相对独立的地位和重要的作用，但不能用以取代报表中对项目的适当分类与描述，也不能与报表信息重复甚至相矛盾。

概括地讲，财务报表主表与财务报表附注的关系可概括为：主表是根，附注是补充。没有主表的存在，附注就失去了依靠；而没有附注恰当的补充，财务报表主表的功能就难以有效地实现。①

财务报告的使用者通过阅读财务报表及其相关附注，能为其决策提供更充分的信息。关于附注的作用，美国财务会计准则委员会在第 5 号概念公告中指出："揭示财务报表的附注或表内括号插入的信息，诸如重要的会计政策或资产（负债）的其他计量结果，对财务报表上确认的信息做了进一步阐述或解释。这类信息对于理解财务报表提供的信息极有帮助。长期以来，它一直被看作是根据公认会计原则编制的财务报表的组成部分。"②

具体来说，附注作用表现在以下几个方面：

1. 附注能够说明政府会计主体所采用的会计政策。政府会计主体采用某种会计政策，就会形成与之相应的会计核算结果。财务报表使用者看到的不同时期、不同政府会计主体的会计报表存在差异，除了外界环境和政府会计主体运营管理的原因之外，很大程度上是因为政府会计主体采用了不同的会计政策。对此，政府会计主体必须给予充分的说明，以使报表使用者能正确地理解会计报表，否则必然误导他们的判断与决策。对会计政策的说明，通常是以会计报表附注的形式完成的。

2. 附注能够说明影响政府会计主体财务状况和运营成果的特殊事项。政府会计主体在运营中总会遇到某些有别于正常交易的事项，例如，与具有特殊关系的单位或个人之间的交易、对未来可能产生较大影响的不确定事项（或有事项）、政府会计主体合并与分立等。这些事项所带来的财务结果是正常交易情况下不可能产生的，因而需要通过会计报表附注给予特别说明，否则会对会计报表使用者产生不利影响。

3. 附注能够突出政府会计主体重大事项的信息。会计报表是对政府会计主

① 龚光明，伍骏鹏：《财务报表附注——国际比较与改进》，《财经理论与实践》，2004 年 5 月。

② 财务会计准则委员会：《论财务会计概念》，中国财政经济出版社 1992 年版，第 228 页。

体财务状况、运营成果的综合反映，涉及面广、数据多，有的报表使用者可能抓不住重点，也有的报表使用者不太关注政府会计主体与前期相比没有多大变化的一般性情况，而希望了解重大变化事项及其细节，如政府会计主体发生的重要资产转让、政府会计主体的合并与分立等。通过会计报表附注的说明，便可以帮助报表使用者了解哪些是应当引起注意的重要信息，满足他们这方面的要求。

4. 附注能够补充说明会计报表本身无法表达的情况。由于会计报表表格所规定的内容具有一定的固定性和规定性，并只能提供定量的财务信息，这使得一些情况无法通过表格表达，或以表格形式表达过于复杂。在正式的会计报表之外以附注的形式对这些情况作单独说明能够表达得很清楚，可以补充会计报表列示方式的不足。

需要说明的是，附注既是对财务报表的补充说明，也是财务报表不可缺少的内容。很多情况只有通过报表附注，才能对财务报告有全面、准确的理解，一些在报表中以表格形式难以表达的内容，也需要通过报表附注加以反映。

（二）附注的内容

1.《财政总预算会计制度》要求，总预算会计报表附注应当至少披露下列内容：

（1）遵循《财政总预算会计制度》的声明。

（2）本级政府财政预算执行情况和财务状况的说明。

（3）会计报表中列示的重要项目的进一步说明，包括其主要构成、增减变动情况等。

（4）或有负债情况的说明。

（5）有助于理解和分析会计报表的其他需要说明的事项。

2. 鉴于《基本准则》的性质，未对附注具体内容做出规范。《政府会计制度》报表编制说明中指出，附注是对在会计报表中列示的项目所作的进一步说明，以及对未能在会计报表中列示项目的说明。附注是财务报表的重要组成部分。凡对报表使用者的决策有重要影响的会计信息，不论本制度是否有明确规定，单位均应当充分披露。

附注主要包括下列内容：

（1）单位的基本情况。

（2）会计报表编制基础。

（3）遵循政府会计准则、制度的声明。

（4）重要会计政策和会计估计。单位应当采用与其业务特点相适应的具体会计政策，并充分披露报告期内采用的重要会计政策和会计估计。主要包括以下内容：①会计期间。②记账本位币，外币折算汇率。③坏账准备的计提方法。④存货类别、发出存货的计价方法、存货的盘存制度，以及低值易耗品和包装物的摊销方法。⑤长期股权投资的核算方法。⑥固定资产分类、折旧方法、折旧年限和年折旧率；融资租入固定资产的计价和折旧方法。⑦无形资产的计价方法；使用寿命有限的无形资产，其使用寿命估计情况；使用寿命不确定的无形资产，其使用寿命不确定的判断依据；单位内部研究开发项目划分研究阶段和开发阶段的具体标准。⑧公共基础设施的分类、折旧（摊销）方法、折旧（摊销）年限，以及其确定依据。⑨政府储备物资分类，以及确定其发出成本所采用的方法。⑩保障性住房的分类、折旧方法、折旧年限等。

此外，本期发生重要会计政策和会计估计变更的，还包括变更的内容和原因、受其重要影响的报表项目名称和金额、相关审批程序，以及会计估计变更开始适用的时点。

（三）附注的形式

在会计实务中，会计报表附注可采用旁注、附表和底注等形式。

1. 旁注。旁注，是指在会计报表的有关项目后面以括号方式对其加注说明。如果会计报表中使用简明名称的项目不足以反映其全部含义，可以直接用括号加注说明。在财务报表的附注形式中，旁注是最简单的附注形式。

由于财务报表本身结构规范、具有法定性的特点，旁注只适用个别只需简单补充的信息项目，并且其内容不宜冗长，以保持报表项目的简明扼要、清晰明了。

一般地说，旁注可揭示的信息包括：指明所采用的特定会计方法或计价基础，如在“长期投资”项目后注明“按购买法”；说明某个项目的性质，如在某项资产后注明“已作为抵押”，列示某个标题中包括的构成项目；按备选计价方法确定某项金额，如在存货的历史成本后用括号说明其现行市价；需要参见其他部分的说明。

2. 附表。附表，是指反映财务报表内重要项目的构成及其增减变动数额的表格。附表所反映的是财务报表中某一项目的明细信息。

3. 底注。底注也称脚注，是指在会计报表后面用一定文字和数字所作的补充说明。底注的主要作用是揭示那些不便于列入报表正文的有关信息。一般而言，每一种报表都可以有一定的底注，其篇幅大小根据报表的复杂程度而定。我国财务报表附注主要是采取这种形式。

（四）附注的局限性

必须指出，尽管附注与表内信息不可分割，它们共同组成会计报表的整体，但是附注中的定量或定性说明都不能用来更正表内的错误，也不能用以代替报表正文中的正常分类、计价和描述，或与正文数据发生矛盾。此外，附注作为一种会计信息披露手段，还存在以下缺陷：①如果使用者对附注不做认真研究，便难以阅读和理解，从而可能忽视这项资料；②附注的文字叙述比报表中所汇总的数据资源更难用于决策；③随着政府会计主体业务复杂性的增加，存在过多地使用附注的危险，这样势必会削弱基本报表的作用。

五、财务报表之间的勾稽关系

"勾稽"一词经常用于会计报表。勾，牵引、沟通的意思；稽，考核、稽查的意思。"勾稽关系"一般可解释为会计报表中各项目之间相互联系、相互制约的内在联系（有的同志认为，广义的勾稽关系还应包括会计簿籍中账户内在的各种相互关系）。检查财务报表中勾稽关系是否相符，是审查财务报表的内容是否完整、数字是否真实、计算是否准确的一项重要手段。掌握其分类的原理，就能了解勾稽关系的基本类型①。

任何主要财务报表都不凌驾于其他主要财务报表之上，其地位相同，同等重要，财务报表使用者应将其视为一个整体理解、运用和分析。通过主要财务报表列报项目的方式方法，有助于财务报表使用者对主体财务状况和财务业绩形成全面的认识。如果各报表之间的相互关系以及报表内列报的各项目之间的关

① 陈德荣：《谈谈〈国营工业企业会计制度——会计报表〉中的勾稽关系》，《上海会计》，1981 年 5 月 1 日。

系均清晰明了，财务报表使用者就更容易对主体财务状况和财务业绩形成全面的认识。①

政府会计主体的各种财务报表是一个有机联系的整体，各种财务报表之间以及每张报表内部各指标之间相互联系，彼此制约，形成一种在数量上可据以相互查考、核对的平衡相等关系，即“勾稽关系”。在编制和审核财务报表时，必须符合这些勾稽关系，以保证编制财务报表的正确。财务报表指标的勾稽关系主要表现为财务报表内部指标间的勾稽关系和财务报表间指标的勾稽关系。

（一）财务报表内部指标间的勾稽关系

每种财务报表的某些项目之间存在一定的勾稽关系，主要表现在以下方面：

1. “资产负债表”资产方“资产总计”的“年初余额”和“期末余额”，应分别与该表负债和净资产方“负债和净资产总计”的“年初余额”和“期末余额”相等；“资产负债表”资产方各类合计数与该方资产总计相等，负债和净资产方各类合计数与该方负债和净资产总计相等。

2. “收入费用表”中“本期收入”项目金额（本期数或本年累计数）减去“本期费用”项目金额（本期数或本年累计数）等于“本期盈余”项目的金额（本期数或本年累计数）。

3. “净资产变动表”中有关项目之间存在以下勾稽关系：

从横向看，“净资产变动表”中“本年数”或“上年数”项目的“净资产合计”，等于该年“累计盈余”“专用基金”“权益法调整”三个项目之和。

从纵向看，“项目”栏各项目之间存在以下勾稽关系：

上年年末余额 ± 以前年度盈余调整 = 本年年初余额

本年年初余额 ± 本年变动金额 = 本年年末余额

4. “现金流量表”中主要项目之间存在以下勾稽关系：

（日常活动的现金流入小计 + 投资活动的现金流入小计 + 筹资活动的现金流入小计） -

（日常活动的现金流出小计 + 投资活动的现金流出小计 + 筹资活动的现金流出小计）

= 日常活动产生的现金流量净额 + 投资活动产生的现金流量净额

+ 筹资活动产生的现金流量净额

= 现金净增加额

① 夏自李：《列报和披露理论辨析及初步结论——〈财务报告概念框架〉最新国际动态之五》，《新会计》，2014 年 9 月 28 日。

（二）财务报表之间的勾稽关系

1. “资产负债表”与“净资产变动表”。资产负债表中的净资产反映的是一个会计期间净资产变动结果，净资产变动表反映的是一个会计期间内净资产变动的过程，两张报表之间存在必然联系，其勾稽关系如表9－7所示。

表9－7　资产负债表与净资产变动表勾稽关系

资产负债表		净资产变动表	
对应项目	对应金额	对应项目	对应金额
累计盈余	年初余额	累计盈余	上年年末余额
专用基金	年初余额	专用基金	上年年末余额
权益法调整	年初余额	权益法调整	上年年末余额
累计盈余	年末余额	累计盈余	本年年末余额
专用基金	年末余额	专用基金	本年年末余额
权益法调整	年末余额	权益法调整	本年年末余额
专用基金	期末余额－年初余额	提取或设置专用基金	二者之差＝本年变动金额
		使用专用基金	
权益法调整	期末余额－年初余额	权益法调整	本年变动金额

2. “收入费用表”与“净资产变动表”。“收入费用表”中最后一行的“本期盈余”项目金额，等于“净资产变动表”第四部分“本年变动金额”中“本期盈余”项目的金额。

3. “资产负债表”与“现金流量表”。“资产负债表”中“货币资金”“财政应返还额度”项目的期末余额、期初余额差额之和，等于“现金流量表”第五部分“现金净增加额”项目的金额。

需要说明的是，“资产负债表”中“货币资金”项目的内容包括：库存现金、可以随时用于支付的银行存款、其他货币资金、零余额账户用款额度、财政应返还额度，以及通过财政直接支付方式支付的款项。

第三节　财务报表列报基本要求

政府会计主体财务报表是对政府会计主体财务状况、运行情况和现金流量等信息的结构性表述，它是一种传递信息的工具，但不是政府会计主体运营活动的终结。以持续运行为前提，政府会计主体根据实际发生的经济业务或事项，按照政府会计准则制度的规定对相关会计要素进行确认和计量，在此基础上编制财务报表。

一、持续运营与财务报表列报

持续运营是会计的基本前提，是会计确认、计量及编制财务报表的基础。政府会计准则规范的是持续运营条件下政府会计主体对所发生经济业务和事项确认、计量及报表列报；相反，如果政府会计主体（如某些事业单位因改革取消其机构）出现了非持续运营，应当采用其他基础编制财务报表。财务报表列报准则的规定是以持续运营为基础的。虽然政府会计主体在编制财务报表的过程中，不像企业管理层对其持续经营的能力进行评价，但从世界各国的经验来看，政府也可能因为债务“破产”，甚至倒闭。“破产”与“倒闭”的可能性使“持续运营”假设或前提显得十分必要。

如果按照政府会计准则制度规定披露的信息不足以让财务报表使用者了解特定经济业务或事项对政府会计主体财务状况和运行情况的影响，政府会计主体还应当披露其他必要的相关信息。

二、财务报表编制的基础

政府会计由预算会计和财务会计构成，预算会计实行收付实现制，财务会计实行权责发生制。除现金流量表以收付实现制为基础编制外，政府会计主体应当以权责发生制为基础编制财务报表。以收付实现制为基础编制的财务报表，如现金流量表，所提供的信息是以现金收付作为会计确认的标准；以权责发生制为基础编制的财务报表，提供的信息是以交易和事项是否实际发生为确认基础形成的。

在权责制基础上，未来的经济利益（资产）和未来经济利益的付出（负债）与款项是否实际收付无关，只有当产品或服务实际发生时，才真正确认为收入和费用。权责发生制会计模式需要通过配比实现原则的应用，采用摊销和递延等方法来评价成果和成本之间的因果关系。一般而言，权责发生制会计经常被作为企业会计的同义词，这是因为权责发生制会计能更好地反映企业年度的收入和支出、盈利或亏损，并且在会计年度末显示会计主体的财务状况。权责发生制会计建立在应计、分配、递延、分期摊销、实现、确认的基础上，这些原则的运用是权责发生制会计和收付实现制会计的主要差异。在每一会计期间，预付费用、未付工资、折旧费用、坏账收入需要运用应计和递延的原则在编制公司财务状况表时加以确认。

三、一致性与可比性

对政府会计主体的外部使用者来说，他们根据财务信息做出各种不同的比较，也是其各类决策过程的一部分。如各个期间预算资金与实际支出的比较、不同会计主体之间数据的比较等，在比较时，只有使用可比的信息才能进行有效的比较。

（一）一致性

财务报表项目的列报应当在各个会计期间保持一致，不得随意变更。除非为了提高报告信息的质量而需要做出更改。

（二）可比性

需要注意的是，一致性尽管与可比性有关，但毕竟不同。一致性是指对于相同的经济业务、一个报告主体的不同期间，或者相同期间的不同主体均采用相同的方法。可比性是目标，一致性有助于实现这一目标。[①]

四、重要性和项目列报

重要性是判断项目是否单独列报的重要标准。企业会计准则首次对“重要性”概念进行了定义，即如果财务报表某项目的省略或错报会影响使用者据此作出经济决策，该项目就具有重要性。企业在进行重要性判断时，应当根据所处环境，从项目的性质和金额大小两方面予以判断：一方面，应当考虑该项目的性质是否属于日常活动、是否对财务状况和经营成果具有较大影响等因素；另一方面，判断项目金额大小的重要性，应当通过单项金额占资产总额、负债总额、所

① 国际会计准则理事会:《财务报告概念框架（2010）》。

有者权益总额、营业收入总额、净利润等直接相关项目金额的比重加以确定。政府会计的报告信息项目列报同样要考虑重要性原则。

财务报表是通过对大量的交易或其他事项进行处理而生成的，这些交易或其他事项按其性质或功能汇总归类而形成财务报表中的项目。关于项目在财务报表中是单独列报还是合并列报，应当依据重要性原则来判断。总的原则是，如果某项目单个看不具有重要性，则可将其与其他项目合并列报；如果具有重要性，则应当单独列报。具体而言，应当遵循以下几点：

（1）性质或功能不同的项目一般应当在财务报表中单独列报，但是不具有重要性的项目可以合并列报。比如，存货和固定资产在性质上和功能上都有本质差别，必须分别在资产负债表上单独列报。

（2）性质或功能类似的项目一般可以合并列报，但是对其具有重要性的类别应该单独列报。比如在产品、产成品等项目在性质上类似，均通过生产过程形成企业的产品存货，因此可以合并列报，合并之后的类别统称为“存货”在资产负债表上列报。

（3）项目单独列报的原则不仅适用于报表，还适用于附注。某些重要项目不仅应在报表中列示，还应在附注中做详细披露。某些项目的重要性程度不足以在资产负债表、收入费用、现金流量表或净资产变动表中单独列示，但是可能对附注具有重要性，在这种情况下，应当在附注中单独披露。

（4）无论是财务报表列报准则规定的单独列报项目，还是其他具体会计准则规定单独列报的项目，会计主体都应当予以单独列报。

五、报表项目性质与列报方式

（一）报表项目性质

首先，对于性质或功能不同的项目，应当在财务报表中单独列报，但不具有重要性的项目除外。

其次，对于性质或功能类似的项目，其所属类别具有重要性的，应当按其类别在财务报表中单独列报。

政府会计中重要性的理解，应当根据政府会计主体所处的具体环境，从项目的性质和金额两方面予以判断。关于各项目重要性的判断标准一经确定，不得随意变更。判断项目性质的重要性，应当考虑该项目在性质上是否显著影响政府会计主体的财务状况和运行情况等因素；判断项目金额的重要性，应当考虑该项目金额占资产总额、负债总额、净资产总额、收入总额、费用总额、盈余总额等直接相关项目金额的比重或所属报表单列项目金额的比重。

某些项目的重要性程度不足以在资产负债表、收入费用表等报表中单独列示，但对理解报表具有重要性的，应当在附注中单独披露。

财务报表某些项目的省略、错报等，能够合理预期将影响报表主要使用者据此作出决策的，则该项目具有重要性。

（二）报表项目列报方式

无论是资产负债表还是收入费用表，其采用的格式可能不同。但无论是资产负债表中的资产还是负债，应当分别按流动资产和非流动资产、流动负债和非流动负债列示，即"按流动性排列的顺序"，并且这种顺序是比较固定且已相对稳定的状态，通常不会因流动性的转移而改变，比如存货供应短缺紧俏的，比呆滞的应收账款有较大的流动性，但通常仍以周转中正常的、预期的流动性程度作为排列顺序。

六、财务报表项目金额间的相互抵销

"抵销"基本上是世界各国都有的一项重要法律制度。关于抵销的概念，按大陆法系法理，抵销指两个主体互负债务时，各以其债权充当债务的清偿，而使其债务与对方的债务在对等额内相互消灭。①

财务报表中的资产项目和负债项目的金额、收入项目和费用项目的金额不得相互抵销，即不得以净额列报，但其他政府会计准则制度另有规定的除外。这是因为，如果相互抵销，所提供的信息就不完整，信息的可比性大大降低，难以在同一政府会计主体不同期间以及同一期间不同会计主体的财务报表之间实现相互可比，报表使用者难以据此做出判断。比如，欠客户的应付款不得与其他客户欠本单位的应收款相抵销，如果相互抵销，就掩盖了交易的实质。再如，收入和费用反映了单位投入和产出之间的关系，是单位经营成果的两个方面，为了更好地

---

① 谢怀轼：《合同法原理》，法律出版社 2000 年版，第 209 页。

反映经济交易的实质、考核政府单位经营管理水平以及预测未来现金流量，收入和费用不得相互抵销。

以下两种情况不属于抵销：①资产计提的减值准备实质上意味着资产的价值确实发生了减损，资产项目应当按扣除减值准备后的净额列示，这样才能反映资产当时的真实价值，并不属于上面所述的抵销。②非日常活动的业务具有偶然性，从重要性来讲，非日常活动产生的损益以收入和费用抵销后的净额列示，对公允反映单位财务状况和经营成果影响不大，抵销后反而更有利于报表使用者的理解。因此，非日常活动产生的损益应当以同一交易形成的收入扣减费用后的净额列示，并不属于抵销。例如，非流动资产处置形成的利得和损失，应按处置收入扣除该资产的账面金额和相关销售费用后的余额列示。

资产或负债项目按扣除备抵项目后的净额列示，不属于抵销。

当期财务报表的列报至少应当提供所有列报项目上一个可比会计期间的比较数据，以及与理解当期财务报表相关的说明，但其他政府会计准则制度等另有规定的除外。

七、财务报表表首的列报要求和编制期间

财务报表是一个由不同部分所组成的有机整体。它一般分为表首、正表两部分，其中，在表首部分政府会计主体应当概括地说明下列基本信息：①编报主体的名称；②报告日或财务报表涵盖的会计期间；③人民币金额单位；④财务报表是合并财务报表的，应当予以标明。

按照财务报表的一般理论，财务报表所使用的期间有历年制和自然营业年度。前者是指公元制，即每年1月1日至12月31日为一个财务报表编制期间或年度。根据《中华人民共和国会计法》的规定，会计年度自公历1月1日起至12月31日止。政府会计主体至少应当按年编制财务报表。

年度财务报表涵盖的期间短于一年的，应当披露年度财务报表的涵盖期间、短于一年的原因以及报表数据不具可比性的事实。

八、比较期间项目

《财务报表编制和列报准则》第十一条指出：当期财务报表的列报，至少应当提供所有列报项目上一个可比会计期间的比较数据。

“如果财务报表能提供至少两年的财务信息，就可以增强财务报表编制的作用。”[①] 通过设置“期末余额”“年初余额”项目，一是将前后两期截然分开，分别反映各自经济状况和运营成果；二是通过这种方式能够帮助财务报表使用者理解相关方面的变化对会计主体产生影响的趋势，提供比较信息一定程度上增强了相关利益各方对政府会计主体未来信息的判断；三是通过这种方式，能够呈报一年或更多以前年度的财务信息，使当年财务报表更加有用。

政府资产负债表源于政府会计制度的改革。在国际公共部门会计准则（International Public Sector Accounting Standard，IPSAS）的影响下，财政部于2014年推出了《权责发生制政府综合财务报告制度改革方案》，开始建立健全政府会计准则体系，规范政府会计主体个别财务报表和合并财务报表的编制与列报。在此要求下，财政部于2018年12月26日发布了《政府会计准则第9号——财务报表编制和列报》，这是我国政府资产负债表最新的编制基础。政府资产负债表由财政部门编制，于2019年开始执行。该表显示的是以权责发生制为主的综合财务报告改革，使得政府与各经济主体（尤其是企业）的趋同性越来越高，政府报表为国民经济核算服务的作用表现愈加明显。

第四节　合并财务报表

合并财务报表因其编制涉及范围广、内容复杂、方法多样[②]，与金融工具会计、外币交易和外币报表的折算、物价变动与财务报告四个部分作为财务会计的四大难题之一，正日益受到学术界和理论界的广泛关注。[③]

世界上第一份合并财务报表起源于19世纪末的美国，最早规范企业合并与合并财务报表的会计准则也于20世纪50年代在美国发布和实施。与企业组织编制合并财务报表起始时间相比，政府领域编制合并财务报表起步较晚。但随着社会的进步，社会公众对公共服务的需求日益扩大、内容也更为丰富，政府组织所处的社会生态环境也呈现出复杂化、动态化与不确定性等时代特征。全新的时代

① 理查德·F. 拉金，玛利亚·蒂托玛莎：《非营利组织公认会计原则解释与应用》，中国财政经济出版社2001年版，第73页。

② 李玉环：《合并财务报表》，经济科学出版社2011年版，后记。

③ 常勋：《财务会计四大难题》，立信会计出版社2002年版。

要求政府组织必须转变公共服务理念、回应公众公共服务需求、创新公共服务方式、提升公共服务效率、优化公共服务效果。各级政府为了适应社会发展的需求，必须掌握能全面反映政府整体财务状况、运营情况的财务信息。因此，在政府领域编制合并报表、提供合并财务信息成为必然。

一、合并财务报表概述

（一）合并财务报表的概念

在政府会计中，有关合并财务报表的学术研究及其成果比较少，即使在企业会计领域，学术研究是把合并财务报表和个别财务报表相比较，并评价哪个报表提供的信息量更大。[①]

《国际公共部门会计准则第 6 号——合并财务报表和单独财务报表》第七条指出：合并财务报表，是指将经济主体视作单一主体列报的财务报表。

《政府会计准则第 9 号——财务报表编制和列报》（以下简称《财务报表编制和列报准则》）第十四条指出：合并财务报表，是指反映合并主体和其全部被合并主体形成的报告主体整体财务状况与运行情况的财务报表。

合并财务报表（以下简称“合并报表”）的内涵极为丰富，主要表现在以下几个方面：

第一，合并报表把合并主体和其全部被合并主体视为整个经济实体，所编制的财务报表反映了政府整体财务状况和运营绩效，克服了传统政府年度财务报告信息不完备的缺点，满足了内外部信息使用者的诉求。[②] 其中，合并主体是指有一个或一个以上被合并主体的政府会计主体，合并主体通常也是合并报表的编制主体；被合并主体是指符合《财务报表编制和列报准则》规定的纳入合并主体合并范围的会计主体。

第二，以个别财务报表为基础。合并报表难以直接根据各分散实体的账簿资料编制，它是根据合并主体和被合并主体各自的编制报表，运用特有方法进行编制。个别财务报表以文字和数字反映经济现象，纳入合并范围的个别财务报表，

---

① 《布莱克韦尔会计学百科词典》，第 88 页。

② 李建发，赵军营：《权责发生制政府综合财务报告制度下政府合并财务报表编制问题研究》，《财政研究》，2016 年第 12 期。

其客观性能够得到充分体现。

第三，“不调账、只调表”是合并报表的编制方式。即合并报表编制的技术基础是个别财务报表而非会计账簿，并通过调整报表项目抵销合并主体和被合并主体、被合并主体之间个别财务报表对合并范围内部经济业务的影响，而不是调整账簿所记录的数据。

第四，合并报表有别于汇总报表。汇总报表是由上级部门根据所有所属单位上报的财务报表和汇总单位本身的财务报表综合编制的财务报表。汇总报表的编制通常按照隶属关系，采取逐级汇总的办法。表 9 - 8 列示了汇总报表与合并报表的异同。

表 9 - 8　汇总报表与合并报表的比较

异同及内容		汇总报表	合并报表
相同	以个别财务报表为依据		
	都是对外报送的报表		
	对报表相同项目的金额加计，反映总数		
区别	编制的目的	反映整个行业、部门或行政区划的财务运营情况	反映合并主体和被合并主体作为一个整体的财务运营情况
	服务对象		主要是出资人和债权人
	编制方式	层层汇总上报	仅与被合并单位存在控制关系
	编制的范围	以单位的行政隶属关系为依据，凡归其管理的所属单位，都应包括在汇总会计报表的编制范围之内	以控制关系为依据，凡被合并主体控制的被合并主体，都应纳入合并报表的编制范围
	编制方法	汇总报表只需按国家统一口径，对所辖单位报表分行业、分所有制或分行政区划等简单叠加汇总的方法加以编制，不需要编制复杂的抵销分录	必须通过编制抵销分录，抵销内部会计事项对个别会计报表的影响，运用合并工作底稿等特殊的编制方法进行编制

（二）合并报表的产生与发展

了解合并报表的历史，是认识合并报表概念及其目的的前提。合并报表实务的发源地是美国，最早的合并会计报表是于 1886 年由美国科顿石油托拉斯公司编制的。[①] 19 世纪末 20 世纪初，美国出现第一次企业兼并高潮，合并报表逐步得到发展。兼并了 169 家企业而成为世界上第一个资产超过 10 亿美元的企业——美国钢铁公司从 1901 年组建时起就开始编制合并会计报表，由此正式确立了合并报表的模式。1940 年，美国证券交易委员会规定上市公司必须编制合并报表，使编报合并报表成为上市公司的法定义务，由此，必须编制和提供合并报表是企业财务会计工作的主要内容之一。受美国合并报表的影响，一些发达资本主义国家在第二次世界大战后逐步开始重视合并报表的作用。[②]

在我国，合并报表首先是在企业领域实施的。最早对合并报表的编制正式提出要求的是《股份制试点企业会计制度》（1992 年），其中对合并报表的编制范围和方法提出了极其简明的一般性要求。这样，自 1992 年起，在沪深股市上市的股份公司就开始了编制合并报表的实践。1993 年 7 月 1 日开始实施的《企业会计准则》也对合并报表的编制提出了总括性要求。为了进一步规范合并报表的编制，财政部于 1995 年 2 月颁布了《合并会计报表暂行规定》，其中对合并范围、母子公司会计政策和会计期间的协调、公司间交易的消除方法等诸多方面做出了详细的规定，操作性较强。1995 年 7 月，财政部会计司又发布了具体会计准则合并会计报表征求意见稿。2006 年 2 月，为适应会计准则国际趋同的需要，我国制定发布了《企业会计准则第 33 号——合并财务报表》。

政府合并报表编制问题是国内外政府会计理论界和实务界公认的会计难题。2014 年 8 月 31 日，实施将近二十载、启动修订也已逾十年的《预算法》修正案获得第十二届全国人大常委会第十次会议审议通过，并自 2015 年 1 月 1 日起施行。《预算法》明确要求，各级政府财政部门应当按年度编制以权责发生制为基础的政府综合财务报告。2014 年 12 月，国务院批转财政部《权责发生制政府综合财务报告改革方案》（国发〔2014〕63 号），该方案规定，政府综合财务报告的编制需要将纳入合并范围主体的财务报表进行合并，合并资产负债表、合并收入费用表等合并报表构成了政府综合财务报告的主要内容。可见，政府合并财务报表的编制是政府综合财务报告制度的重要环节，其相关问题会直接影响政府综合财务报告编制的过程和结果，各部门、各级政府财政部门应编制合并报表。2015 年至 2017 年财政部设立相关课题，从多个角度对政府合并报表的

① 常勋：《国际会计》，上海人民出版社 1990 年版，第 145 页。

② 陈少华：《财务会计研究》，中国金融出版社 2007 年版，第 419 页。

合并原则、合并范围和合并程序等问题提出了政策建议，并积极借鉴《国际公共部门会计准则第 6 号——合并财务报表和单独财务报表》《企业会计准则第 33 号——合并财务报表》等准则的相关规定，适度吸收近年来推进的权责发生制政府综合财务报告试编和试点工作中的经验和成果，形成《财务报表编制和列报准则》的合并报表部分。政府综合财务报告是新公共管理的重要手段，政府合并报表是政府综合财务报告的核心。[①] 政府合并报表质量高低直接关系到政府综合财务报告向内外部信息使用者所提供信息的真实性、完整性、可靠性和相关性。

在政府综合财务报告编制实践方面，2017 年，财政部将政府综合财务报告试编工作转为试点工作。2018 年，试点范围进一步扩大，并开始跨政府级次合并试点。

（三）合并报表的作用

企业编制合并报表的作用主要表现为两个方面：一是合并报表能够对外提供反映由母子公司组成的企业集团整体经营情况的会计信息；二是合并报表有利于避免一些企业集团利用内部控股关系，人为粉饰会计报表情况的发生。[②] 由于政府在运营目的、资金来源等方面有别于企业，编制合并报表发挥的作用具有与企业类似之处，也有与其不同的地方。

概括国内外诸多学者的研究，政府合并报表信息有用性主要凸显了以下特点：

第一，政府合并报表旨在解除政府受托责任，支持政府决策制定。

第二，能够提供全面、可靠的政府整体财务信息，满足内外部信息使用者的诉求。

第三，政府合并报表并非是单个财务报表的替代，而是其有效的补充。

第四，政府合并报表是确定政府偿债能力、可持续发展能力和评估财政风险的有效工具之一。

---

① 潘晓波，杨海峰：《我国政府合并财务报表研究：主体及合并标准》，《会计研究》，2018 年 4 月 15 日。

② 陈少华：《财务会计研究》，中国金融出版社 2007 年版，第 420 页。

(四) 合并报表的分类

对合并报表进行合理的分类，是编制高质量权责发生制政府综合财务报告的重要条件。合并报表可以按不同的标准进行分类，如表9－9所示。

表9－9　合并报表的分类

报表名称	要求	编制主体
本级政府合并报表	指以本级政府财政作为合并主体，将本级政府财政及其合并范围内全部被合并主体的财务报表进行合并后形成的、反映本级政府整体财务状况与运行情况的财务报表	由本级政府财政部门负责编制
行政区政府合并报表	指以行政区本级政府作为合并主体，将本行政区内各级政府的财务报表进行合并后形成的、反映本行政区政府整体财务状况与运行情况的财务报表	各级政府财政部门既负责编制本级政府合并报表，也负责编制本级政府所辖行政区政府合并报表

二、合并报表的基本概念和基本方法

在政府会计中，有关合并报表的学术研究及其成果比较少。即使在企业会计领域，学术研究是把合并报表和个别财务报表相比较，并评价哪个报表提供的信息量更大。[①] 在政府会计领域，研究合并报表的一些概念、方法等基本理论问题具有重要的意义。

(一) 合并报表的基本概念

1. 合并报表合并主体。按照《现代汉语词典》解释，“主体”在法律上是指依法享有权利和承担义务的自然人、法人等。一是指“决定者”“负主要责任”等；另一种是指“基础”“载体”“承担者”等。将主体概念引入合并报表，可以理解为合并报表的对外报送报表以合并主体为基础，

合并报表合并主体简称“合并主体”。主体是与客体相对应存在的一个概念。主体是指事物的主要部分；哲学上是指对客体有认识和实践能力的人，是客

① 《布莱克韦尔会计学百科词典》，第88页。

体的存在意义的决定者；法律上是指权利义务的承受者。

控制主体一般都参照控制目标而设立，控制目标由控制主体控制实现。

（1）合并主体的概念。合并主体的确认与否，直接影响政府财务报表的合并范围，从而影响合并报表财务数据信息的准确性，因此对合并主体进行准确的定义和严格区分意义重大。

合并主体是指有一个或一个以上被合并主体的政府会计主体。合并主体通常也是合并报表的编制主体。

（2）合并主体与财务报告主体。在确定政府合并报表主体范围时，国际公共部门会计准则沿用了企业会计准则的“控制”标准，要求一个主体如果控制了一个或多个其他主体，则需要编制合并报表，被控制主体的财务报表需要合并到控制主体财务报表中。

2. 被合并主体。就主体客体关系而言，被合并主体属于客体范畴。主体（subject）和客体（object）是实践与认识领域的一对哲学概念。说它们是“一对”概念，是因为它们是成对出现的关系性范畴，是同时并存的，即没有主体就没有客体，没有客体主体也无法存在。主体具有主体性（subjectivity），客体具有客体性（objectivity）。主体性和客体性分别是主体、客体因各自在主客体关系中的地位和作用所表现出来的本质性能。

所谓客体，是指主体活动所指向的对象，是纳入主体活动的范围和结构，从而与主体发生现实关系的客观存在。客观世界中的一切事物都可以作为潜在的客体而存在，只有当某种事物在具体的认识和实践活动过程中被主体“对象化”——成为主体认识或实践对象的事物时，才能成为真正的客体。主体和客体都不是天生的，也不是一成不变的，而是由具体的相互作用的联系所决定的。在同一实践过程中，不同的认识和实践关系决定了不同的主体和客体。

被合并主体是指符合本准则规定的纳入合并主体合并范围的会计主体。

3. 合并范围。哪些会计主体应该纳入政府“合并资产负债表”的合并范围？这是编制合并报表必须首先明确的问题。在确定了合并报表的理论基础后，合并报表编制首先遇到的问题是如何确定合并范围。合并范围的一般原则可以分为数量标准和质量标准。在数量标准的界定上，以半数以上表决权为基础，并采用加法原则计算母公司持有的表决权已经成为学术界和实务界的共识。在质量标准的界定上，主要集中于实质性控制权的讨论。首先判断其是否属于政府会计主体单位，只有政府会计主体单位才可纳入政府合并报表的合并范围；其次判断其是部门内部单位还是部门外部单位，只有部门内部单位才能纳入政府合并报表的合并范围。一般来说，地方政府合并财务报表注意的是，如果其下属机构同时也属于中央政府，在进行合并范围的界定时，必须将行政隶属关系考虑在内。报表的合并范围包括本级政府、本级政府部门和下属机构。

4. 控制。“控制”和“受托责任”是界定政府合并报表合并范围的基准。

实体是否并入合并报表主要由“权力、收益”两个要素决定。权力由现有权利构成，即当前有能力直接操控另一个实体的相关活动，包括有权利直接操作相关财务和经营政策；收益主要指一个实体可以从另一实体获得利益，利益可能是财务或非财务的，也可能是正的或负的。控制是指一个实体在另一个实体中拥有权力，并有能力运用既有权力来影响自身收益的性质和数量。如在企业界，所谓控制，是指一个企业能够决定另一个企业的财务和经营政策，并能据以从另一个企业的经营活动中获取利益的权力。

控制通常具有以下特征：

（1）控制的主体是唯一的，不是两方或多方。即对被投资单位的财务和经营政策的提议，不必征得其他方同意就可以形成决议，付诸被投资单位执行。

（2）控制的内容是另一个企业的财务和经营政策，这些财务和经营政策一般是通过表决权来决定的。

（3）控制表现为一种权力，这种权力可以是一种法定权力，也可以是通过公司章程或协议、投资者之间的协议授予的权力。

（4）控制的目的是获取经济利益，包括增加经济利益、维持经济利益、保护经济利益或者降低所分担的损失等。

根据控制的“三要素”：一是拥有对被投资方的权力；二是通过参与被投资方的相关活动而享有可变回报；三是有能力运用对被投资方的权力影响其回报金额。在判断是否对涉及委托、受托标的公司实施控制时，只有具备控制“三要素”时，才表明能够控制标的公司。“三要素”强调了“权力”和“回报”二者之间的联系，拥有权力是形成控制的基础，拥有并运用权力影响回报金额，是拥有控制权最直观的表现。实务中，由于涉及委托或受托情况，主体是作为主要责任人还是代理人，对合并范围影响较大。代理人的主要责任是使用委托方的权力，但该权力并不会使代理人受益，而是使委托方受益。代理人主要是通过获得佣金或代理费等形式获取回报，但该回报本身并非产生于对被投资方的权力，而是源于提供代理服务而产生的向委托方收取款项的权利。相对代理人而言，主要责任人对于回报的影响会显著增加，代理人通常是收取与其服务水平相当的报酬。

（二）合并报表编制的基本要求和基本方法

1. 合并报表编制的基本要求。

（1）合并范围一般应当以财政预算拨款关系为基础予以确定。有下级预算单位的部门（单位）为合并主体，其下级预算单位为被合并主体。合并主体应当将其全部被合并主体纳入合并财务报表的合并范围。通常情况下，纳入本部门预决算管理的行政事业单位和社会组织（包括社会团体、基金会和社会服务机构）都应当纳入本部门（单位）合并财务报表范围。

（2）合并报表应当以权责发生制为基础编制。合并主体和其合并范围内被合并主体个别财务报表应当采用权责发生制基础编制，按规定未采用权责发生制基础编制的，应当先调整为权责发生制基础的财务报表，再由合并主体进行合并。

（3）编制合并报表时，应当将合并主体和其全部被合并主体视为一个会计主体，遵循政府会计准则制度规定的统一的会计政策。合并范围内合并主体、被合并主体个别财务报表未遵循政府会计准则制度规定的统一会计政策的，应当先调整为遵循政府会计准则制度规定的统一会计政策的财务报表，再由合并主体进行合并。

2. 合并报表编制的基本方法。无论是企业还是政府部门及其单位，编制个别财务报表都有一套完整的会计核算方法及其体系。编制合并报表不需要在现行会计核算方法体系之外单独设置一套账簿体系，它是以纳入合并范围的被合并主体个别财务报表为基础，对其数据进行加总的基础上，通过编制抵销分录，将企业集团内部的经济业务对个别财务报表的影响予以抵销，然后合并报表各项目的数额编制而成。编制抵销分录、抵销有关交易或事项的影响是编制合并会计报表的关键和重要内容。政府会计合并的核心和关键就是抵销其重复的、不合理的信息，对会计而言就是编制合并会计报表的抵销分录。

合并报表工作底稿中的调整与抵销分录是编制合并报表的关键，决定着合并报表的信息质量。

合并报表的编制程序中编制抵销分录是整个合并报表编制的关键，目的在于将个别财务报表各项目加总金额中重复的因素予以抵销。

三、合并报表编制程序

（一）确定编制合并报表的基础

《财务报表编制和列报准则》第十七条规定，对需要进行调整的个别财务报表进行调整，以调整后的个别财务报表作为编制合并报表的基础。

（二）合并个别财务报表会计要素

将合并主体和被合并主体个别财务报表中的资产、负债、净资产、收入和费用项目进行逐项合并。

（三）抵销

抵销合并主体和被合并主体之间、被合并主体相互之间发生的债权债务、收入费用等内部业务或事项对财务报表的影响。应当使用报表项目来编制抵销记录，而不应该是会计科目。尽管有些时候某些会计科目和报表项目是一致的，但不能将其片面认定为会计科目，而应理解为报表项目。编制合并会计报表的重要意义在于通过编制抵销分录，剔除政府会计主体内部虚增收入、费用，仅反映政府会计主体对外的财务状况和运营成果。

（四）调整合并范围

1. 对于在报告期内因划转而纳入合并范围的被合并主体，合并主体应当将其报告期内的收入、费用项目金额包括在本期合并收入费用表的本期数中，合并资产负债表的期初数不做调整。

2. 对于在报告期内因划转而不再纳入合并范围的被合并主体，其报告期内的收入、费用项目金额不包括在本期合并收入费用表的本期数中，合并资产负债表的期初数不做调整。

合并主体应当确保划转双方的会计处理协调一致，确保不重复、不遗漏，并在合并报表附注中对划转情况及其影响进行充分披露。

3. 在报告期内，被合并主体撤销的，其期初资产、负债和净资产项目金额应当包括在合并资产负债表的期初数中，其期初至撤销日的收入、费用项目金额应当包括在本期合并收入费用表的本期数中，其期初至撤销日的收入、费用项目金额所引起的净资产变动金额应当包括在合并资产负债表的期末数中。

四、合并报表应提供的信息项目

（一）合并资产负债表

部门（单位）合并报表、本级政府合并资产负债表中的资产类应当包括流动资产、非流动资产的合计项目；负债类应当包括流动负债、非流动负债和负债的合计项目；净资产项目。不同合并主体要求的三要素项目有一定差异，如表9－10所示。

表9－10　不同合并主体资产负债表的合并项目

会计要素	部门（单位）合并报表	本级政府合并报表
1. 资产	货币资金	货币资金
	短期投资	短期投资
	财政应返还额度	应收及预付款项
	应收票据	存货
	应收账款净额	一年内到期的非流动资产
	预付账款	长期投资
	应收股利	应收转贷款
	应收利息	固定资产净值
	其他应收款净额	在建工程
	存货	无形资产净值
	待摊费用	公共基础设施净值
	一年内到期的非流动资产	政府储备物资

续表

会计要素	部门（单位）合并报表	本级政府合并报表
1. 资产	长期股权投资	文物文化资产
	长期债券投资	保障性住房净值
	固定资产净值	受托代理资产
	工程物资	
	在建工程	
	无形资产净值	
	研发支出	
	公共基础设施净值	
	政府储备物资	
	文物文化资产	
	保障性住房净值	
	长期待摊费用	
	待处理财产损溢	
	受托代理资产	
2. 负债	短期借款	应付短期政府债券
	应交增值税	短期借款
	其他应交税费	应付及预收款项
	应缴财政款	应付职工薪酬
	应付职工薪酬	应付政府补贴款
	应付票据	一年内到期的非流动负债
	应付账款	应付长期政府债券
	应付政府补贴款	应付转贷款
	应付利息	长期借款
	预收款项	长期应付款
	其他应付款	预计负债
	预提费用	受托代理负债
	一年内到期的非流动负债	
	长期借款	
	长期应付款	

续表

会计要素	部门（单位）合并报表	本级政府合并报表
	预计负债	
	受托代理负债	
3. 净资产	累计盈余	净资产
	专用基金	
	权益法调整	

（二）合并收入费用表

本级政府合并收入费用表中，收入应当按照收入来源分类列示；费用应当按照费用的性质分类列示。《财务报表编制和列报准则》列示的部门（单位）合并收入费用表（见表9－11），其中“本期费用”各项目应当根据个别财务报表附注中“本期费用按经济分类的披露格式”所提供的信息合并填列；有些项目合并后原则上应抵销完毕，金额为零（表9－11中标*项目）。

表9－11　部门（单位）合并收入费用表格式

编制单位：　　　　　　　　　　　　年　　　　　　　　　　　　单位：元

项目	本年数	上年数
一、本期收入		
（一）财政拨款收入		
（二）事业收入		
其中：非同级财政拨款收入		
（三）上级补助收入*		
（四）附属单位上缴收入*		
（五）经营收入		
（六）非同级财政拨款收入		
（七）投资收益		
（八）捐赠收入		
（九）利息收入		
（十）租金收入		
（十一）其他收入		
二、本期费用		

续表

项目	本年数	上年数
（一）工资福利费用		
（二）商品和服务费用		
（三）对个人和家庭补助费用		
（四）对企事业单位补贴费用		
（五）固定资产折旧费用		
（六）无形资产摊销费用		
（七）公共基础设施折旧（摊销）费用		
（八）保障性住房折旧费用		
（九）计提专用基金		
（十）所得税费用		
（十一）资产处置费用		
（十二）上缴上级费用*		
（十三）对附属单位补助费用*		
（十四）其他费用		
三、本期盈余		

五、合并报表项目抵销方法

合并资产负债表和收入费用表的编制包括汇总单位会计报表、编制抵销分录、生成合并会计报表三个步骤。其中，编制抵销分录是合并报表核心内容。具体编制过程如下。

（一）汇总单位会计报表

1. 上级单位按照《抵销事项清单》对本单位、所属单位之间发生的经济业务或事项予以确认。

（1）部门内部单位之间发生的债权债务事项，应予以抵销。部门内部单位之间发生的债权债务事项，债权方已计提坏账准备的，应予以抵销。部门内部单位之间发生的债权债务事项，债权方本年计提或冲销坏账准备的，应根据其对本年盈余的影响调整累计盈余。

（2）部门内部单位之间发生的上级补助收入与对附属单位补助费用，应予以抵销。

（3）部门内部单位之间发生的上缴上级费用与附属单位上缴收入，应予以抵销。

（4）支付给部门内部单位的业务活动费用（商品和服务费用）、单位管理费用（商品和服务费用）、经营费用（商品和服务费用），和来自部门内部单位的事业收入、非同级财政拨款收入、经营收入、其他收入，应予以抵销。对涉及增值税的应税业务，按扣除增值税后的净额抵销。

2. 设置“抵销工作底表”，如表9－12所示。

表9－12　抵销工作底表

序号	抵销事项	抵销分录	所属单位1	所属单位2	所属单位3	合计

（二）编制抵销分录

合并报表的抵销分录指的是在编制合并报表时对于相关应该抵销的项目进行的调整分录。合并抵销是指合并主体在编制合并会计报表时，以其和被合并主体的个别财务报表为基础，将合并主体与被合并主体、被合并主体相互之间发生的内部交易对合并主体和被合并主体的个别财务报表有关项目的影响与合并报表相关项目的影响之间的差异进行抵销。被合并主体在合并抵销时所编制的会计分录称为合并抵销分录。合并抵销分录的编制目的和作用是消除内部交易对被合并主体和合并主体的个别财务报表有关项目的影响与合并报表相关项目的影响之间所存在的差异，使内部交易在个别财务报表中的反映与在合并报表的反映一致，但这种一致性仅仅是为编制合并报表。应抵销的经济业务及其分录如表9－13所示。

表9－13　应抵销的经济业务及其分录

<table>
<tr><th colspan="2">应抵销的经济业务</th><th>抵销分录</th></tr>
<tr><td rowspan="2">1. 抵销政府部门内部债权债务事项</td><td>经确认的内部债权债务事项</td><td>借：应付账款/预收账款/其他应付款/长期应付款
　贷：应收账款/预付账款/其他应收款</td></tr>
<tr><td>同时已计提坏账准备的债权债务事项应抵销已计提的坏账准备</td><td>借：坏账准备
　贷：累计盈余（以前年度计提的金额）
　　/其他费用（当期补提或冲减的金额）</td></tr>
</table>

续表

应抵销的经济业务		抵销分录
2. 抵销政府部门内部收入费用事项	上级补助收入与对附属单位补助费用之间存在抵销关系	借：上级补助收入 　　贷：对附属单位补助费用
	附属单位上缴收入与上缴上级费用之间存在抵销关系	借：附属单位上缴收入 　　贷：上缴上级费用
	来自本部门内部单位收入与支付给本部门内部单位费用之间存在抵销关系	借：事业收入/非同级财政拨款收入/经营收入/其他收入 　　贷：业务活动费用/单位管理费用/经营费用

需要注意的是：①业务活动费用、单位管理费用和经营费用的内容为商品和服务费用；②对涉及增值税的应税业务，按扣除增值税后的净额抵销。

【例9-1】A单位有两个所属单位A1、A2。A1单位会计报表“其他应收款”明细信息显示，A1单位应收A2单位款项5 000 000元，A2单位会计报表“其他应付款”明细信息显示，A2单位应付A1单位款项5 000 000元。A单位经与A1、A2两单位确认无误后，在编制合并会计报表时，抵销分录如下：

借：其他应付款——A1单位　　5 000 000

　　贷：其他应收款——A2单位　　5 000 000

【例9-2】B单位有两个所属单位B1、B2。B1单位会计报表“应收账款”明细信息显示，应收B2单位款项1 000 000元，假设该单位按照账龄分析法对此应收账款计提坏账准备100 000元，年末应收账款净额为900 000元。B2单位会计报表“应付账款”明细信息显示，应付B1单位款项1 000 000元。

（1）B单位经与B1、B2两单位确认无误后，第一年编制合并会计报表时，抵销分录如下：

借：应付账款——B1单位　　1 000 000

　　贷：应收账款——B2单位　　1 000 000

借：坏账准备　　100 000

　　贷：其他费用　　100 000

（2）第二年，B1单位对该应收账款补提50 000元的坏账准备，年末应收账款净额为85万元。第二年编制合并报表时，抵销分录如下：

借：应付账款——B1单位　　1 000 000

贷：应收账款——B2 单位　　1 000 000

借：坏账准备　　150 000

贷：其他费用　　50 000

累计盈余　　100 000

（3）第三年，B1 单位收回该应收账款 500 000 元，冲减 80 000 元的坏账准备，年末应收账款净额为 430 000 元。第三年编制合并报表时，抵销分录如下：

借：应付账款——B1 单位　　500 000

贷：应收账款——B2 单位　　500 000

借：坏账准备　　70 000

贷：其他费用　　-80 000

累计盈余　　150 000

【例 9-3】A 单位有两个所属单位 A1、A2。A1 单位会计报表“事业收入”明细信息显示，A1 单位收到来自 A2 单位款项为 1 130 000 元，A2 单位会计报表“业务活动费用（商品和服务费用）”明细信息显示，A2 单位支付给 A1 单位款项 1 130 000 元。A 单位经与 A1、A2 两单位确认无误后，在编制合并会计报表时，抵销分录如下：

借：事业收入——A2 单位　　1 130 000

贷：业务活动费用（商品和服务费用）——A1 单位　　1 130 000

【例 9-4】B 单位有两个所属单位 B1、B2。B1 单位收到来自 B2 单位款项 1 000 000 元，增值税 130 000 元，B2 单位支付 B1 单位款项 1 130 000 元，B 单位经与 B1、B2 两单位确认无误后，在编制合并会计报表时，抵销分录如下：

借：事业收入——B2 单位　　1 000 000

贷：业务活动费用（商品和服务费用）——B1 单位　　1 000 000

（三）生成合并会计报表

将抵销分录中相关数据填入抵销工作底表，根据抵销工作底表“合计”栏数据，对汇总后的资产负债表、收入费用表相关项目进行抵销，生成合并资产负债表和收入费用表。

需要说明的是，按照重要性原则，设定 10 万元抵销阈值。对于单位和单位之间的债权债务事项，年末余额不超过 10 万元的，可以不进行抵销。对于单位和单位之间的收入费用事项，本年累计发生额不超过 10 万元的，可以不进行抵销。具备条件的须应抵尽抵，不受阈值限制。

六、附注

根据《财务报表编制和列报准则》的规定，合并报表附注一般应当披露下列信息：合并报表的编制基础；遵循政府会计准则制度的声明；合并报表的合并主体、被合并主体清单；合并主体、被合并主体个别财务报表所采用的编制基础，所采用的与政府会计准则制度规定不一致的会计政策，编制合并报表时的调整情况及其影响；本期增加、减少被合并主体的基本情况及影响；合并报表重要项目明细信息及说明；未在合并报表中列示但对报告主体财务状况和运行情况有重大影响的事项的说明；需要说明的其他事项。

第十章
政府和社会资本合作项目合同

政府和社会资本合作模式是在基础设施及公共服务领域建立的一种长期合作关系。通常，社会资本承担设计、建设、运营、维护基础设施的大部分工作，并通过“使用者付费”及必要的“政府付费”获得合理投资回报；政府部门负责基础设施及公共服务价格和质量监管，以保证公共利益最大化①。这种合作模式是公共服务供给机制的重大创新，即政府采取竞争性方式择优选择具有投资、运营管理能力的社会资本，双方按照平等协商原则订立合同，明确责权利关系，由社会资本提供公共服务，政府依据公共服务绩效评价结果向社会资本支付相应的对价，保证社会资本获得合理收益。政府和社会资本合作模式有利于充分发挥市场机制的作用，提升公共服务的供给质量和效率，实现公共利益最大化。

为了促进和规范政府和社会资本合作（PPP）模式的健康发展，2019 年财政部发布了《政府会计准则第 10 号——政府和社会资本合作项目合同》。为更好地通过引入社会资本和市场机制，促进重点领域建设，增加公共产品有效供给，提高公共资源配置效率，政府还出台了《政府和社会资本合作项目合同》应用指南。在强调合同各方的平等主体地位、强调提高公共服务质量和效率、强调社会资本获得合理回报原则的引领下，全面规范了 PPP 项目合同的内容与责任。

《政府会计准则第 10 号——政府和社会资本合作项目合同》（以下简称《PPP 项目合同准则》）共分六章 28 条，自 2021 年 1 月 1 日起施行。内容包括：

第一章总则，指出制定本准则的目的和依据，明确了“PPP 安排”的内涵，界定了与本准则相关的运营方、PPP 服务资产，同时规范了准则的适用范围。

第二章阐述了 PPP 服务资产的确认条件，以及授予方委托运营方投资建造 PPP 服务资产、购买 PPP 服务资产、运营方现有资产形成 PPP 服务资产等的确认方法。在 PPP 服务资产运营过程中发生的后续支出，符合本准则第五条规定的确认条件的，授予方应当计入 PPP 服务资产成本；根据 PPP 安排，协议或合同结束时，PPP 服务资产移交至授予方的，授予方应当按其账面价值将该资产重新分类为公共基础设施等资产。

第三章 PPP 服务资产的计量。计量的基本原则是授予方在取得 PPP 服务资产时应当按照成本进行初始计量。同时规定了授予方委托运营方投资建造的 PPP 服务资产、授予方委托运营方购买的 PPP 服务资产、使用运营方现有资产形成的

① 财政部《关于推广运用政府和社会资本合作模式有关问题的通知》（财金〔2014〕76 号）。

PPP 服务资产，以及授予方委托运营方在其现有资产基础上进行改建、扩建形成的 PPP 服务资产的计量。

第四章关于净资产、负债的确认和计量。该准则指出，确认 PPP 服务资产的同时确认净资产或负债基本标准，即根据 PPP 安排中对运营方做出补偿的方式，明确了补偿方式。

授予方确认的净资产或负债的初始入账金额，或净资产与负债合计的初始入账金额，应当与根据本准则第十条至第十四条确定的 PPP 服务资产的初始入账金额相等，并按授予方给予运营方或运营方给予授予方的其他对价金额进行调整。

第五章列示和披露。该准则规定，授予方应当在财务报表中单独列示 PPP 服务资产及相应的净资产和（或）负债，指出授予方应当在附注中披露与 PPP 安排有关的信息。

第六章附则。附则指出，对于应当确认为 PPP 服务资产，但已确认为政府公共基础设施、固定资产或无形资产的，授予方应当如何重分类为 PPP 服务资产。反之，由授予方确认为 PPP 服务资产，但已由运营方确认为固定资产、在建工程或其他非流动资产的，如何确认一项 PPP 服务资产。对于应当确认但尚未入账的 PPP 服务资产，如何确定其初始入账成本。

《PPP 项目合同准则》框架结构如图 10－1 所示：

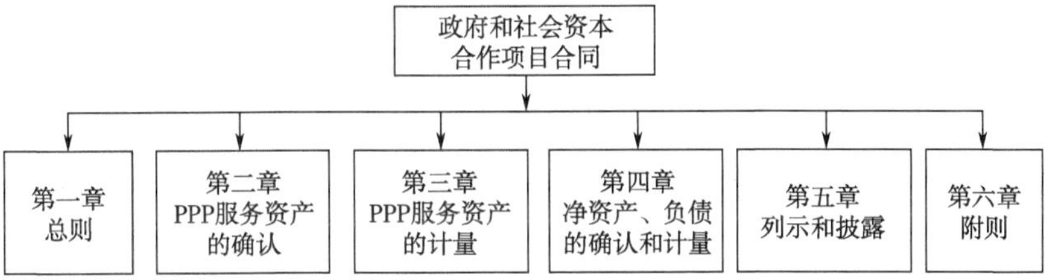

图 10－1　政府和社会资本合作项目合同准则框架

第一节　政府和社会资本合作项目流程和模式

一、政府和社会资本合作模式的含义

PPP 模式（Public Private Partnership）直接翻译成中文是“公私合作伙伴关

系”，主要是在公共事业领域中政府和社会资本方进行合作。PPP 项目中，社会资本方参与公共事业领域的建设，可以使双方获得各自追求的收益并且分散项目的风险。但是由于各国 PPP 模式发展阶段不同，国家的意识形态存在明显的差异，同时 PPP 模式的应用领域存在差异，导致现阶段国内外的 PPP 领域专家和各国的权威机构对 PPP 模式的概念不能达成统一意见。在不同的国家（地区）和不同的项目中，该概念虽有共同之处，但其内涵的具体内容随着项目的不同有所区别。

联合国培训研究院认为，PPP 模式是公共部门和私人或私有部门之间通过签订合同约束双方的权利与义务，建立良好的合作关系，共同参与公共事业的建设并提供服务。

欧盟委员会认为，PPP 模式是私营部门与政府在公共事业领域进行合作，导致原来只有公共部门进行项目建设管理的局面转变为公共部门和私人部门共同参与到公共事业中，这样不仅发挥公共部门和私人部门的长处，还可以规避双方的短处。

美国 PPP 国家委员会认为，PPP 模式是介于外包和私有化之间并结合两者特点的一种公共产品提供方式，它充分利用私人资源进行设计、建设、投资、经营和维护公共基础设施，并提供相关服务以满足公共需求。

加拿大 PPP 国家委员会认为，PPP 模式是公共部门和私人部门之间的一种合作经营关系，它建立在双方各自经验的基础上，通过适当的资源分配、风险分担和利益共享机制，最大限度地满足事先清晰界定的公共需求。

我国没有 PPP 国家委员会，面对 PPP 这一日益引起各方关注的重要概念，有关部门已将其意译为“政府与社会资本合作”，官方界定的 PPP 模式（政府和社会资本合作模式）是指政府为增强公共产品和服务供给能力，提高供给效率，通过特许经营、购买服务、股权合作等方式与社会资本建立的利益共享、风险分担及长期合作关系。

为了更好地理解政府和社会资本合作模式，需要从以下方面加以介绍：

（1）PPP 项目的渊源。历史是过去传到将来的回声，是将来对过去的反映。就其渊源来讲，PPP 并不是新鲜事物。从国际上看，300 多年前，欧洲国家就授予公路养护人“收费特许权”，由政府和私人部门共同提供公共服务。20 世纪七八十年代，有的国家开始运用 BOT 等方式引导私人部门参与基础设施建设。[①] 自 20 世

① 孙永尧：《PPP 项目会计研究》，经济科学出版社 2018 年版，第 16 页。

纪90年代便开始采取建设—运营—移交（BOT）模式来修建高速公路、桥梁等，但该模式并未真正地实现政府和社会资本的有效合作。

就我国而言，自20世纪80年代以来，就开始在基础设施领域探索使用BOT等模式。早在2004年，财政部就与国际货币基金组织合作，在黄山举办了公私合作论坛。但PPP模式始终未能在我国真正发展起来，究其原因，关键在于法律法规缺位、制度建设滞后、信用环境不完善。2013年，党的十八届三中全会《中共中央关于全面深化改革若干重大问题的决定》提出，允许社会资本通过特许经营等方式参与城市基础设施投资和运营，开启了发展PPP的新局面。

（2）它是一种合作方式，是政府（Public）与私人（Private）之间的合作。基于提供产品和服务，达成特许权协议，形成“利益共享、风险共担、全程合作”伙伴合作关系。这种合作方式包括：①市场投资人提供公共服务，由政府付费；②市场投资人从政府获得特许经营权，由使用者付费；③前两种混合模式。PPP管理工作由财政部及其PPP中心、国家和省级政府部门、市级政府共同承担，直接向立法机构负责。

（3）它是政府管理的一种方式。美国管理学家斯蒂芬·P. 罗宾斯给管理下的定义是：管理是指同别人一起，或通过别人使活动完成得更有效的过程。[①] PPP就是公共部门与民营部门一起，使得公共产品和服务的提供更为有效的过程。有PPP管理模式下，政府公共部门与民营部门合作，让非公共部门所掌握的资源参与提供公共产品和服务，从而实现政府公共部门的职能，同时也为民营部门带来利益。

（4）合作领域。PPP模式主要适用于政府负有提供责任又适宜市场化运作的公共服务、基础设施类项目。燃气、供电、供水、供热、污水及垃圾处理等市政设施，公路、铁路、机场、城市轨道交通等交通设施，医疗、旅游、教育培训、健康养老等公共服务项目，以及水利、资源环境和生态保护等项目均可推行PPP模式。投资规模较大、需求长期稳定、价格调整机制灵活、市场化程度较高的基础设施及公共服务类项目，适宜采用政府和社会资本合作模式。

（5）合作目的。欧盟委员会指出，PPP是指公共部门和私人部门之间的一种

---

① 斯蒂芬·P. 罗宾斯：《管理学》，中国人民大学出版社2002年版，第6页。

合作关系，其目的是提供传统上由公共部门提供的公共项目或服务①，增强公共产品和服务供给能力。在公共服务领域推广运用政府和社会资本合作（PPP）模式，引入社会力量参与公共服务供给，提升供给质量和效率。PPP 包含两层含义：一是为满足公共产品需要而建立的公共和私人倡导者之间的各种合作关系；二是为满足公共产品需要，公共部门和私人部门建立伙伴关系，进行大型公共项目的实施。

（6）合作方式。比如特许经营、购买服务、股权合作等。

（7）合作的核心是在公共领域引入市场机制。引入社会资本参与城市基础设施等公益性事业投资和运营，发挥双方优势，以提高公共产品或服务的质量和供给效率。

（8）以利益共享和风险共担为特征。政府方与私营企业的伙伴关系不仅意味着利益共享，同时也意味着风险分担。与市场经济规则兼容的 PPP 中，利益与风险具有对应性，风险分担是利益共享之外伙伴关系的另一个基础。如果没有风险分担，也不可能形成这种伙伴关系。② 合作各方参与某个项目时，政府并不是把项目的责任全部转移给私营部门，而是由参与合作的各方共同承担责任和融资风险。

二、PPP 模式的特点

对于政府与私人部门为提供公共产品或服务而建立的“全过程”合作关系，即公私合作模式（PPP 模式），是以授予特许经营权为基础，以利益共享和风险共担为特征，通过引入市场竞争和激励约束机制，提高公共产品或服务质量和供给效率，其实质是一种联通全社会内部公共部门、企业部门、专业组织和百姓公众的纽带，它为人类经济社会的发展带来了制度供给的伟大创新。③

PPP 的模式具有三个重要特征：伙伴关系、利益共享和风险分担。

（一）伙伴关系

建立参与双方平等合作关系是 PPP 模式区别传统模式的最主要特点。在项目

---

① 贾康，孙洁：《公私合作伙伴关系（PPP）的概念、起源与功能》，《中国政府采购》，2014 年 6 月 20 日。

② 贾康，孙洁：《公私合作伙伴关系（PPP）的概念、起源与功能》，《中国政府采购》，2014 年 6 月 20 日。

③ 《关于开展政府和社会资本合作的指导意见》（发改投资〔2014〕2724 号）。

的采购阶段，政府选择社会资本方是通过严格公开的招标形式进行的，同时社会资本方在选择投资项目的过程中也要考虑项目的收益性和政府的信用度。当参与双方衡量了项目的可行性和自身的承受能力后选择达成合作意向，这个需要完成的项目就成为参与方共同奋斗的目标。政府与社会资本通过签订 PPP 项目合同的形式，从法律上达成一个平等的契约关系，在合同中明确了各参与方的权利与义务。在 PPP 项目中，社会资本方的目标是获得投资收益，而政府追求公共利益最大化。参与双方的共同目标是优化资源配置，实现资源的最大化利用，使项目获得足够的收益。

（二）风险共担

PPP 项目中的参与双方形成的是一种平等的合作关系，可以体现这一特征的关键一点是政府和社会资本方要共同承担项目全过程产生的风险。由于 PPP 项目的特殊性，如参与方较多、持续时间较长、投资额大，PPP 项目的风险因素比较复杂，能否合理控制和识别风险直接决定了项目的成败。但是由于项目参与各方对风险的控制力和承受能力不同，使风险分担与风险承受能力相匹配，要根据各方的实际情况分配风险。

（三）利益共享

由于 PPP 模式中社会资本方是为了获得投资收益，而政府方是为了公共效益最大化，如何分配项目产生的效益是保证各参与方积极性的关键任务。既要保证社会资本方有利可图，也不能产生社会效益的损失。如果项目产生的效益不足，需动用政府预算来保证社会资本方的收益。

三、PPP 业务流程

根据财政部《关于印发政府和社会资本合作模式操作指南（试行）的通知》，PPP 业务流程包括项目识别、项目准备、项目采购、项目执行和项目移交五个阶段或环节。政府和社会资本合作项目操作流程如图 10－2 所示。

（一）项目识别

项目识别首先要确定项目发起人。政府和社会资本合作项目由政府或社会资

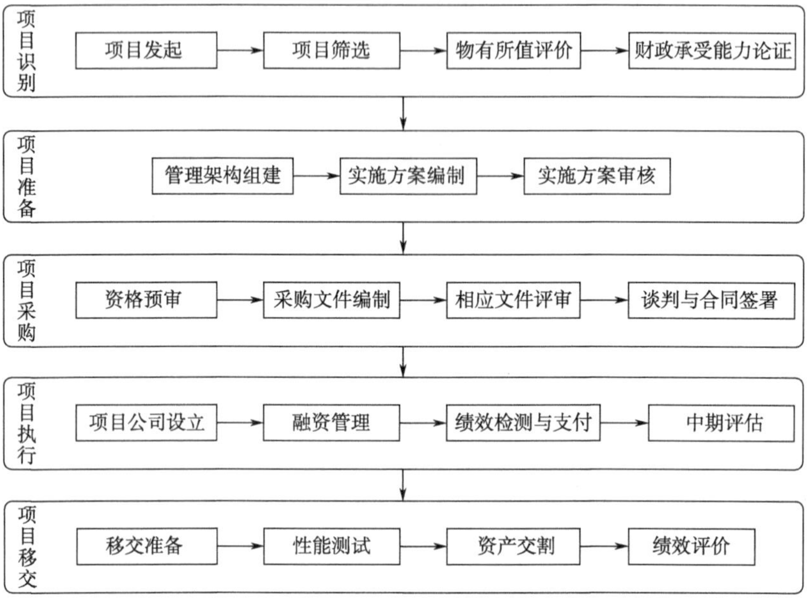

图 10－2　政府和社会资本合作项目操作流程

本发起，以政府发起为主。发起人各方均是平等主体，以市场机制为基础建立互惠合作关系，通过合同条款约定并保障权利义务。

1. 政府发起。财政部门（政府和社会资本合作中心）应负责向交通、住建、环保、能源、教育、医疗、体育健身和文化设施等行业主管部门征集潜在的政府和社会资本合作项目。行业主管部门可以从国民经济和社会发展规划及行业专项规划中的新建、改建项目或存量公共资产中遴选潜在项目。

2. 社会资本发起。社会资本应以项目建议书的方式向财政部门（政府和社会资本合作中心）推荐潜在政府和社会资本合作项目。财政部门（政府和社会资本合作中心）会同行业主管部门，对潜在政府和社会资本合作项目进行评估筛选，确定备选项目。根据筛选结果制定项目年度和中期开发计划。

财政部门应根据项目全生命周期内的财政支出、政府债务等因素，对部分政府付费或政府补贴的项目开展财政承受能力论证，每年政府付费或政府补贴等财政支出不得超出当年财政收入的一定比例，通过物有所值评价和财政承受能力论证的项目可进行项目准备。

（二）项目准备

各级政府可建立专门协调机制，主要负责项目评审、组织协调和检查督导等工作，实现简化审批流程、提高工作效率的目的。政府或其指定的有关职能部门或事业单位可作为项目实施机构，负责项目准备、采购、监管和移交等工作。项目实施机构应组织编制项目实施方案，做好项目准备工作。

1. 项目概况。项目概况主要包括基本情况、经济技术指标和项目公司股权情况等。其中，基本情况主要明确项目提供的公共产品和服务内容、项目采用政府和社会资本合作模式运作的必要性和可行性，以及项目运作的目标和意义；经济技术指标主要明确项目区位、占地面积、建设内容或资产范围、投资规模或资产价值、主要产出说明和资金来源等；项目公司股权情况主要明确是否要设立项目公司以及公司股权结构。

2. 风险分配基本框架。按照风险分配优化、风险收益对等和风险可控等原则，综合考虑政府风险管理能力、项目回报机制和市场风险管理能力等要素，在政府和社会资本间合理分配项目风险。原则上，项目设计、建造、财务和运营维护等商业风险由社会资本承担，法律、政策和最低需求等风险由政府承担，不可抗力等风险由政府和社会资本合理共担。

3. 项目运作方式。项目运作方式主要包括委托运营、管理合同、建设—运营—移交、建设—拥有—运营、转让—运营—移交、改建—运营—移交等。具体运作方式的选择主要由收费定价机制、项目投资收益水平、风险分配基本框架、融资需求、改扩建需求和期满处置等因素决定。

4. 交易结构。交易结构主要包括项目投融资结构、回报机制和相关配套安排。其中，项目投融资结构主要说明项目资本性支出的资金来源、性质和用途，项目资产的形成和转移等；项目回报机制主要说明社会资本取得投资回报的资金来源，包括使用者付费、可行性缺口补助和政府付费等支付方式；相关配套安排主要说明由项目以外相关机构提供的土地、水、电、气和道路等配套设施和项目所需的上下游服务。

5. 合同体系。合同体系主要包括项目合同、股东合同、融资合同、工程承包合同、运营服务合同、原料供应合同、产品采购合同和保险合同等。项目合同是其中最核心的法律文件。

《PPP 项目合同准则应用指南》规定，PPP 合同由正文和合同附件组成，主要反映合同的一般要求，共设置15个模块、86项条款，适用于不同模式合作项目的投融资、建设、运营和服务、移交等阶段，具有较强的通用性。原则上，所有模式的PPP项目合同的正文都应包含10个通用模块：总则、合同主体、合作关系、项目前期工作、收入和回报、不可抗力和法律变更、合同解除、违约处理、争议解决，以及其他约定。其他模块可根据实际需要灵活选用。例如，建设—运营—移交模式的项目合同除了10个通用模块之外，还需选用投资计划及融资、工程建设、运营和服务、社会资本主体移交项目等模块。

6. 监管架构。监管架构主要包括授权关系和监管方式。授权关系主要是政府对项目实施机构的授权，以及政府直接或通过项目实施机构对社会资本的授权；监管方式主要包括履约管理、行政监管和公众监督等。

7. 采购方式选择。项目采购应根据《中华人民共和国政府采购法》及相关规章制度执行，采购方式包括公开招标、竞争性谈判、邀请招标、竞争性磋商和单一来源采购。项目实施机构应根据项目采购需求的特点，依法选择适当的采购方式。

（三）项目采购

项目实施机构应根据项目需要准备资格预审文件，发布资格预审公告，邀请社会资本及与其合作的金融机构参与资格预审，验证项目能否获得社会资本响应和实现充分竞争，并将资格预审的评审报告提交财政部门（政府和社会资本合作中心）备案。

项目采用公开招标、邀请招标、竞争性谈判、单一来源采购方式开展采购的，按照政府采购法律法规及有关规定执行。

（四）项目执行

社会资本可依法设立项目公司。政府可指定相关机构依法参股项目公司。项目实施机构和财政部门（政府和社会资本合作中心）应监督社会资本按照采购文件和项目合同约定，按时足额出资设立项目公司。

项目合同中涉及的政府支付义务，财政部门应结合中长期财政规划统筹考虑，纳入同级政府预算，按照预算管理相关规定执行。财政部门（政府和社会资本合作中心）和项目实施机构应建立政府和社会资本合作项目政府支付台账，严格控制政府财政风险。在政府综合财务报告制度建立后，政府和社会资本合作项目中的政府支付义务应纳入政府综合财务报告。

项目实施机构应根据项目合同约定，监督社会资本或项目公司履行合同义务，定期监测项目产出绩效指标，编制季报和年报，并报财政部门（政府和社会资本合作中心）备案。政府有支付义务的，项目实施机构应根据项目合同约定的产出说明，按照实际绩效直接或通知财政部门向社会资本或项目公司及时足额支付。在项目合同执行和管理过程中，项目实施机构应重点关注合同修订、违约责任和争议解决等工作。

（五）项目移交

项目合同中应明确约定移交形式、补偿方式、移交内容和移交标准。移交形式包括期满终止移交和提前终止移交；补偿方式包括无偿移交和有偿移交；移交内容包括项目资产、人员、文档和知识产权等；移交标准包括设备完好率和最短可使用年限等指标。采用有偿移交的，项目合同中应明确约定补偿方案；没有约定或约定不明的，项目实施机构应按照"恢复相同经济地位"原则拟定补偿方案，报政府审核同意后实施。

社会资本或项目公司应将满足性能测试要求的项目资产、知识产权和技术法律文件，连同资产清单移交项目实施机构或政府指定的其他机构，办妥法律过户和管理权移交手续。社会资本或项目公司应配合做好项目运营平稳过渡相关工作。

项目移交完成后，财政部门（政府和社会资本合作中心）应组织有关部门对项目产出、成本效益、监管成效、可持续性、政府和社会资本合作模式应用等进行绩效评价，并按相关规定公开评价结果。评价结果作为政府开展政府和社会资本合作管理工作决策参考依据。

四、PPP 模式的作用

"在新公共管理运动有所发展后，PPP 在理论与实践的互动结合中继续创新，正成为一种意义重大的新制度供给。"[①] PPP 模式的具体作用主要表现在以下

① 贾康：《PPP 机制创新的三大正面效应》，《先锋》，2015 年 3 月 15 日。

方面。

（一）PPP 有效地控制了政府支出风险

通过公共部门与私人部门的共同参与，改变政府对社会资本的管理和被管理关系。建立平等合作的伙伴关系，切实通过政府与社会资本加强沟通协商，做好合作事宜，能有效地控制政府支出风险，提高公共资源的使用效率。

（二）PPP 有效地实现竞争机制

PPP 模式从根本上重构了政府和企业在提供基础设施和公共服务上的关系，政府重新回归公共利益的代表者和监管者的角色，执行与社会资本之间的合同，而不再承担与监管者身份无关的担保责任。相应地，项目的融资也无法再依赖于政府的主体信用，金融机构只能按照社会资本的能力和项目自身的品质决定是否贷款。在 PPP 模式下，政府和市场各归其位，各方主体的权利义务和风险分担回到市场均衡水平，市场真正地开始在资源配置中发挥决定性的作用。

（三）PPP 是推动国家治理现代化的重要工具

在我国，PPP 是一种推动社会变革的工具，其使命是利用市场机制优化政府决策机制，理清政府和企业之间的边界，本质上是政企合作。

五、PPP 操作模式选择

在项目的不同阶段，公私合作关系资金模式是由对拥有和维持资产负责的合作伙伴所决定。世界银行在《1994 年世界发展报告》中曾指出，BOT 有三种具体形式，即 BOT、BOOT 和 BOO。

《国家发展改革委员会关于开展政府和社会资本合作的指导意见》（发改投资〔2014〕2724 号）指出，有以下操作模式可供选择。

（一）建造—运营—移交

1. 建造—运营—移交（Build - Operate - Transfer，BOT）概述。私营部门的合作伙伴被授权在特定的时间内融资、设计、建造和运营基础设施组件（和向用户收费），期满后转交给公共部门的合作伙伴。不同的 BOT 项目虽然所经历的时间不同，但它所经历的阶段和在各个阶段所表现出的目的性特征是相同或类似的。

2. 建造—运营—移交的流程。根据生命周期理论及 BOT 项目的特征，BOT 项目运作大致可划分为五个阶段，如图 10－3 所示。①

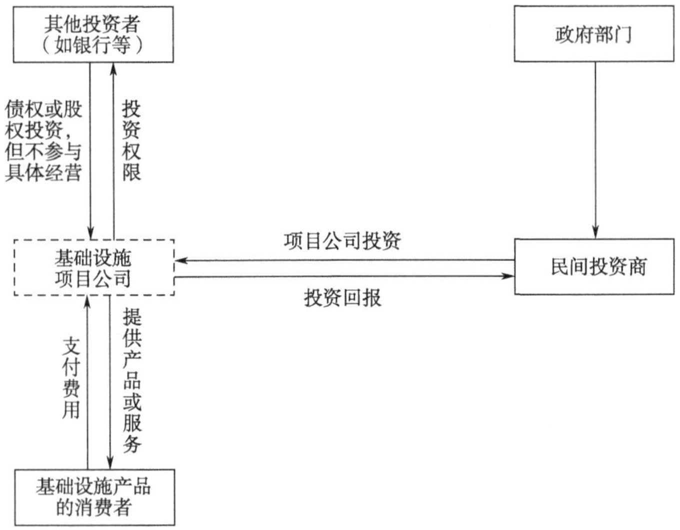

图 10－3 BOT 模式运作流程简图

3. 建造—运营—移交的适用范围。对于具有明确的收费基础，并且经营收费能够完全覆盖投资成本的项目（经营性项目），可通过政府授予特许经营权，采用建设—运营—移交（BOT）、建设—拥有—运营—移交（BOOT）等模式推进。要依法放开相关项目的建设、运营市场，积极推动自然垄断行业逐步实行特许经营。

（二）建设—拥有—经营—移交

建设—拥有—经营—移交（Build－Own－Operate－Transfer，BOOT）是私人合伙或某国际财团融资建设基础产业项目，项目建成后，在规定期限内拥有所有权并进行经营，期满后将项目移交给政府。

BOOT 模式的特点主要表现在以下方面：

① 北京中建政研信息咨询中心。

1. 拥有所有权。BOOT 方式在项目建成后，在规定的期限内，私人既有经营权，也有所有权。而 BOT 方式，项目建成后，私人只拥有所建成项目的经营权。

BOOT 代表了一种居中的私有化程度，因为设施的所有权在有限的时间内转给私人。就项目设施没有任何时间限制地被私有化并转移给私人而言，BOO 代表的是一种最高级别的私有化。换句话说，一国政府所采纳的建设基础设施的不同模式，反映出其所愿意接受的使某一行业私有化的不同程度。由于基础设施项目通常直接对社会产生影响，并且要使用公共资源，诸如土地、公路、铁路、管道，广播电视网等。因此，基础设施的私有化是一个特别重要的问题。

对于运输项目（如收费公路，收费桥梁，铁路等），都是采用 BOT 方式，因为政府通常不愿将运输网的所有权转交给私人。在动力生产项目方面，通常会采用 BOT、BOOT 或 BOO 方式。一些国家很重视发电，因此只会和私人签署 BOT 或是 BOOT 特许协议。而在电力资源充足的国家（如阿根廷），其政府并不如此重视发电项目，一般会签署一些 BOO 许可证或特许协议。最后，对于电力的分配和输送、天然气以及石油来说，这类行业通常被认为关系到一个国家的国计民生，因此，建设这类设施一般都采用 BOT 或 BOOT 方式。

2. 时间周期长。采用 BOOT 方式比 BOT 方式多了一个“拥有”，因此，采取 BOT 方式，从项目建成到移交给政府这一段时间一般比采取 BOOT 方式短一些。

（三）建设—拥有—经营

建设—拥有—经营（Build - Own - Operate，BOO），是指社会投资者根据政府赋予的特许权，建设并经营基础设施项目，但是并不将此项基础设施项目移交给政府或其授权的业主。简单来说，BOO 模式就是承包商根据政府赋予的特许权，建设并经营某项产业项目，但是并不将此项基础产业项目移交给公共部门。

BOO 模式与 BOT 模式的异同点如下：

1. 相同点。两种模式都是利用私人投资承担公共基础设施项目。在这两种融资模式中，私人投资者根据东道国政府或政府机构授予的特许协议或许可证，以自己的名义从事授权项目的设计、融资、建设及经营。在特许期内，项目公司拥有项目的占有权、收益权以及对特许项目进行投融资、工程设计、施工建设、设备采购、运营管理和合理收费等的权利，并承担对项目设施进行维修、保养的义务。在我国，为保证特许权项目的顺利实施，在特许期内，如因我国政府政策调整因素影响，使项目公司受到重大损失的，允许项目公司合理提高经营收费或延长项目公司特许期；对于项目公司偿还贷款本金、利息或红利所需要的外汇，国家保证兑换和外汇出境。但是，项目公司也要承担投融资以及建设、采购设备、维护等方面的风险，政府不提供固定投资回报率的保证，国内金融机构和非金融机构也不为其融资提供担保。

2. 不同点。BOT 与 BOO 模式最大的不同之处在于，在 BOT 项目中，项目公司在特许期结束后必须将项目设施交还给政府，而在 BOO 项目中，项目公司有权不受任何时间限制地拥有并经营项目设施。从 BOT 的字面含义也可以推断出基础设施国家独有的含义：作为私人投资者，在经济利益驱动下，本着高风险、高回报的原则，投资于基础设施的开发建设。为收回投资并获得投资回报，私人投资者被授权在项目建成后的一定期限内对项目享有经营权，并获得经营收入。期限届满后，将项目设施经营权无偿移交给政府。由此可见，项目设施最终经营权仍然掌握在国家手中，而且在 BOT 项目整个运作过程中，私人投资者自始至终都没有对项目的所有权。说到底，BOT 模式不过是政府利用私人投资在一定期限内对项目设施拥有经营权，但该基础设施的本质属性没有任何改变。换句话说，运用 BOT 方式，项目发起者可拥有一段确定的时间以获得实际的收入来弥补其投资，之后项目交还给政府。而 BOO 方式下，项目的所有权不再交还给政府。

六、政府和社会资本合作模式的关系人

授予方（授权人）是授予运营方使用特许服务权资产的实体。运营方是使用特许服务权资产提供公共服务的实体，该资产受授予方控制。

为了明确政府和社会资本合作主体的权利和义务，双方需要确定合作合同，明确项目合同各主体资格，并概括性地约定各主体的主要权利和义务。

（1）政府主体资格。签订项目合同的政府主体应是具有相应行政权力的政府，或其授权的实施机构。本条应明确以下内容：①政府主体的名称、住所、法定代表人等基本情况；②政府主体出现机构调整时的延续或承继方式。

（2）社会资本主体。签订项目合同的社会资本主体应是符合条件的国有企业、民营企业、外商投资企业、混合所有制企业，或其他投资、经营主体。本条应明确以下内容：①社会资本主体的名称、住所、法定代表人等基本情况；②项目合作期间社会资本主体应维持的资格和条件。

（3）权利界定。项目合同应明确社会资本主体的主要权利：①按约定获得政府支持的权利；②按项目合同约定实施项目、获得相应回报的权利等。

（4）义务界定。项目合同应明确社会资本主体在合作期间应履行的主要义务，如按约定提供项目资金，履行环境、地质、文物保护及安全生产等义务，承担社会责任等。同时，政府方承担向社会资本方支付款项的义务，相关义务应当按照《负债准则》的有关规定进行会计处理，即政府方同时确认当期费用，在以后期间支付款项时，相应冲减负债的账面余额。按照我国 PPP 有关规章制度的规定，规范的 PPP 项目应建立按效付费机制，不得通过降低考核标准等方式，提前锁定、固化政府支出责任。

对于 PPP 项目合同中政府方承担的法律风险、政策风险以及因政府方原因导致项目合同终止的违约风险等，不属于政府方应承担的现时义务，不满足负债的确认条件。但是，当相关事项发生，政府方承担的潜在义务转化为现时义务，满足预计负债的确认条件时，政府方应当按照其他政府会计准则制度的相关规定进行会计处理。

第二节　政府和社会资本合作项目的确认与计量

PPP 项目涉及复杂的合同关系和多种运作方式，科学、准确、完整地核算和反映 PPP 项目各方主体的权利和义务，是 PPP 模式健康发展的重要保障。

一、PPP 项目资产确认

（一）确认条件

符合《PPP 项目合同准则》第二条、第三条规定的“双特征”“双控制”条件的 PPP 项目资产，在同时满足以下条件时，应当由政府方予以确认：一是与该资产相关的服务潜力很可能实现或者经济利益很可能流入；二是该资产的成本或者价值能够可靠地计量。

1. 双特征。PPP 项目合同是指政府方与社会资本方依法依规就 PPP 项目合作所订立的合同，该合同应当同时具有以下两个特征：特征一，社会资本方在合同约定的运营期间内代表政府方使用 PPP 项目资产提供公共产品和服务；特征二，社会资本方在合同约定的期间内就其提供的公共产品和服务获得补偿。

也就是说，社会资本方对 PPP 项目资产的使用期或运营期（通常在 PPP 项目合同中有明确约定），根据合同约定或政府方授权，其享有建设、运营、管理、维护本项目设施等权利，同时承担代表政府方提供公共产品和服务的义务，就其在运营期内运营或维护项目资产等按照合同约定获得回报。

2. 双控制。按照会计理论，资产确认的关键在于会计主体是否能够“控制”该项经济资源。在 PPP 项目合同中，相关基础设施同时满足以下两个条件，即实现“双控制”的，应当由政府方来确认 PPP 项目资产：控制标准一，政府方控制或管制社会资本方使用 PPP 项目资产必须提供的公共产品和服务的类型、对象和价格；控制标准二，PPP 项目合同终止时，政府方通过所有权、收益权或其他形式控制 PPP 项目资产的重大剩余权益。

需要明确的是，对于控制标准一，社会资本方提供的公共产品和服务的类型、对象和价格，虽未在 PPP 项目合同中进行明确规定，但受有关法律法规或监管部门规章制度的约束。如果定价的基础或框架受到监管约束，政府方对价格的“控制或管制”不需要完全控制价格，这种情况仍然符合控制标准。如果 PPP 项目合同设定政府调价机制，进行调价前应当经过政府方审核同意，就属于满足控制标准一的价格控制要求。如果项目合同条款给予社会资本方自主定价权，但约定政府方有权参与分享 PPP 项目资产的超额收益部分，也属于满足控制标准一中的价格控制要求。对于控制标准二，PPP 项目合同终止时，社会资本方应当将项目资产移交给政府方，且移交的项目资产预期仍能为政府方带来经济利益流入或者产生服务潜力，政府方能够通过合同条款限制社会资本方处置或抵押项目资产，保障重大剩余权益不受损害。

PPP 项目合同是否符合准则要求的确认条件，可通过图 10 – 4 判断。[①]

---

① 财政部《PPP 项目合同准则应用指南》，2020 年。

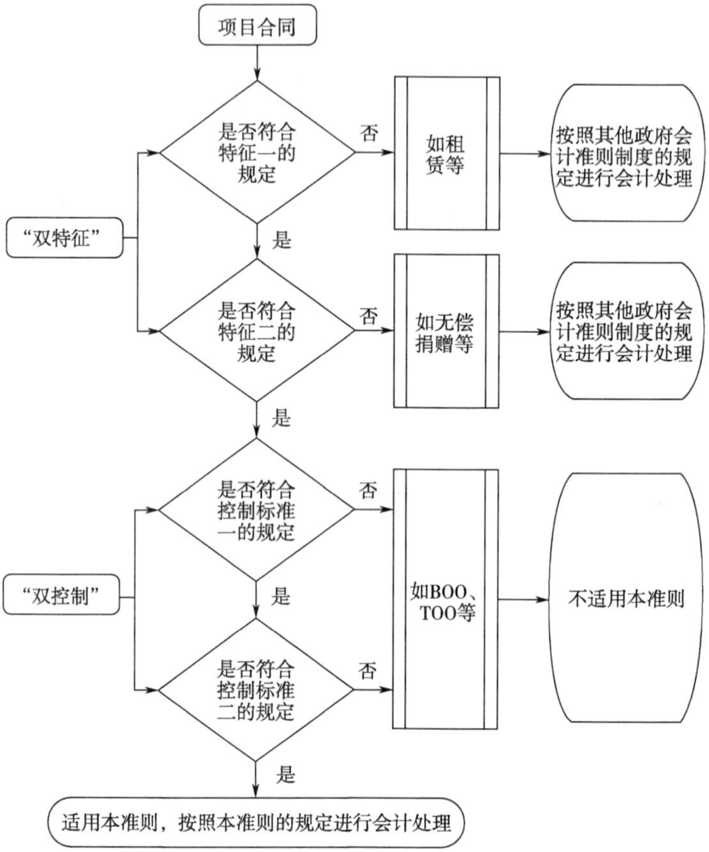

图 10-4　PPP 项目确认判断流程

与政府方确认 PPP 项目资产对应的，是社会资本方按照“镜像互补”原则确认对应的无形资产或金融资产（这一点在我国《企业会计准则解释第 2 号》中已经明确）。从形式上看，两方都确认了资产，但两种资产性质不同，这实质上是政府方与社会资本方因 PPP 业务发生了非货币性资产交换而导致的会计结果。

（二）确认单元

PPP 项目资产的各组成部分具有不同使用年限或者以不同方式提供公共产品和服务的，应当分别将各组成部分确认为一个单项 PPP 项目资产。

（三）确认时点

PPP 项目资产来源不同，其确认时点也不相同。由社会资本方投资建造或从第三方购买形成的 PPP 项目资产，政府方应当在该项目资产验收合格交付使用时予以确认；由社会资本方提供其现有资产形成的 PPP 项目资产，政府方应当在 PPP 项目开始运营日予以确认；政府方使用其现有资产形成 PPP 项目资产的，应当在 PPP 项目开始运营日将其现有资产重新分类为 PPP 项目资产；由社会资本方对政府方现有资产进行改建、扩建形成的 PPP 项目资产，政府方应当在 PPP 项目资产验收合格交付使用时予以确认，同时终止确认现有资产。

（四）后续确认

在对 PPP 项目资产进行后续确认时，其运营过程中发生的后续支出满足本准则规定的确认条件的，政府方应当计入 PPP 项目资产成本。通常情况下，为增加 PPP 项目资产的使用效能或延长其使用年限而发生的改建、扩建等后续支出，政府方应当计入 PPP 项目资产的成本；为维护 PPP 项目资产的正常使用而发生的日常维修、养护等后续支出，不计入 PPP 项目资产的成本。

此外，PPP 项目合同终止时，PPP 项目资产按规定移交至政府方的，政府方应当根据 PPP 项目资产的性质和用途，将其重分类为公共基础设施等资产。

二、PPP 项目资产计量

（一）初始计量

政府方在取得 PPP 项目资产时，一般应当按照成本进行初始计量。如果按规定需要进行资产评估的，应当按照评估价值进行初始计量。然而由于资产的取得方式不同，其成本的具体确定方法大致分为以下几类：

1. 政府方使用其现有资产形成的 PPP 项目资产，其成本按照 PPP 项目开始运营日该资产的账面价值确定；按照相关规定对现有资产进行资产评估的，其成本按照评估价值确定，资产评估价值与评估前资产账面价值的差额计入当期收入或当期费用。

2. 社会资本方投资建造形成的 PPP 项目资产，其成本包括该项资产至验收合格交付使用前所发生的全部必要支出，包括建筑安装工程投资、设备投资、待摊投资、其他投资等支出。

社会资本方已交付使用但尚未办理竣工财务决算手续的 PPP 项目资产，应当按照估计价值入账，待办理竣工财务决算后再按照实际成本调整原来的暂估价值。

3. 社会资本方从第三方购买形成的 PPP 项目资产，其成本包括购买价款、相关税费以及验收合格交付使用前发生的可归属于该项资产的运输费、装卸费、安装费和专业人员服务费等。

4. 社会资本方对政府方现有资产进行改建、扩建形成的 PPP 项目资产，其成本按照该资产改建、扩建前的账面价值加上改建、扩建发生的支出，再扣除该资产被替换部分账面价值后的金额确定。

5. 使用社会资本方现有资产形成的 PPP 项目资产，其成本以该项资产的评估价值确定。

（二）后续计量

PPP 项目资产的后续计量与固定资产、公共基础设施的计量方法基本一致，政府应当参照《固定资产准则》和《公共基础设施准则》，对 PPP 项目资产进行后续计量，但以下两点除外：

1. 当 PPP 项目合同终止时，如果 PPP 项目资产按规定移交至政府方并进行资产评估的，那么政府方应当以评估价值作为重分类后资产的入账价值，评估价值与 PPP 项目资产账面价值的差额计入当期收入或当期费用。

2. 如果政府方按规定无须对移交的 PPP 项目资产进行资产评估的，则应当以 PPP 项目资产的账面价值作为重分类后资产的入账价值。

三、PPP 项目净资产的确认与计量

（一）初始计量

政府方在确认 PPP 项目资产时，应当同时确认一项 PPP 项目净资产，PPP 项目净资产的初始入账金额与 PPP 项目资产的初始入账金额相等，会计处理为借记“PPP 项目资产”，贷记“PPP 项目净资产”科目，但也存在两种例外情形：

1. 如果政府方使用其现有资产形成 PPP 项目资产的，在初始确认 PPP 项目资产时，应当同时终止确认现有资产，不确认 PPP 项目净资产，此时会计处理为

借记“PPP 项目资产”，贷方记“公共基础设施”等科目。

2. 如果是社会资本方对政府方现有资产进行改建、扩建形成 PPP 项目资产的，政府方应当仅按照 PPP 项目资产初始入账金额与政府方现有资产账面价值的差额确认 PPP 项目净资产，会计处理应当借记“PPP 项目资产”，贷方记为“公共基础设施”“PPP 项目净资产”等科目。

（二）后续处理

1. 政府承担的付款义务的会计处理。“政府方承担的向社会资本方支付款项的义务”，是指在项目运营期的每一个会计期间内，当社会资本方提供的公共产品或服务满足合同约定的绩效考核要求时，政府方根据合同约定按期应向社会资本方进行补偿的义务。这种付款义务不是无条件的，按照 PPP 项目合同约定，政府方承担向社会资本方支付款项的义务的，相关义务应当按照《政府会计准则第 8 号——负债》有关规定进行会计处理。政府方按照《政府会计准则第 8 号——负债》有关规定不确认负债的，应当在支付款项时计入当期费用；确认负债的，应当同时确认当期费用，在以后期间支付款项时，相应冲减负债的账面余额。以上会计处理结果不影响 PPP 项目资产及净资产的账面价值。

2. PPP 项目合同约定期间内收入和支出的处理。在 PPP 项目合同约定的期间内，政府方从社会资本方收到款项的，应当按规定做应缴款项处理或计入当期收入。而项目运营过程中，政府方因 PPP 项目资产改建、扩建等后续支出增加 PPP 项目资产成本的，应当依据规定同时增加 PPP 项目净资产的账面余额。

3. PPP 项目资产后续折旧（摊销）的计提。在 PPP 项目运营期间，政府方应当按月对 PPP 项目资产计提折旧（摊销），但社会资本方持续进行良好维护使得其性能得到永久维护的 PPP 项目资产除外。对于作为 PPP 项目资产单独计价入账的土地使用权，政府方应当按照其他政府会计准则制度的规定进行摊销。根据 PPP 项目资产的不同来源，后续折旧的处理分为以下几类：

其一，对于由社会资本方投资建造、从第三方购买、提供现有资产而形成的 PPP 项目资产，在合同期内计提折旧，冲减 PPP 项目净资产。

其二，对于政府方使用其现有资产形成的 PPP 项目资产，在合同期内计提折旧，计入当期费用。

其三，对于社会资本方对政府方现有资产进行改建、扩建形成的 PPP 项目资产，在合同期内计提折旧按照比例分摊，改扩建新增资产部分按比例分摊的折旧冲减 PPP 项目净资产，改扩建前资产价值按比例分摊的折旧计入当期费用。

此外，政府方在确认 PPP 项目资产的同时确认 PPP 项目净资产的，在 PPP 项目运营期间内，按月对该 PPP 项目资产计提折旧（摊销）的，应当于计提折旧（摊销）时冲减 PPP 项目净资产的账面余额，会计处理为借方记“PPP 项目净资产”科目，贷方记“PPP 项目资产累计折旧（摊销）”科目。

政府方按月对该 PPP 项目资产在计提折旧（摊销）同时冲减净资产的处理方法，不同于国际准则中根据不同付费方式分别确认金融负债或（和）递延收益的规定，具有典型的中国特色。一方面，根据现行规定，地方政府不得对社会资本方承诺保底收益、固定回报等，必须依据绩效考核情况支付政府付费，因此，政府方在初始确认 PPP 项目资产时不存在国际准则中的“无条件支付款项的义务”，即依法依规签订的 PPP 项目合同不会也不应增加政府债务；另一方面，在有关 PPP 项目合同中，政府方对社会资本方的一系列付费其实质是购买社会资本方提供的公共产品和服务，政府方在初始确认 PPP 项目资产的同时，很难从对社会资本方的付款义务中拆分出与 PPP 项目资产成本相关的金额，因此也不符合政府负债的确认条件。

第三节　政府和社会资本合作项目的信息披露

政府方应当在资产负债表中单独列示 PPP 项目资产及相应的 PPP 项目净资产，还应当在报表附注中披露与 PPP 项目合同有关的下列信息：

第一，对 PPP 项目合同的总体描述。

第二，PPP 项目合同中的重要条款，主要包括：PPP 项目合同主要参与方；合同生效日、建设完工日、运营开始日、合同终止日等关键时点；PPP 项目资产的来源；PPP 项目的付费方式；合同终止时资产移交的权利和义务；政府方和社会资本方其他重要权利和义务。

第三，报告期间所发生的 PPP 项目合同变更情况。

第四，相关会计信息，主要包括：

（1）政府方确认的 PPP 项目资产及其类别。

（2）PPP 项目资产、PPP 项目净资产初始入账金额及其确定依据。

（3）政府方确认的与 PPP 项目合同有关的负债金额及其确定依据。

（4）报告期内 PPP 项目资产折旧（摊销）冲减 PPP 项目净资产的金额。

（5）报告期内政府方向社会资本方支付的款项金额，或者从社会资本方收到的款项金额。

（6）其他需要披露的会计信息。

此外，政府方除应遵循以上披露要求外，还应遵循其他政府会计准则制度关于 PPP 项目合同的披露要求。社会资本方对 PPP 项目合同的确认、计量和相关信息的披露，适用相关企业会计准则。

主要参考书目

［1］埃尔登·S. 亨德里克森. 会计理论［M］. 上海：立信会计图书用品社，1987.

［2］丁远，埃韦尔·施托洛韦，米歇尔·J. 勒巴. 财务报告与分析：一种国际化视角［M］. 北京：机械工业出版社，2014.

［3］麦克·哈卫费莱德·克尔. 财务会计理论与准则［M］. 北京：航空工业出版社，1992.

［4］理查德·F. 拉金，玛利亚·蒂托玛莎. 非营利组织公认会计原则解释与应用［M］. 北京：中国财政经济出版社，2001.

［5］李建发. 政府会计论［M］. 厦门：厦门大学出版社，1999.

［6］楼继伟. 政府预算与会计的未来：权责发生制改革纵览与探索［M］. 北京：中国财政经济出版社，2002.

［7］陈今池. 现代会计理论概论［M］. 上海：立信会计出版社，1993.

［8］陈毓圭. 中国会计准则国际协调［M］. 北京：中国财政经济出版社，2009.

［9］杨纪琬. 中国现代会计手册［M］. 北京：中国财政经济出版社，1988.

［10］张曾莲. 政府会计专题［M］. 北京：清华大学出版社，2015.

［11］刘燕. 会计法［M］. 北京：北京大学出版社，2001.

［12］张苏彤. 法务会计研究［M］. 北京：中国时代经济出版社，2009.

［13］陈均平. 中国地方政府债务的确认、计量和报告［M］. 北京：中国财政经济出版社，2010.

［14］王国生. 政府会计准则——基本准则：分析与运用［M］. 北京：首都经济贸易大学出版社，2018.

［15］汪祥耀. 会计准则的发展：透视、比较与展望［M］. 厦门：厦门大学出版社，2001.

［16］常勋. 国际会计［M］. 上海：上海人民出版社，1990.

[17] 余新培．企业财务报告体系研究［M］．北京：中国财政经济出版社，2006.

[18] 陈国辉．会计理论研究［M］.2 版．大连：东北财经大学出版社，2012.

[19] 孙铮．财务会计理论［M］．北京：中国财政经济出版社，2007.

[20] 余斌．国家（政府）资产负债表问题研究［M］．北京：中国发展出版社，2015.

[21] 孙永尧．PPP 项目会计研究［M］．北京：经济科学出版社，2018.

[22] 财政部会计准则委员会．政府绩效评价与政府会计［M］．大连：大连出版社，2005.

[23] 财政部干部教育中心组．现代预算制度研究［M］．北京：中国财经出版传媒集团，2017.